广播电视创新规划教材

电视文艺编导教程

主　编　刘萍

副主编　黄晋

WUHAN UNIVERSITY PRESS
武汉大学出版社

图书在版编目(CIP)数据

电视文艺编导教程/刘萍主编 . —武汉:武汉大学出版社,2015.4(2022.1
重印)
广播电视创新规划教材
ISBN 978-7-307-15445-2

Ⅰ.电⋯ Ⅱ.刘⋯ Ⅲ.①文艺—电视节目制作—教材 ②文艺—电视节
目—导演艺术—教材 Ⅳ.G222.3

中国版本图书馆 CIP 数据核字(2015)第 056784 号

责任编辑:程牧原 责任校对:李孟潇 版式设计:马 佳

出版发行:**武汉大学出版社** (430072 武昌 珞珈山)
(电子邮箱:cbs22@whu.edu.cn 网址:www.wdp.com.cn)
印刷:武汉中科兴业印务有限公司
开本:787×1092 1/16 印张:13.25 字数:310 千字 插页:1
版次:2015 年 4 月第 1 版 2022 年 1 月第 2 次印刷
ISBN 978-7-307-15445-2 定价:28.00 元

目录
CONTENTS

目录
CONTENTS

目录
CONTENTS

参考文献

后　记

绪　　论

　　电视是一个奇观，它的出现使人们的精神文化生活发生了深刻的变化。电视对社会的政治经济和文化艺术的影响更为广泛和深刻。伴随着无线电技术、电子科技、数字技术的不断发展，一种全新的艺术——电视艺术得以产生和发展。

　　电视艺术自诞生、发展到今天的繁荣还不到一个世纪，但已经成为当代受众最广泛、社会影响力最大的一种艺术形式。电视艺术从诞生之日起就显示出其独特的能量和魅力，它所触及的生活面丝毫不亚于任何一种传统艺术，而且其题材、体裁、风格、样式的多样化及声画交融、时空交错、瞬息万变等特性，也是其他艺术难以媲美的。

　　综观世界各国，电视文艺节目可以说是电视台播放的最早的节目形态之一，其影响之深、传播之广也是任何其他节目形式所无法比拟的。

　　1936 年 11 月 2 日被公认为是世界电视的诞生日，这一天英国广播公司在伦敦市郊的亚历山大宫开播，首先播放的节目是一位名叫艾德尔·迪克森的著名女歌星的演唱，歌名就叫《电视》，这也就是世界上最早的电视文艺节目。

　　1958 年 5 月 1 日 19∶00，创建之初的北京电视台（现中央电视台的前身）开始试播，那天演出的节目是：中央广播实验剧团表演的诗朗诵《工厂里来的三个小姑娘》；北京舞蹈学校演出的舞蹈《四小天鹅舞》《牧童和村姑》《春江花月夜》。节目不多，却是一次成功的尝试。新华社为此发了一天电讯，向全世界宣告新中国的第一个电视台的诞生。从那时起，一些短小的文艺节目如诗歌朗诵、曲艺、杂技、独舞、独唱等，就常常从这里通过屏幕同电视观众见面。

电视文艺节目具有视听艺术的综合性和广泛的群众性特点。在中国，一次电视文艺节目的播出可以拥有数亿观众，电视文艺可以把小小的电视荧屏变成世界上最大的舞台。电视文艺以其审美的特性，对于传播民族的主流文化价值观更显示出其不可替代的作用。

在电视的市场化过程中，电视文艺又以其题材和创作的开放性、多样性和系统性而具有了产业化的巨大的运作空间。因此，无论是从社会文化的进步还是电视文艺自身的发展需要而言，当代中国电视文艺的发展对于民族复兴和文化强国事业都具有重要的意义和不可替代的作用。因此，总结和研究电视文艺的历史和创作规律是摆在电视文艺工作者面前的历史使命。本书将循着中国电视文艺的成长和发展轨迹，研究电视文艺的创作特性及其规律，从而为未来的从业者提供学习的途径和借鉴的依据。

上编　中国电视文艺发展概述

第一章　中国电视文艺的初创

第一节　早期的中国电视文艺节目

一、"电视文艺"——全新的屏幕艺术样式

电视文艺是一种以先进的电子技术为传播手段，以电视独特的声画造型为表现方式，运用艺术的审美思维，对各类文艺作品进行加工、综合、创造并塑造富有感染力的艺术形象，达到以情感人目的的电视艺术形态。电视文艺包括对原有的文艺作品按照电视的要求进行重新加工、改编等综合艺术处理的作品，也包括完全按照电视的语言规律、用电视的技术手段制作和播放的电视文艺作品。这类作品包括广大观众喜闻乐见的电视剧、常见的专题文艺节目、综合文艺晚会、文艺竞赛性节目以及各具特色的电视文艺专栏和根据实况演出加工而成的各种电视文艺节目，也包括一些根据传统文学形式加工制作的电视小说、电视散文、电视报告文学、电视诗歌等电视文学节目。

二、早期的中国电视文艺节目形态

(一) 各种类型的电视转播节目

中国的电视文艺经历了从简到繁、从小到大、从少到多的发展过程。最早的电视文艺节目是转播在演播厅演出的小型文艺节目和稍大规模的剧场演出。这是因为：第一，早期的电视台还没有录像设备，只具备对节目进行直播的技术条件；第二，当时电视台的演播厅一般只有 200 平方米左右，场地有限，而小型文艺节目是最容易直播的内容；第三，文艺节目的创作基本上来自于电视台以外的各类文艺团体，而电视则更多的是发挥"记录和转播"的功能。这一时期的电视文艺主要是相对单一的、传统的舞台节目形态，还缺少电视的独特个性，其传播的价值大于创作的价值。

根据当时电视文艺节目的转播情况，我们大致可以进行以下归类：

1. 演播厅内的小型文艺节目直播

1958 年，在"大跃进"的政治背景中，中国第一家官方电视台"北京电视台"成立，因当时的电视接收范围仅限于北京市区几十平方千米之内，当时的北京地区也只有 50 多台电视接收机，所以只能以"北京电视台"命名，它就是现在的中央电视台的前身，于 1978 年 5 月 1 日正式更名。北京电视台的第一天试播是在一间仅有 60 平方米的小型演播室中进行的，这是一间由会计办公室改建的临时性演播场地。在初创时期，电视节目的受众极少，而电视台的工作程序却十分复杂。当时电视台的技术条件简陋，设备笨重，人力缺乏，制作节目非常困难。以电视新闻节目的制作为例：首先要使用 16 毫米的胶片拍摄采访，之后立即冲印、剪接、写稿、配乐（当时无法制作新闻的同期声）等，最后由播音员进行直播。电视文艺节目则是采取实况直播的方式，其内容大多是小型文艺节目的表演。早期电视节目的播出步骤大致是：先由值班总导演切出台标，由播音员预告节目，然后就开始播出新闻电影片或图片报道等，待进入播放文艺节目的时间，再由具体的节目导演在演出现场进行导播完成，到节目结束时再切回到电视台的总值班导播间，由值班总导演再切出第二天的节目预告等内容。

电视台从初创开始，其内部的分工就十分明确：新闻节目由总值班导演切换，文艺节目由文艺导演来导播，讲话节目（注：那时还没有谈话节目）由文教导演来导播切换，等等。当天的电视播音员则同时承担节目预报、节目串联、简明新闻播报、新闻片与纪录片解说，人物访问、大型活动的实况解说等一系列播报工作。

早期电视文艺节目编导的工作主要是对在演播厅内表演的文艺节目进行排演指导和对节目演出现场声画进行电视导播切像处理，也要对在剧场和舞台上的各类文艺节目进行电视转播。文艺节目本身的丰富性和表演程序的复杂性，决定了电视导播的工作也具有一定的专业性和复杂性。电视导播不仅要熟悉多种文艺节目的艺术形式，还要善于运用调机（指挥摄像机位的调度、拍摄角度的变化、景别的选择等）和切换画面来完成对文艺演出的电视加工与转播。由于当时电视转播设备十分简陋，转播常常要求即时完成，因而要求电视文艺导演和摄制人员具备较为熟练的专业技能。

2. 对剧场舞台演出的转播

北京电视台第一次剧场转播是在 1958 年 6 月 26 日，节目内容是由残疾军人演出的文艺节目。从那时起，转播剧场或其他文艺演出场地的表演便成了电视文艺主要的节目播映方式。北京的观众可以通过电视转播欣赏到许多著名表演艺术家的演出，如梅兰芳的《穆桂英挂帅》，尚小云的《双阳公主》，荀慧生的《红娘》，马连良和张君秋的《三娘教子》，张君秋、叶盛兰和杜近芳的《西厢记》，周信芳的《四进士》等。

3. 对大型广场文艺活动的转播

1959 年 10 月 1 日，中华人民共和国成立十周年，北京电视台对在天安门广场举行的"中华人民共和国成立十周年"的大型庆典活动进行了第一次实况转播。从此以后，每逢"五一"国际劳动节、"十一"国庆节等重大节日，北京电视台都要进行大规模的现场直播，并且随着活动规模的不断扩大，电视转播的程序和技术要求也越来越复杂，转播的质量也越来越高。

（二）电视台组织的文艺节目

1. 以春节为背景的电视综艺联欢节目

1960 年以后，北京电视台搭建了一个 600 平方米的演播厅。随着电视台的技术和设备条件的逐步改善，电视台的编导们不满足于仅仅转播现成的舞台文艺节目。1960 年的春节，电视台的编导们根据节日的主题把诗歌朗诵、相声、歌舞等节目组织在一起，首次在演播厅里排练播出了一场由电视人自己组织的综艺型节目，这大概算得上是最早的电视春节联欢晚会了。1963 年的除夕之夜，电视春节联欢晚会已经长达 4 个小时。1966 年，电视台转播了北京市"拥军爱民、拥军优属"联欢晚会，还直播了由电视台自行组织的一台迎春晚会，这为后来电视综艺晚会的发展积累了有益的经验。

2. 对传统文艺作品的电视化呈现

1960 年，导演黄一鹤在转播小提琴协奏曲《梁山伯与祝英台》的过程中，配上越剧戏曲影片的画面资料来丰富音乐作品的视觉内容，并且在镜头处理和解说词的运用方面，努力体现出电视转播的特点。这是一次文艺节目电视化的大胆尝试和有益探索，为后来的电视器乐艺术片的创作提供了经验。之后北京电视台的导演邓在军、杨洁、莫宣、王扶林、金成等也在各自的工作中对文艺节目的电视化进行大胆探索，他们分别拍摄了电视舞蹈片《赵青独舞》、电视甬剧《半把剪刀》、电视话剧《七十二家房客》等电视作品，这些作品的出现使人们对电视文艺这一艺术形式有了新的认识，使电视文艺的创作题材和表现形式得以拓展，丰富了电视文艺的屏幕。

北京电视台于 1961 年 8 月 30 日举办了第一场完全由电视台工作者组织的以"笑"为主题的专题文艺晚会。该晚会邀请了北京和天津的相声演员同台演出，这是电视台第一次设定主题鲜明的文艺晚会，晚会播出以后反响很好。在半年之后，他们又举行了第二场《笑的晚会》，他们首次在演播厅里采用了茶座的方式来布置观众坐席，打破了传统剧场中演员在舞台上表演，观众在台下观看的旧有格局。这场节目在以相声为主要表演形式的基础上，还增加了小品类的喜剧性节目，这是"小品"第一次以一种独特的节目形式登上电视荧屏。1962 年，北京电视台又举办了第三场《笑的晚会》，这次的晚会将电影和话剧演员表演的小品作为主要节目，以侧台画外解说和形体表演作为一种串联方式，减少了说唱的形式，使电视文艺晚会的艺术表现形式又一次得到拓展。

3. 大规模的电视文艺转播活动

1961 年 12 月 11 日至 19 日，北京电视台和中国戏剧家协会为庆祝著名京剧表演艺术家周信芳舞台生涯 40 年举办了大规模的连续演出转播活动，北京电视台对开幕式盛况进行了现场直播，中国戏剧家协会主席田汉先生在开幕式上发表讲话。接下来之后的周二、周四、周六、周日，电视台都对周信芳先生的演出进行实况转播，每次转播时间长达 2 小

周信芳表演京剧《四进士》剧照

时30分。这次活动连续转播了周信芳演出的《乌龙院》《打瓜招亲》《宋世杰》《张飞审瓜》《斩经堂》《四进士》《海瑞上疏》等多部经典剧目。这是北京电视台创办以来首次举行大规模的专题电视转播活动，连续数天的长时间现场直播，不仅锻炼了电视工作者队伍，还形成了声势浩大的社会反响。

第二次大规模的电视转播活动是北京电视台播出的一系列以"抗美援越"为主题的演出活动，活动中有音乐会、歌舞晚会和戏剧节目，电视转播从1965年2月8日开始，历时100天，累计转播了44次演出。这次主题演出活动有北京的34个文艺团体参加，其中最大规模的一次是在2月10日，中国人民解放军海军政治部文工团、铁道兵文工团、北京人民艺术剧院等10个首都文艺团体共800名演员参加了演出。经电视台播出的文艺晚会《椰林怒火》、话剧《南方来信》等作品，在全国的文艺界都引起了关注，并由此形成了电视台以大规模文艺转播的形式来配合党的中心工作的播出传统①。

（三）地方台和海外交流节目

20世纪60年代初期，在北京电视台成立之后，一批直辖市和省会城市的地方电视台先后成立，比如上海电视台、天津电视台、广东电视台、黑龙江电视台、吉林电视台等，各台的文艺编导也在创作方面大胆探索，积极尝试，不断地丰富电视的文艺表现形式。

由于电视台的积极参与，许多在舞台上演出的优秀剧目被搬上了荧屏。当时深受群众喜爱的歌剧《刘三姐》《洪湖赤卫队》《江姐》以及昆曲《十五贯》等剧目，几乎都是在舞台演出的同时就上了电视，使当时拥有电视机的少数观众可以先睹为快，扩大了舞台演出的影响力。

一些地方电视台还开始创办一些具有地域特色的电视文艺节目，并努力在舞台演出中增加电视的特点。如天津电视台在转播相声喜剧《笑着向昨天告别》时，请演员以相声的表演形式进行幕间解说，把相声和话剧的表演形式结合在一起，发挥了电视转播的兼容功能，使节目显得新颖别致。

1964年，广州电视台（广东电视台的前身）在中共中南局和广东省委的大力支持下掀起了转播革命现代戏的热潮。他们将革命现代歌剧《血泪仇》，粤剧和歌剧《白毛女》，粤剧、歌剧和话剧的同名作品《夺印》，潮剧和歌剧《江姐》，话剧和粤剧《山乡恩仇记》，话剧《千万不要忘记》，越剧《祥林嫂》，绍剧《三打白骨精》等舞台戏剧搬上了荧屏。1965年7月至8月，在广州举办的"中南戏剧观摩"活动中演出的大部分作品都

---

① 钟艺兵、黄望南等：《中国电视艺术发展史》浙江人民出版社1994年版，第386页。

被搬上了电视屏幕，一时间，电视荧屏上工农兵形象绚丽夺目，传统戏曲中的帝王将相、才子佳人都黯然失色。

电视文艺的初创时期，电视编导们思想活跃，敢想敢干，创造了很多新的节目样式。大家努力摆脱舞台和剧场的束缚，把各种文艺节目请进演播厅，对原有的节目进行分镜头处理和场面调度上的调整，对演员的面部化妆和表演分寸感也提出了更接近电视审美的特定要求。有的导演还根据电视的拍摄的需要对原有的剧本和演出结构进行改动，或者删掉一些交代性的语言，或者在表演中穿插外景画面，使表现形式更加丰富和直观生动。经过电视化处理的文艺作品，往往显得节奏更加紧凑，场景和人物的表现更加鲜明突出。在电视上，导演们采用视听声画的处理，使该强调的得到强调，该省略的得到省略，因而更加体现了电视转播的优势和特点。

20 世纪 50 年代后期，新中国进入了稳定发展的新的历史阶段，一些与中国友好的外国文艺团体也到北京进行演出和文化交流活动，这对于新成立的电视台而言，无疑是难得的节目来源。在 1959 年的国庆期间，北京电视台从剧场转播了前苏联芭蕾舞团表演的《天鹅湖》《吉赛尔》《海峡》等舞剧片断，使得中国的电视观众第一次通过电视观赏到了前苏联著名芭蕾舞演员乌兰诺娃的精彩表演。从此，转播外国的文艺团体的演出就成了电视台的一项经常性的工作。

（四）最早的电视专栏节目

电视台创办初期除了转播舞台演出的文艺节目之外，还创办了一些"专栏"性的电视文艺节目，这就是我们今天常见的电视文艺栏目的雏形。

1960 年 1 月 1 日，北京电视台开始有了固定的节目播出时间表，其中有新闻、少儿、艺术、科技、体育等十几个不同类型的专栏节目，与文艺相关的栏目有《电视台的客人》《美术爱好者》《摄影爱好者》等。在诸多的电视栏目

乌兰诺娃表演的《天鹅湖》

中，1961 年开办的《文化生活》栏目很快成为当时最有名的电视节目之一。《文化生活》栏目包含了文艺知识、明星介绍、人物专访等专题性的节目形式，比如《介绍我国古代十大画家》《郭兰英的演唱风格》《泥人张》《张瑞芳谈李双双》等，一些深受观众喜爱的文艺名家和文史知识都成为该栏目选材的内容，每月播出 2～3 次。同时，电视台还举办了一些社教类、服务性的栏目节目，如《少年儿童节目》《天气预报》《科学常识》《医学顾问》《国际知识》等，这些节目介绍与群众生活息息相关的知识。在 1963 年北京电视台社教部成立以后，社教类电视节目得到了很好的发展机遇，《文化生活》栏目也归

于其中。

电视文艺节目以"专栏"的形式进入电视后，不仅是对本体性的文艺节目的补充，也成为一种对传统的文艺节目进行重新组合的特殊方式，这对后来电视文艺的发展起到了奠基作用。不过，当时由于电视观众的稀少和电视设备的落后，电视台的专栏节目在创作编排方面处于一种随意和不确定的状态，也无法规定节目长度和在固定时间进行播出，所以其影响力相对较弱。

（五） 直播的室内电视剧

1958 年 6 月 15 日，中国电视史上的第一部电视剧《一口菜饼子》在演播室里进行了直播。这是一部根据同名短篇小说改编的电视剧，它讲述了一个忆苦思甜的故事：妹妹拿枣糕逗狗，姐姐告诉她，在旧社会因为没有饭吃，母亲只能把最后一口菜饼子拿了出来给妹妹吃，自己却饿死了。母亲因为只有一口菜饼子而只能把生的希望留给自己的孩子，而自己则选择了死亡……由于当时没有录像设备，因而这部电视剧只能采取直播的方式播出。演出开始，演员、摄像、灯光、音响等一起启动，导演则按照事先准备好的分镜头剧本切换镜头，整个过程不能中断，只能一次成功，如果哪一个环节出错，后果不堪设想，所以演出现场气氛凝重，十分紧张。

电视剧《一口菜饼子》的播出标志着中国电视剧创作的开始。在此之前，电视台的文艺类节目都是照搬舞台演出，而《一口菜饼子》则首次开始按照电视化的思路进行剧本创作和安排演员表演，在剧本创作的同时，就将一些不便通过电视表现的内容采用影片资料插播或画外音解说等形式来表现，因此，尽管当时的演播现场条件十分简陋，且只有两部摄像机拍摄，但是因为演员、导播、摄像、舞美、灯光、化妆等各部门的热情合作，大家一起努力在拍摄的角度、景别及场面调度上增加不同于舞台表演的变化，使演出实现了对舞台剧表演的突破和创新，"电视剧"这一新的剧情展现形式初步得到了观众的认可。

1958 年 9 月 3 日，《人民日报》上报道了一则上海钢铁厂工人邱财康被严重烧伤，在死亡边缘被上海广慈医院奇迹般救活的消息，电视台导演胡旭和王扶林被这则消息所感动，他们立刻召集人马编撰剧本，组织演员连夜排练，第二天就"直播"了根据这则消息创作的电视报道剧《党救活了他》。后来，电视报道剧即成为电视剧中一种特有的创作形式。这种剧作根据最新的新闻故事迅速改编播出，以鲜活、生动、直观、迅速等特点引起了观众的广泛喜爱，往往能够在社会上引起强烈反响。

从 1959 年起，当时的北京电视台每个月都有 1～2 场电视剧演播。由于条件所限，大多数作品的戏剧情节和场景都很简单。从制作方式上看，当时的电影故事片多为单机拍摄，需要经过胶片洗印、后期配音、制作拷贝等复杂的过程，而电视剧的直播则是多机拍摄，一次录像就可以将声画同期完成，对社会生活的反映更为直接迅速，题材更加新颖、更具有新闻传播的特点，因此电视剧以快速、直观的特点成为对电影需求的一种补充，其总体风格上则偏向话剧或广播剧。

当时，有很多电视剧在直播时会插入一些用 16 毫米胶片拍摄的外景画面以弥补仅有内景的单调感，导演们希望尽量丰富表演的背景环境，努力地分出不同的时间和空间，用现场表演与资料片结合的方式来表现出不同的季节等。如在 1959 年，他们制作了一部反映清华大学建筑系大学生生活的戏《新的一代》，为了表现大学生们参加首都"十大建筑工程"施工现场的真实感，创作者们把演播室延伸到走廊及另一间屋子，还插入清华大学、颐和园的外景画面，努力表现出季节的变化。导演们在这部仅有 70 分钟的电视剧中，实现了颇多创新。限于当时电视台的设备条件，要在电视剧直播过程中表现场景和季节的变化实属不易，其演播的工作状态是十分辛苦和紧张的。但是在电视台的创办初期，创作人员都是以高涨的热情和勇于创新的胆识迎难而上，开创了国产电视剧初创的良好局面。从电视台创办到"文化大革命"开始以前，北京电视台就已经播出了 90 部电视剧，上海、广州、天津等地方电视台也纷纷推出电视剧作品，全国已有约 200 部电视剧对观众播出，由于都是直播，所以这些电视剧基本上没有留下视频资料。当时的这些电视剧作品都是以宣传党的中心工作、歌颂社会主义新人新事新生活、歌颂英雄人物、进行革命传统教育为主要内容，在形式上为后来电视剧的发展积累了有益的经验。

第二节　"文革"时期的中国电视文艺

1966 年，中国开始了一场史无前例的"文化大革命"运动，这场运动对中国的文化建设造成了严重的破坏。

电视台创办初期的办台方针中曾经提出过"不能完全直接进行政治宣传"的主张，电视文艺及体育类节目总体上能够按照艺术规律来办。但是到了 1966 年 5 月，"文化大革命"开始之时，当时的北京电视台就作出了关于"宣传社会主义文化大革命"的各种安排，并提出了在"无产阶级文化大革命"中关于播出文艺节目的四项措施，"措施"中明确要求电视台的编审人员要加强阶级斗争观念，"不播毒草"。要求对"文化大革命"以前制作的节目一律不播，还详细规定了对八类"坏节目"的禁播要求。从 1966 年 7 月开始，电视台不再容许电视节目记者有个人署名权。在当时掌握权力的"四人帮"的专制统治下，部队和各地方专业文艺团体的演出全部被勒令停止①。在极"左"思潮统治下，受到严酷的政治环境影响，全国的文艺创作处于瘫痪状态，文艺战线呈现出万马齐喑的萧条局面。其具体表现是：

一、电视节目数量的急剧下降

刚刚兴起的电视事业由于"文革"的到来立刻从整体上遭到了严重的破坏，所有"文革"前的节目都被禁演禁播，极少数获准播出的节目也受到严厉的限制和干涉，很多电视台处于停办或准停办的状态。当时的规定要求，所有在电视台播出的节目，无论从内容到形式都以"样板戏"为模式，电视工作者的创作和思想都处于极度的高压之下，创

---

① 钟艺兵、黄望南等：《中国电视艺术发展史》，浙江人民出版社 1994 年版，第 392 页。

作人员和演职人员一律不在屏幕上署名，电视节目也失去了社会创作的来源。

例如，北京电视台曾于 1967 年 1 月 6 日停播至同年 2 月 4 日，重新播出后，还被限定仅每周六播出一次，直到同年的 5 月 2 日才又有少量的文艺节目获准在电视上播映。北京电视台从 1969 年 7 月 1 日起，每周都安排一定的时间反复播放现代京剧《红灯记》《沙家浜》《智取威虎山》《海港》，芭蕾舞剧《白毛女》《红色娘子军》，交响音乐《沙家浜》，钢琴伴奏《红灯记》等以八个样板戏为基础的文艺节目。

二、极"左"思潮统领节目创作

电视台在"文革"期间的文艺节目主要是转播剧场演出实况，除了样板戏的演出外，还有大型音乐舞蹈《毛主席革命路线万岁》，歌舞《毛主席诗词组歌》《井冈山的道路》，大型音乐舞蹈史诗《无产阶级文化大革命万岁》，工农兵文艺节目《热烈欢

现代京剧《沙家浜》剧照

呼全国山河一片红》，"毛主席语录歌"大联唱、"毛主席语录操"汇报表演以及以歌颂"文化大革命"、反击"右倾"翻案风为主题的诗歌朗诵演唱会等节目形式。

"文革"时期是电视文艺创作的停滞时期，为了弥补节目来源的匮乏，电视台也播出一些当时与中国交往密切的国家的文艺演出，这些节目的特点是政治色彩浓郁，表演形式单调。其中有越南南方解放军歌舞团的来华演出，阿尔巴尼亚地拉那市"一手拿镐一手拿枪"业余艺术团的访华演出，朝鲜歌舞《党的好女儿》，日本松山芭蕾舞团演出的《白毛女》和日本话剧《野火》等。1970 年，为了庆祝越南民主共和国成立 25 周年，北京举办了"越南电影周"，北京电视台先后播放了《英雄的昏果岛》《上前方之路》等越南人民军演出的节目。由于当时中国的文化生活极度贫乏，这些文艺节目使得处于饥渴状态的中国观众颇为着迷。

朝鲜歌剧《卖花姑娘》剧照

这一时期人们对政治极度敏感，有些以革命的题材和劳动人民反压迫

斗争为主要内容的外国文艺作品，由于审美习惯的差异，也难免会遭到当时观众的指责。如1971年日本松山芭蕾舞团演出的芭蕾舞剧《白毛女》，其中出现了展示男女主人公爱情的舞姿，就遭到了观众的批评。剧中扮演"喜儿"的女主演在谢幕时满面笑容地拉着扮演地主黄世仁的男演员的手向观众鞠躬致意，竟令现场的工作人员和观众大吃一惊。但是，尽管受到政治上的高压，电视台的工作人员仍然不忘创新使命，在这次转播中，导演还特意在演出间隙安排了对主演的采访和对幕后花絮的插播，有效地丰富了电视转播舞台剧的表现内容和形式。

"文革"期间，我国电视技术的发展并没有停止，技术的进步不断地改善着电视文艺节目的传播条件。当时北京电视台的"五一"焰火晚会已经能够传送到全国20多个省、市、自治区。1971年，中国开始有了自己的彩色电视；1973年5月1日，彩色电视开始试播。1973年10月1日，彩色电视设备第一次向观众正式转播了国庆节白天的部分活动实况和晚上的焰火晚会。

在"文革"期间，我国的电视剧的创作则基本上处于停顿状态。十年间只播出了三部作品：《考场上的反修斗争》（北京电视台1967年制作的第一部录像设备拍摄的电视剧）、《公社书记的女儿》（上海电视台1975年制作）、《神圣的职责》（中央广播电视剧团和广州电视台联合录制）。后两部作品都是反映知识青年上山下乡、扎根农村的内容。此时电视台播放的剧情片基本被电影故事片取代，获准播出的电影作品同样是处于政治高压之下，体现出"政治第一、艺术第二"的创作标准和在主要人物塑造上追求"高、大、全"的特点。

第三节　中国电视文艺的复苏

一、艺术家复出和文艺节目展新貌

1976年10月"四人帮"的倒台，打破了长期的政治禁锢，文艺创作迎来了百花齐放的春天，大批优秀的音乐、戏曲、歌舞、杂技、曲艺节目被重新搬上了舞台，电视文艺节目的来源得到充实，题材和体裁也不断增多，电视荧屏呈现出百花争艳的景象。

结束了长达十年的"文化大革命"，一大批受迫害的艺术家获得平反，他们纷纷登台演出，一时间大型的文艺演出活动陡然增多。1976年12月21日，中央电视台转播了《诗刊》杂志社主办的诗歌朗诵音乐会，曾被长期迫害的老艺术家郭兰英、王昆、常香玉等重新登台，演出了曾被禁演多年的《绣金匾》《夫妻识字》《洪湖水浪打浪》等节目。老艺术家们用诗歌、舞蹈等多种形式来缅怀老一辈无产阶级革命家，庆祝那个年代的结束。这段时间几乎所有的演出的场景，都是演员们热泪盈眶，观众们心潮起伏，节目总能引起强烈的反响。

二、电视文艺创作的拨乱反正

广大观众对电视文艺的真正关注，正是从粉碎"四人帮"后大量转播的文艺演出开始的。1977年1月，为纪念周恩来逝世一周年，北京电视台组织了《周恩来总理逝世一周年文艺演唱会》和《诗歌朗诵音乐会》。此时朗诵与歌唱是人们表达情感的最为便捷的艺术样式，在屏幕上获得了充分的展现。

1977年1月18日，北京电视台转播了中央乐团为庆祝粉碎"四人帮"的伟大胜利而主办的大型综合音乐会；1978年1月7日，北京电视台转播了由上海电视台传送的话剧《于无声处》，这部以纪念周恩来逝世为背景的反对"四人帮"极"左"统治的话剧，成为了全国人民声讨"四人帮"的号角，激起了社会强烈的反响。

1976年，在"文革"期间被禁演的一批文艺节目获得"解放"，比如湖南花鼓戏《十五贯》、京剧《大闹天宫》、昆曲《大破天门阵》、京剧《打渔杀家》等"文革"时期被批判的剧目重新与观众见面，电视屏幕上的文艺节目渐渐丰富起来。此后，随着全国文艺舞台的空前活跃，电视屏幕上总是能及时地转播各类演出，呈现出一派欣欣向荣的复苏景象。在电视文艺扬眉吐气的同时，一批"文革"期间遭到歪曲和批判的优秀电影作品也被纷纷解禁，电视剧的创作也重新获得了新生。

1976年5月23日，创办于1961年的第一个文化专题栏目《文化生活》重新开播，这档将艺术性、知识性、欣赏性与趣味性融于一体的文化专题类栏目，由于其内容丰富、形式新颖，很快就赢得了众多的电视观众。

1978年5月1日，北京电视台改名为中央电视台。1979年5月，北京市属的北京电视台正式开播。此时全国各省、市、自治区共有30家电视台相继成立，而普通的电视观众还是只能带着对新生事物的好奇与惊讶来接收电视节目。

1978年5月22日，粉碎"四人帮"以后的第一部电视剧《三家亲》在新更名的中央电视台播出，这是第一部全部在实景中录制的电视剧，故事的主题是主张要勤俭节约办婚事，反对铺张浪费的旧习俗。该剧第一次跳出了演播厅的局限，以真实的环境、丰富的场景变化和灵活生动的镜头语言，表现了农村生活的勃勃生机，也给观众耳目一新的视觉感受。

1978年12月，党的十一届三中全会召开，经济建设成为新的历史阶段的首要任务，中国的电视事业开始从整体走上正常发展并且有着自己特色的道路。同时，对外开放的政策也使境外的影视节目陆续进入中国，让观众和电视从业者眼界大开。

1979年1月28日，又是一个农历除夕之夜，中央电视台播出了分别名为《迎新晚会》和《迎新春文艺晚会》的两台节目，这标志着经历了十年"文革"的浩劫之后，电视文艺的创作再次回到正常的轨道。在这两场除夕晚会上，一批文化名人如作家白桦、书画家陈叔亮和黄寿平等出现在晚会现场，北京歌舞团、中央歌剧舞剧院、中央芭蕾舞团、海政歌舞团、军乐团、北京京剧团、中国杂技团、中国广播说唱团的艺术家们汇聚一堂，竞相献艺，充分显示了中央电视台组织节目的巨大能量。这次晚会由邓在军和杨洁两位女导演组织创作，她们锐意创新，力求凸显电视展现舞台艺术的独特优势，晚会现场采用茶座式观众坐席，打破了舞台表演的空间局限，把表演与观众放在同一空间，通过镜头展现出观众的参与热情和表演现场的真实感。

这一年的元旦晚会更是体现了电视晚会能够将各类节目兼收并蓄的综合性特点。著名歌唱家李谷一在现场演唱了当年的电视风光片《三峡的传说》中的主题歌《乡恋》，由于演唱方法的创新，该节目在播出以后立即在全国引起了巨大的反响，歌曲《乡恋》也因此红遍大江南北。这台晚会上还表演了马戏、相声、舞蹈以及香港故事片《春雷》片段，最后播出了共青团中央、中央人民广播电台、中央电视台联合举办的《法制漫谈曲艺专场》的实况录像，是一个典型的电视化的综艺节目"大拼盘"，也是电视文艺对"文革"时期被禁演文艺节目的一次拨乱反正。

20世纪80年代初期，中国的电视已经以其便捷、及时、直观和转播面广的独特优势显露出当代强势媒体的潜质。随着人民群众的生活水平得到普遍提升，电视接收机开始进入寻常百姓家，电视受众群日益扩大，电视创作也从整体上进入了大发展的新阶段。随着电视节目的不断丰富和广泛传播，电视一时成为"时代的宠儿"，它的普及对许多传统媒介和传统艺术都形成了威胁，广播、报纸、杂志、电影、戏剧等传统艺术的历史地位和受众人数急剧下滑，而随着中国电视事业的迅猛发展，中国的电视文艺事业也取得了多方面的成就。

第二章　中国电视文艺的成型

第一节　应运而生的电视文艺栏目

电视文艺的栏目化是电视节目进一步规范发展的结果。1982年10月，中央电视台召开了"节目栏目化"的专题研讨会，提出电视节目要按照栏目化的标准要求进行创作和规范化播出。所谓栏目化，即按照主题的一致性、内容的统一性和形式的相似性将电视节目编排成一个栏目进行创作和播出，每个栏目都有各自固定的名称和标志，比如统一的主题曲和包装形式，统一的节目编排方式和播出时间，统一的节目主持人等。

电视文艺节目的栏目化是电视文艺走向成熟和标准化生产管理的一个标志，它由过去那种自办节目少、编排随意性大的粗放式播出形式，朝着以自办节目为主、编排更加有序、节目播出定时和规范的方向改进。电视文艺的栏目化对于节目创作起到了规范内容、长度、主题以及创作手法的作用，也使得电视台"可以更主动、更自觉地吸收观众深度介入到电视节目的制作和演播过程中来"①。

电视文艺节目的栏目化要求节目的编排能够定时、定量，这就要求电视台能够储备一定数量的节目来源，同时它更要求电视文艺

①　钟艺兵、黄望南等：《中国电视艺术发展史》，浙江人民出版社1994年版，第424页。

编导对多年养成的工作习惯和思维观念来一个转变。第一，过去电视文艺的节目来源大部分是从剧场演出中直接获取的，节目的长度也是根据舞台演出而定。栏目化以后，电视台对剧场节目的转播要求则更加突出编辑的功能，体现电视编导对节目的选择、取舍和编排技巧。第二，电视编导需要更加深入地探索电视文艺创作的规律和模式化特点，必须改变过去那种专注于在转播现场记录节目的组织形式，而要向创意的独立性、语言的电视化、叙述的多样性和制作的规范性方面转变。第三，栏目化对于每一期节目都会有特定的制作标准和形式模板，编导不仅要适应定期、定时等播出要求，还要在有限的时间和栏目模式框架下来完成节目创作，使节目的总体质量得到保障。第四，电视文艺节目播出的栏目化加强了观众对节目的观赏期待，节目编排也要尽可能地满足观众的不同需求。

中国最早实现栏目化节目编排的是广东电视台。1984 年，在第二届全国优秀专栏节目评选大会上，广东电视台的代表发言宣布该台已经有 80% 以上的自办节目实现了栏目化编排播出。同时上海电视台开办了《大世界》《大舞台》两大文艺栏目，揭开了上海电视台节目生产和播出栏目化的序幕①。

1984 年，在栏目化的推动下，一批新的文艺栏目陆续与观众见面，这些栏目在办节目的宗旨、内容、表现形式和制作方法上各有区别。中央电视台的文艺栏目《艺苑之花》，以加工编辑地方台选送的节目为主，成为展示全国电视文艺优秀作品的一个窗口。中央电视台自行编导加工的文艺栏目中，有以精彩的歌舞节目综合而成的《音乐与格言》《音乐与舞蹈》《歌与花》等，也有以曲艺、杂技的演出录像为主要内容的《周末文艺》，还有专门编辑各类剧场演出节目的《电视剧场》以及老牌文化栏目《文化生活》。这些栏目都在新的形势下进一步提升品质，扩大影响，并由开始的不定期、不定时播出逐渐改为较为规范的定时定期播出。

电视文艺栏目化初期既保留了电视文艺早期的转播剧场节目的特点，也开辟了自办节目的新思路，极大地鼓舞了编导们创作的热情，使电视文艺的自办节目大量增加，凸显出节目的专题性、多样性、系列性的发展特色，展现出电视文艺兴旺发达的势头。

同时，全国各地电视台也开始大规模地精心开办文艺栏目。上海电视台的《大世界》《大舞台》开办四年间，在当地的收视率一直名列前茅；北京电视台在其开办的《大观园》栏目中，还分设了报道文化动态和谈话类的子栏目"文化动态""茶余饭后"等，电视编导们都力求在编排上有所创新，使栏目的形式更加短小精悍、活泼多样。

1995 年，湖北电视台开办了以采访和评介画家、歌唱家、影视明星为主要内容的文化访谈栏目《文化纵横》，以介绍歌曲为主要内容的栏目《心声》；天津电视台开办了将美术和音乐结合编辑的《画中曲》和介绍戏曲的栏目《戏曲之花》；吉林电视台有《艺林漫步》；陕西电视台有戏曲栏目《秦之声》。各地的电视文艺栏目都力求贴近生活，突出地域特色，积极吸引观众参与，将思想性、艺术性、知识性、欣赏性努力融为一体，做到寓教于乐，成为广大电视观众喜闻乐见的屏幕形式。

---

① 钟艺兵、黄望南等：《中国电视艺术发展史》，浙江人民出版社 1994 年版，第 425 页。

第二节 全国电视综艺栏目的兴起

中央电视台最早的综艺型欣赏性栏目当属 1979 年 1 月创办的《外国文艺》，该栏目的宗旨是传播文艺的基础知识，提高观众的欣赏能力和艺术趣味，其主要内容是介绍外国的优秀文艺作品和重大文艺活动，节目形式包括音乐、美术、舞蹈、文学名著欣赏等多种类型，其中大部分是经典的古典文艺作品，适当兼顾一些具有代表性并为观众乐于接受的现代文艺。

在中国电视文艺初兴之时，广东电视台因特殊的地理位置，最先接触到港台地区的电视节目，也最直接地感受到港台地区电视的压力。香港 TVB 的一档名为《欢乐今宵》的综艺栏目，占据了大部分广东观众的视野。1979 年，广东广播事业局和广东电视台的一群工作人员，悄悄住进了东莞一家公社招待所，在一台黑白电视机旁架起了鱼骨天线，每天反复收看《欢乐今宵》。经过反复研究揣摩，他们决定办一档类似的节目，这就是后来红遍中国南方的大型电视综艺栏目《万紫千红》。

1981 年，全国第一个杂志型的综艺专栏《万紫千红》与观众见面了，该栏目内容丰富，形式活泼，结构灵活多样，其中包含了介绍旅游风光的"轶事趣谈"、介绍人文风情的"小幽默"、反映市井生活的系列小品"朝见口晚见面"以及漫画式喜剧系列小品《乐叔与虾仔》等多个版块。这个汲取了香港综艺节目优点的新型电视栏目一经出台，即受到了内地观众的广泛欢迎，其影响迅速扩散到全国。同年 11 月，广东电视台又开播了一个名为《百花园》的文艺欣赏类栏目，其主要内容是对一些优秀的舞台表演节目进行编排整合。广东电视台的编导们充分利用了能够直接接触到香港等地娱乐节目的优势，大力引进和学习香港等地的办节目经验，拓展和丰富了创作电视娱乐节目的思路和手法。他们把香港等地成功的节目样式融入自办节目当中，大大促进了内地电视文艺的发展。

上海电视台也是较早开办综艺栏目的地方电视台。他们于 1984 年 4 月 12 日创办的大型综艺类栏目《大世界》，每到周六晚上都将观众吸引到电视机前。《大世界》以欣赏音乐歌舞为主要宗旨，其中让观众印象最深的两个节目是时装表演和 Disco 伴奏的韵律操。这在当时确实是引领了时尚风潮。20 世纪 80 年代初期，中国的改革开放刚刚起步，社会风气比较传统和保守，然而在上海电视台《大世界》的栏目中，人们可以看到年轻人穿着紧身服的健身操表演，其思想的开放和表演的时尚令人耳目一新。因此，上海电视台的《大世界》栏目很快引起轰动，也在社会上掀起了一股赶时髦的热潮。

上海电视台《大世界》栏目照

上海电视台与《大世界》相媲美的另一档栏目是名叫《大舞台》的戏曲专栏。

这是中国较早的戏曲栏目之一，它以展示京剧、昆曲、越剧、沪剧、淮剧等传统戏曲的演唱片段、折子戏为主要内容，汇聚了南北方戏曲的精华，赢得了戏曲爱好者的热捧。电视台通过栏目传播戏曲文化，为弘扬和传承中国的传统戏曲艺术起到了重要作用。

上海电视台的这两大综艺栏目，犹如电视屏幕上两朵盛开的并蒂莲，给广大电视观众送去了清新而美妙的审美感受。新颖时尚的电视综艺节目不仅助推了年轻人赶时髦的热潮，而且使得中国电视文艺拉近了与广大观众的距离，与百姓生活产生了越来越紧密的联系。

20世纪80年代的中国，犹如沉睡多年后的初醒，生产建设日新月异，市场经济发展欣欣向荣。改革开放激发了人们拼搏奋进的热情和干劲。中国经济飞速发展，人们陡然从物资匮乏、生活水平低下的困境中迅速进入了财富不断增加、物质生活水平不断提高的新的社会环境之中。在高速起航的建设节奏中，人们的精神生活领域与快速提升的物质生活水平产生了落差，随着经济利益的驱动和诱惑，经商的大潮裹卷着各种人投身其中，一时间文人下海、教师从商蔚然成风，社会上不可避免地出现了一些金钱至上和人文精神缺失的现象。

针对当时社会上初露端倪的拜金主义现象，1987年，中央电视台开播了一档名为《人与人》的综艺栏目。该栏目的宗旨是用文艺的形式探究人与人之间丰富多样、复杂纷繁的关系。节目分为三类：第一类是对新时期开放、进步的新型人际关系的歌颂，弘扬中华民族的传统美德；第二类是讽刺小品，讽刺社会上以貌取人、服务行业戴有色眼镜看人的社会问题；第三类是提出一些思考性的问题，如父母对子女的教育问题、代沟问题等。该栏目编导尤其注重探索表现电视的特长，采取三个结合的方式来表现生活：一是小品与通俗歌曲相结合，体现出综合文艺的特殊魅力；二是突出主题，注重现实生活与艺术真实的结合，栏目中不少的小品都是取材于生活中的真实故事，突出了电视文艺的社会作用；三是文艺演出与现场采访的形式相结合，主持人的地位受到重视①。该栏目的编导刘瑞琴等创作人员在栏目的编排结构上采取了"三段式"，每部分之间均安排由主持人串场，这一基本的叙述形态也成为后来很多栏目模仿的标准。他们还广泛邀请社会上著名的词曲作家为节目谱写主题曲，每个故事后面，单独播放一首与内容相呼应的歌曲，为升华主题和渲染情感起到烘托作用。比如栏目的主题曲《高天上流云》是由当时的著名歌唱家彭丽媛演唱的，韦唯在栏目中演唱了一首题为《爱的奉献》的片尾歌曲，这首歌曲伴随着《她比幸子还幸运》的感人故事流传至今。

1990年年初，中央电视台先后推出《综艺大观》和《正大综艺》两档具有广泛影响力的栏目。1990年3月14日开播的《综艺大观》是中央电视台唯一一个现场直播的文艺栏目，该栏目每期50分钟，分为"送你一支歌""东方奇观""开心一刻""请你参加""艺术彩虹"等版块，其中"请你参加"还邀请观众到镜头前表演节目。这一设计有效地调动了观众的收视兴趣，许多观众在收看节目的同时也积极通过报名参与节目表演，感受到了电视文艺节目给生活带来的新奇和快乐。《综艺大观》很快成为全国最著名的文艺栏目。

---

① 王云缦、张捐中、果青：《电视艺术词典》，学苑出版社1994年版，第508页。

　　《正大综艺》开播于 1990 年 4 月 1 日，是中央电视台第一个与国外企业（泰国正大集团）合作共同制作的栏目。该栏目大致分为两个部分：第一部分是观众与嘉宾一起观看国外风情片并根据内容进行智力竞猜，其中包括"五花八门""世界真奇妙""缤纷世界""名歌金曲"等环节，有很强的游戏性；第二部分是由其中的版块"正大剧场"播出一部外国影视剧。《综艺大观》和《正大综艺》两个栏目的播出很快带动了全国兴办综艺栏目的热潮。吉林台的《你好周末》、河北台的《万花丛》、上海台的《今夜星辰》、浙江台的《调色板》、江西台的《相聚今宵》、湖北台的《多彩时光》等都应运而生。

　　1992 年，时任中央电视台台长的杨伟光在全国电视经济宣传座谈会上发表讲话说："要全面提高文艺节目的质量，提高可视性。中央电视台要加强同地方电视台合作，办好《综艺大观》《东西南北中》《曲苑杂坛》《旋转舞台》《电视剧场》等栏目，还要搞好重点文艺晚会。"① 1994 年在全国电视文艺座谈会上，中央电视台台长杨伟光在讲话中说："文艺节目全部实现栏目化，这也是作为电视文艺建设的一个很重要的方面。"

　　以中央电视台为代表的全国各电视台的综艺栏目纷纷创办是中国电视综艺节目繁荣发展的一个标志，这些栏目基本上都占据了各地电视台的周末黄金时段，观看电视综艺节目成为各地老百姓最喜闻乐见的娱乐方式。

　　电视综艺栏目还使得主持人的地位得以巩固和提升，很多综艺栏目主持人都是各电视台的台柱子，他们还参与到节目的编排和策划之中，其个人形象和风格逐渐成为栏目的标志性符号。如中央电视台的《综艺大观》主持人倪萍，《正大综艺》主持人赵忠祥、杨澜，广东电视台《万紫千红》主持人谭国治，上海电视台综艺节目主持人叶惠贤、袁鸣等。这些主持人以栏目为基础，与栏目一起成长，随着栏目地位的提升，他们在观众中产生了一定的知名度和号召力，栏目与主持人共同发展成为电视栏目化的普遍现象，电视栏目也逐渐成为与节目主持人密切相关的"主持人节目"。

　　电视文艺节目栏目化的不断发展，形成了电视文艺屏幕异彩纷呈、百花盛开的局面。到 1992 年，中央电视台就有了《综艺大观》《正大综艺》《戏曲欣赏》《外国文艺》《百花园》《请您欣赏》《译制片》《文化生活》《电视剧场》《动画片》《曲苑杂坛》《大家唱》《故事会》《中心舞台》《人间万象》《艺苑风景线》这 16 个文艺专栏。

　　各地方台也创新了一大批文艺栏目，如北京电视台有《今晚我们相识》《荧屏连着你和我》《看世界》，上海电视台有《今夜星辰》《盼今宵》，河北电视台有《百花丛》，湖北电视台有《戏曲大看台》《周末 50 分钟》，浙江电视台有《调色板》，云南电视台有《云屏艺苑》，等等。

　　从 1982 年中央电视台文艺节目栏目化开始，到 1992 年中央电视台以及各地方电视台文艺栏目的迅速发展，十年的电视文艺栏目建设进入成熟时期，很多文艺栏目学习借鉴海外的模式，逐步形成了由导演中心制向制片人管理制度的转型。从全国的总体情况来看，电视文艺栏目蓬勃发展，各类栏目分布合理、宗旨明确、形式多样，既符合定时定期的播出管理要求，也满足了观众对不同节目的观赏需求。

　　但是对于电视文艺的创作而言，栏目化也带来了新问题：一是由于很多栏目获得了企

---

　　① 　杨伟光：《电视新闻论集》，人民出版社 1993 年版，第 53 页。

业的赞助，在电视台获得较好的经济效益的同时，节目的创作形式的局限性越来越明显，栏目的固定主题和模式化呈现，不同程度地限制了导演的创作个性；二是越来越多的栏目化生产，使得人力、物力、财力都向栏目倾斜，而栏目之外的精品创作则受到了冲击，影响了优秀电视艺术片和电视文艺专题片的创作和发展。

第三节　精彩纷呈的电视艺术片

随着电视事业的发展，电视从业人员不再甘居从属其他姊妹艺术的地位，他们不再满足于充当其他艺术的转播者，而是积极探索电视文艺这一新型艺术形式的独特性和规律性，试图找到电视艺术特有的语言方法和审美特征，进而确立电视文艺独立的艺术地位。

在自办节目的艺术实践中，广大电视工作者对电视文艺创作的认识不断深化，他们对电视艺术片的创作探索一直没有停止。早在 1960 年，中央电视台的黄一鹤导演在转播小提琴协奏曲《梁山伯与祝英台》时，就采取分镜头拍摄的方法，并在节目播出中有意识地加入了越剧戏曲电影的资料，丰富了舞台节目的表现力。后来邓在军、杨洁、莫宣、王扶林、金成等中央电视台导演也纷纷在电视舞蹈片《赵青独舞》、电视甬剧《半把剪刀》、电视话剧《七十二家房客》等拍摄中大胆尝试。

1989—1992 年，中央电视台专门为展示各地电视台选送的优秀电视作品而开设了一个独特的栏目叫《地方台 50 分钟》，其中展示了来自全国的电视精品。如：湖北电视台周韶华、邵学海、景高地创作的文化片《横断的启示》，刘萍创作的《心中的歌》；新疆电视台创作的《明天的浮雕》；青海电视台刘郎创作的《西藏的诱惑》，王怀信创作的《格拉丹东的女儿》；河南电视台王宝寅、王京明创作的《改革，冲击着女人》；北京电视台严力强创作的《大白菜的述说》；黑龙江电视台杨河山创作的《黑土地》；新疆伊犁电视台宋协宝创作的《赤土》；湖南电视台刘学稼创作的《湘西，昨天的回响》，盛伯骧创作的《我说湘西女》；济南电视台宋是鲁、孙爱萍创作的《土地忧思录》《少年启示录》《住房见闻录》；广西电视台林杰谋、闭盈龙创作的《说说广西》；山东电视台张放、祝丽华创作的《鲁西南人》，等等。一个个手法新颖、创意独特的电视艺术片的批量播出，使中国电视艺术片创作迎来了黄金时代。

在 1984 年至 1992 年在上海和四川成都举办的多届国际电视艺术节上，一批具有世界级水平的电视艺术片涌现出来，其中上海电视台拍摄的《摩梭人》《上海老年婚姻咨询所见闻》《15 岁的初中生》《德信坊》《十字街头》，四川和西藏电视台拍摄的《藏北人家》《古格遗址》《深山船家》《昌都喇嘛》，中央电视台拍摄的《远在北京的家》《沙与海》《最后一个山神》，北京电视台拍摄的《走向太阳》等，都标志着中国电视艺术片的创作已经走向成熟。其中《沙与海》，《最后一个山神》还分别获得了 1991 年和 1993 年的亚洲-太平洋广播联盟（简称"亚广联"）纪录片大奖。

第三章 电视文艺节目的多样化发展

第一节 电视游戏节目的兴起

电视游戏节目的兴起是中国电视文艺节目娱乐化的开始。上海电视台于 1993 年 1 月开播的《快乐大转盘》是全国第一个游戏节目，该节目在室内拍摄，由小型游戏、趣味问答、野外游戏和智力竞赛等不同版块组成，全长 50 分钟，第一次引入普通百姓参与游戏，与当时各电视台的综艺型栏目形成明显区别，显得另类而别致。

1994 年 6 月，他们又推出一档益智类的游戏节目《智力大冲浪》，开启了游戏节目统领市场的尝试。

1997 年，湖南卫视创办了《快乐大本营》栏目，顿时在全国刮起了一阵快乐旋风。该栏目是第一个让明星以普通人的姿态参与游戏的娱乐类型，主持人李湘与何炅以古灵精怪的造型、机智非凡的对答串联调动全场，一时间俘获了无数人的笑声。

在湖南卫视的"快乐风潮"影响下，全国的电视文艺出现了一种转型趋势：由传统的以综艺明星表演、观众欣赏为主的节目形态转化为以普通人参与游戏竞赛为主的节目形态。节目的形式更加活泼多样，突出互动性和随机性，节目的亲和力明显增强，赢得了观众的普遍喜爱。

1998 年，湖北卫视推出了杂志式游戏娱乐栏目《幸运千万家》，以轻松的游戏方式阐释家庭和谐的主题，寓教于乐，成为众多观众周末之夜的娱乐之友。1999 年 1 月 20 日，北京电视台《欢乐总动员》登台，创办者恪守研究观众、研究市场、不断求变、不断出新的宗旨，使这个栏目迅速成为在国内播放率最高、影响力最大、最受广大观众欢迎的电视综艺节目。之后，江苏卫视推出的《非常周末》、东南卫视推出的《开心一百》、安徽卫视推出的《超级大赢家》等，都锐意创新，各显其能，成为电视台竞相抢滩新型娱乐市场的标志。

由此，中国的电视文艺节目基本上被划分为两大阵营：一是以传统综艺节目为特点、以中央电视台为代表的"正统"电视文艺；二是以湖南卫视、光线传媒为代表的，以游戏和娱乐为特色的"娱乐型"电视文艺。这时，以"快乐"和"速配"为主题的游戏类节目开始掀起了又一轮电视文艺发展的高潮。

1999 年 6 月中旬，国家广电总局总编室在北京顺义召开了广播电视文艺研讨会，会议上提供的材料显示：全国省级电视台开办娱乐节目的有 33 家，地市级电视台开办娱乐节目的有 42 家，之后又有 32 家省、市级电视台开办或引进了娱乐节目。1999 年 1 月 20 日，光线传媒制作的以模仿秀为主要形态的节目《欢乐总动员》首先在北京电视台播出，之后又被全国近 40 个城市电视台引进并播出，一时间全国上下掀起一股"欢乐"热潮。

正当"快乐"风靡全国之时，一批批面貌相似的娱乐节目出现了，"欢乐"充斥着各个荧屏，令观众倒胃口，因此以"克隆"为主要特征的"新综艺"热潮并没能继续走红，许多观众开始对这种无处不在的"纯娱乐"节目感到腻烦，收视率大幅下滑。

中央电视台 1998 年推出的《幸运 52》与 2000 年推出的《开心辞典》是中国益智类节目的代表。在益智节目中，观众找到了新的审美特点，坐在主持人王小丫和李咏对面的竞答者与观众们具有一样的情感即普通人的情感和一致的视角，他们对电视的态度由"仰视"改为"平视"，这是电视节目平民化的开始。

中央电视台的《开心辞典》和《幸运 52》两个栏目在开播之初就引起了强烈的反响，丰厚的奖品和参与的贴近感大大地刺激了观众的参与热情。在 2000 年中国电视节目排行榜上，中央电视台的《幸运 52》栏目一举获得了"年度电视节目""最佳游戏节目""最佳游戏节目主持人"三项大奖。在首届大学生电视节上，《幸运 52》又被评为"最具生命力"的节目之一。

智力竞猜加高额奖品，从表面来看似乎只是与一些娱乐节目的侧重点调了个位子，加大了竞猜的比重，缩小了文艺表演的比重，却在经济发展的大潮中迎合了观众的参与需求和求富心理。同时，竞猜节目、益智类节目由于创意、制作的技术门槛不高，便于经济基础较弱的地方台学习和模仿，因此引起了众多的地方电视台纷纷效仿，如贵州卫视的《世纪攻略》、上海卫视的《财富大考场》、广东电视台的《赢遍天下》、重庆卫视的《魅力 21》、江苏卫视的《夺标 800》等，将益智类栏目的发展推到了高峰。

益智类节目往往具有博彩性质，再加上参与者与场内外观众的随机互动等环节，因此更具刺激性、参与性和平民性。2002 年元旦诞生于上海电视台的《财富大考场》，以 22 万元的高额奖金创造了全国电视栏目奖金之最，并由此风靡全国 40 多个城市。湖南电视台的《财富英雄》则是以"千金一题"为广告，打出"答对 5 道题 5000 元，10 道题 5 万元，15 道题 50 万元"的招牌，以平均每道题 3 万多元的诱惑来吸引观众。

但是益智类节目普遍在艺术上缺少变化，便于同行间彼此模仿和大量克隆，因而逐渐丧失了其原创的生命力。在各领风骚两三年之后，《开心辞典》再也没有了当年的辉煌，《幸运 52》则停播改版为《咏乐汇》。电视文娱节目进入了探索时期。

21 世纪初，一种全新的节目样式风靡海外。《老大哥》《阁楼上的你》等以真实普通人的生活状态和情感流露为主要内容的新的节目形态——"真人秀"节目开始走红，中国电视界立刻竞相跟随，一些学习和模仿"真人秀"的栏目应运而生。

2006 年，中央电视台推出了一档令全国观众刮目相看的真人秀栏目《非常 6+1》。该节目的规则是，报名者来自各行各业，他们是喜爱文艺的普通人，怀揣明星梦想，栏目组要用六天时间帮助他们进行高强度的刻苦训练，最后使他们像明星一样登上全国瞩目的电视表演舞台。栏目组采取内外景结合的办法，全程跟踪拍摄对选手的寻找、训练以及选手们奇迹般的蜕变过程，这种形式在过去是不可思议的。这使《非常 6+1》成为第一个成功学习和借鉴海外节目模式的案例：栏目组生动而细致地记录了参赛选手们刻苦训练的全过程，展现他们如何经历挫折，如何一次次战胜内心的恐惧，最后如同明星一样地登上舞台。当选手们面对荧屏真情流露的细节被放大和刻意渲染的时候，观众们早已被深深打动。节目组还调动参演者的亲戚、朋友组成亲友团，在现场支持鼓励参演者，场外观众则可以通过投票参与节目，这一系列的改变使得荧屏内外的界限完全被打破，节目欣赏过程则充满了悬念、博弈、明星串场等多种娱乐元素，极大地调动了观众的参与和收视热情。

电视游戏娱乐节目一经问世，就十分注重市场的需求。这类节目最先意识到观众是电视的生存之本，创作者们都自觉地把"收视率"与节目的内容形式紧密联系起来，随时关注观众的反馈意见，随时对节目做出调整和改进。比如著名的娱乐品牌栏目《欢乐总动员》就曾经通过准确细致的市场调研，来掌握观众需求的变化。他们不惜用昂贵的价格向全球公认的媒体市场调查机构尼尔森购买《欢乐总动员》栏目播出时每分钟的收视数据，以此来准确了解观众的心理和收视习惯，判断究竟哪些环节、哪些内容是观众所喜爱和感兴趣的，依据调查结果来确定节目编创策略，使节目始终保持对观众的吸引力。

自觉地关注受众的审美需求，及时顺应市场进行调整，这是游戏娱乐类节目不断发展而走向成熟的秘诀。游戏类节目从开始的照搬海外模式或各个媒体之间的相互克隆，到后来逐步完成本土化改造和与时俱进的锐意创新，都不同程度地获得了发展机遇，曾一度成为电视文艺市场中粘合度最高、形态样式最为丰富、占据屏幕最多、观众参与度最高的一种新型节目类型。

第二节　文艺竞赛和赛季节目

一、文艺竞赛节目走红中国

竞赛类节目产生于电视文艺发展的成熟阶段，这类节目是将对抗性、益智性和欣赏性集于一身，不仅丰富了文艺屏幕，而且对于发现和选拔优秀的艺术人才、普及专业艺术知识和推动各类艺术的发展起到了不可忽视的促进作用。

1984 年，一档由国家广播电影电视总局主办，中国中央电视台承办，各省、自治区、直辖市电视台协办的重大声乐比赛节目——"CCTV 青年歌手电视大奖赛"开始举办，以后每隔两年举行一届。该节目先由各地方电视台和在京的部队文艺团体完成基层的选拔比赛，再由基层单位组队参加中央电视台的复赛、决赛和总决赛。这项赛事迄今为止已经举办了近 30 年，共 15 届，每届比赛都在比赛要求、程序、内容和形式上有所改进，其基本原则是坚持比赛的专业性和权威性。

CCTV 全国青年歌手电视大奖赛照

该项赛事的宗旨是弘扬民族艺术、普及音乐知识、发现和推出声乐新秀、引领和推动中国声乐事业的繁荣发展。从"CCTV 全国青年歌手电视大奖赛"（以下简称"青歌赛"）中，走出了许多中国著名的声乐演员和歌唱家，比如彭丽媛、张也、宋祖英、谭晶、王宏伟等。经过近 30 年的打造，"青歌赛"已成为中国声乐界最具权威性的赛事，它的组织形式严谨，评委阵容整齐，从第九届开始除了歌唱专业比赛还增加了文化素质考核，担任文化素质的评委老师是全国知名学者和专家，比赛融知识性、艺术性、趣味性、竞争性于一体，加上监审组和公证员制度的设立，使比赛更彰显其公正、公平、公开的理念和原则。

中央电视台 1985 年开始举办"桃李杯"舞蹈大赛，1986 年举办了全国相声大赛，1987 年开始举办戏曲小品大赛，1990 年举办了全国的曲艺大赛。各种全国性的专业文艺赛事纷纷登台。

中央电视台的文艺赛事风生水起，地方台也纷纷效仿，推陈出新。1987 年上海电视台举办了一场别开生面的比赛——"外国友人演唱中国歌曲比赛"，轰动上海滩。1988 年上海电视台又举办了"沪剧中年演员声屏大奖赛""越剧折子戏三新奖比赛"；四川电视台也在同年举办了"泸州老窖'金鹰杯'川剧大奖赛"；甘肃电视台举办了"'蓝光杯'秦腔大奖赛"及"西北五省（区）秦腔新秀电视大奖赛"；河北电视台举办了"中年戏曲演员电视大奖赛"；中央电视台与浙江电视台共同举办了"1988 年全国青年越剧演员电视大奖赛"等。这些比赛对弘扬民族文化、稳定戏曲队伍、奖励戏曲新秀、普及戏曲知识和扩大欣赏队伍起到了非常重要的作用。

从中央到地方电视台，除了各类专业文艺比赛之外，还出现了各种非文艺类的比赛，比如 1987 年中央电视台举办了"首届'中华杯'谜语大赛"，把谜语和文艺有机地结合起来，充分展示了电视文艺的兼容性、娱乐性和趣味性等特点。1990 年，中央电视台和全国总工会联合举办了"全国职工戏剧小品比赛"，为推动职工文艺创作和企业文化建设起到了促进作用。

2000 年，中央电视台开始主办"CCTV 电视舞蹈大赛"，填补了多年以来没有舞蹈赛事的空白。该项比赛也是每两年举办一次，到 2013 年已成功举办六届。作为唯一的一档全国性电视舞蹈比赛，该赛事以其权威性、专业性和丰富性而闻名全国，它凭借电视化呈现舞蹈的特点赢得了很多舞蹈专业人士的青睐，在舞蹈界和观众中颇受好评，成为了影响全国舞蹈专业发展的品牌赛事。

电视文艺比赛也探索了一条与企业合作、吸引社会资金办比赛的路子，他们大多采取由企业冠名、设奖杯等办法筹集节目资金，这一做法大大推动了电视文艺与市场结合的前进步伐，为电视文艺的市场化提供了经验。

2004 年至 2006 年，一档大众歌手选秀的节目红遍全国，那就是湖南卫视的《超级女声》。该项电视比赛节目制定了一系列前所未有的赛程和规则，如：只要是女性就能报名参赛的"零门槛"入场机制；对歌手参赛过程的全方位展现的拍摄方法；逐层晋级的残酷的淘汰程序；参赛者"想唱就唱"的个性化表演特点；"喜欢她就留下她"的观众投票参与机制，等等。该赛事新颖别致的赛程设计、颠覆常规的淘汰机制和对观众参与的尊重态度都成为搅动受众的手段，对社会的影响很大。因此很快该节目就受到了不同年龄、不同职业的各路观众的广泛喜爱，成为当时中国颇受欢迎的娱乐节目之一。不到一年，《超级女声》比赛就以极高人气在中国电视界形成了普遍的影响，引起其他媒体的仿效或责难，成为一种社会瞩目的现象。

《超级女声》的出现，改变了中国内地音乐市场长期被中国港台歌手占据主要地位的局面。《超级女声》及后来湖南卫视举办的《快乐女声》《快乐男声》都为中国内地音乐圈输送了一批又一批实力和人气兼具的歌唱人才，现有的李宇春、周笔畅、张靓颖、何洁、尚雯婕、谭维维等参赛歌手已经成为中国内地相当有知名度的歌手，具有很高的商业价值。

《超级女声》的出现，还引起了华人电视圈的跟风模仿，短时间内，国内数十家电视频道纷纷推出了同类型的选秀节目，甚至连制作娱乐节目的大本营——港台电视圈也推出了选秀节目"超级星光大道""超级巨声"等。电视文艺由此进入到"选秀"时代。

在今天电视文艺节目高度娱乐化的新阶段，传统的文艺比赛仍然在不断地开拓发展。2009 年中央电视台举办了"第一届 CCTV 钢琴小提琴大赛"，进一步将全国性的音乐比赛拓展到新的专业领域。伴随着 20 世纪 90 年代中后期的电视游戏娱乐节目的兴起，各类电视文艺大赛也越来越被社会关注，很多比赛能够吸引大量的社会资金投入，这成为电视文艺市场化的一个途径。

二、"真人秀"文艺竞赛节目风靡

从 2006 年起，与中央电视台"正统"的文艺比赛相对应的各种地方电视台的"草根"型文艺比赛继续发展。全国各地方电视台纷纷效仿湖南卫视举办《超级女声》的成功经验，掀起了一股新的具有"真人秀"特点的比赛浪潮。如上海东方卫视的《我型我秀》、东南卫视的《银河之星大擂台》、浙江卫视的《我爱记歌词》和《非同凡响》等，各种类型的文艺赛事此起彼伏，形成了电视文艺多样化发展的又一次轮动。

中国的"真人秀"节目是从 2000 年兴起的，开始是对海外"真人秀"形式的一种模仿，如广东电视台制作的《生存者游戏》、四川电视台的《走进香格里拉》、河北电视台的《超级宝宝秀》等，随后发展为直接购买海外的节目版权，其中不乏成功的案例和失败的教训。比如湖南卫视风靡全国的《超级女声》、江苏卫视的相亲真人秀栏目《非诚勿扰》、上海东方卫视的《中国达人秀》和浙江卫视的《中国好声音》等，都是直接购买海外节目版权再对其加以本土化改造的产物。从 2006 年到 2013 年的 7 年之间，五花八门的电视比赛和"真人秀"的节目样式成为电视文艺的主要形态，这类节目从投资规模、演员阵容、评委选择到包装营销，无所不用其极，搅动社会的深度和观众参与的广度更是前所未有。

2010 年上海东方卫视的大型选秀节目《中国达人秀》，以打造一档"全球最大选秀节目"的气势登台。他们声称是吸纳了《英国达人秀》的"节目宝典"，并由英国方面定期派出"飞行制片人"到现场指导，节目现场采用了国外最先进的灯光、舞美进行包装。节目流程对原节目的选拔模式略加改进，打出了"没有任何门槛、不限任何才艺"的参赛口号，承诺要选出那些平凡而富有才华、拥有梦想并渴望奇迹的普通人，让他们走上世界的舞台。由于种种娱乐

上海东方卫视《中国达人秀》节目照

元素的强劲推动，这档节目确实广泛地调动起大众的参与热情。

上海东方卫视的《中国达人秀》节目成功的核心元素，不仅将视角对准了最普通的中国民众，还精心设计了让参与者表达真挚情感的环节，使他们的表现摒弃了矫揉造作的煽情，以真实自然来打动人心。该节目有意在节目中传递出家庭和睦、社会和谐的理念。该节目还在评委阵容上大做文章，每届比赛的评委都是一线著名演员和当红明星。比如，第一季的几位评委中有当时红遍全国的"海派谐星"周立波，中国台湾籍集歌手、演员、作家、主持人、编剧等多重角色于一身的"不老美女"伊能静，还有才华横溢的著名音乐人、电视导演高晓松。这些人物本身已经聚集了很高的人气，他们的加入对节目制造影响和提升收视率无疑具有催化作用。该节目还时常有意地制造一些令人关注的话题：他们宣传说《英国达人秀》中著名的"毒舌"评委西蒙·考威尔也会来华担任特别评委。上海东方卫视还从海内外众多的华人明星中挑选三位组成评审团，其中葛优、刘晓庆、英达、吴宗宪、徐静蕾、张艾嘉、林志玲、蔡依林等均榜上有名，令人充满期待。

浙江卫视《中国好声音》节目照

2012 年，由浙江卫视购买荷兰节目版权强力打造的大型音乐真人秀节目《中国好声音》闪亮登场，这是一档在全国引起极大反响的声乐赛季节目。该节目于 2012 年的 7 月 13 日开播，并定于每周五晚 21：15 正式在浙江卫视播出。曾经主持过《中国梦想秀》《我爱记歌词》等品牌音乐节目的浙江卫视知名主持人华少担纲主持，华语乐坛一线明星刘欢、那英、庾澄庆、杨坤坐镇现场担任导师。这档节目与中央电视台的"青歌赛"不同的是：所有参赛歌手

都不需要由任何单位或机构推荐，选拔条件十分独特，即由导师们根据演唱者的"声音"来进行评判和选拔。该节目在播出了第一季的第 10 期节目以后，就已经激起了全国的收视狂潮。

值得关注的是，2006 年以来，当一些国内媒体的娱乐栏目还在以传统的创作习惯和周播节奏同观众见面时，风起云涌的文艺类"真人秀"节目，则正在改变这一传统的思维。这些节目在选拔形式、比赛规则和评委设计、宣传造势等方面的大胆创新，尤其是对传统的比赛模式进行的一些颠覆性改造，往往能够产生意想不到的轰动效应，再加上赛季节目的阶段性的播出安排和多媒体全方位的宣传攻势，这些节目的影响都普遍超过了同类型周播栏目的影响。

第三节　电视文艺参与重大社会活动

电视文艺参与社会重大事件的传播，不仅体现了电视传媒的一种特性，也继承了我国文艺干预社会生活的一种传统。从粉碎"四人帮"以后举办的各种诗歌朗诵会开始，到后来的"抗灾救灾"募捐晚会，亚运会、奥运会、文化节的开幕式、闭幕式晚会以及"纪念抗战胜利 60 周年"晚会等，各种大型的电视文艺晚会从来都是对社会重大事件的一种发声方式。

1990 年亚运会在中国举办，中央电视台不仅承担了各类运动项目比赛的转播，还参与了开幕式、闭幕式的创作和转播，体现了电视文艺报道重大社会活动的综合实力。

1991 年和 1998 年，我国两次遭遇特大洪涝灾害，中央电视台分别以"风雨同舟、情暖人间"和"我们万众一心"为题举办了大型的抗洪赈灾晚会，声援抗洪军民，募集救灾物资和资金。

1997 年香港回归和 1999 年澳门回归，全国各电视台都举行了声势浩大的文艺性庆祝活动，其中一曲《七子之歌》深深打动了无数电视机前的华夏子孙，显示了电视文艺的巨大感染力。

2005 年，世界反法西斯战争暨中国抗日战争胜利 60 周年，中央电视台和全国多家电视台举办了各具特色的主题纪念性电视文艺晚会，表达了全国人民"爱好和平、不忘历史"的心声。

2008 年 5 月 12 日，四川汶川发生 8 级地震，死亡 7 万多人，举国哀痛。中央电视台在近一星期后的 5 月 18 日晚上，举办了"爱的奉献"赈灾晚会，在北京的著名艺术家齐聚会场，用诗朗诵、歌曲、舞蹈等文艺形式深情地表达了全国人民对灾区的关切和声援，在这次长达 4 个小时的大型晚会上，文艺界各路专家纷纷上台捐款，现场群情激昂、令人感动。

2008 年 8 月 8 日 20：00，第 28 届奥运会开幕式在北京国家体育场隆重举行。19:50，在欢快的乐曲声中，胡锦涛、江泽民、雅克·罗格、萨马兰奇等人走上主席台，向观众挥手致意，全场响起持续不断的、雷鸣般的热烈掌声。

本届奥运会的开幕式表演一开始就给人巨大的审美震撼：体育场中央，2008 尊作为中国古代文化符号代表的乐器"缶"上，白色的灯光依次映照出表示开幕倒计时的数字，在雷鸣般的击缶声中，全场观众伴随着数字的变化一起大声呼喊：……5、4、3、2、1！欢呼声中，2008 名演员击缶而歌，吟诵着"有朋自远方来，不亦乐乎"的古语，表达出历史悠久的文明古国对世界各地奥运健儿和嘉宾到来的盛情与友好。

中央电视台举全台之力，对奥运会开、闭幕式盛大演出和各项比赛进行全程转播录像，显示出我国的电视技术发展达到了极高的专业水平。

第四节　海内外的电视文艺交流

电视文艺也是海外交流活动的很好载体。我国早期的电视文艺交流活动可以追溯到 1960 年中苏（前苏联）友好协会、中央人民广播电台、北京电视台举办的"庆祝中苏友好同盟互助条约签订 10 周年"广播电视演出会。

改革开放以后，电视文艺在中外文化交流活动中的传播作用更为凸显。

随着改革开放的不断深入，我们与世界各国之间的文化交流合作也越来越频繁。20 世纪 80 年代就有很多小规模的出

世界三大男高音帕瓦罗蒂、多明戈、卡拉雷斯演唱

国拍片工作得以开展。如中央电视台的《文化生活》栏目组前往美国，对美国记者埃德加·斯诺的故乡拍摄专题片《斯诺与中国》；他们还前往西欧各国拍摄了《西欧出版史话》；到北欧、东南亚各国及法国拍摄海外华人文化生活和各地文化活动的专题节目，等等。

20 世纪 80 年代中期，中央电视台转播了世界著名歌唱家帕瓦罗蒂、多明戈、卡拉雷斯和西班牙著名的萨苏埃拉精英歌舞团、歌唱家胡里奥的访华演出。这些对海外文艺节目的采访、转播和报道，促进了海内外文化交流，开拓了中国电视文艺工作者的视野，为提高我国电视文艺发展的整体水平提供了学习借鉴的机会。

1986 年 6 月，中央电视台首次应邀参加意大利电视一台主办的《夏至世界音乐之夜》节目的录制活动，这次活动共有 17 个国家参与，是一次国际性的电视音乐联播，也是一次很好的文化交流机会。我国带去了电视艺术片《十面埋伏》和《渔舟唱晚》，首次向国外同行展示了我国编导的专业创意和制作水平。

1987 年，中央电视台首次引进"维也纳新年音乐会"的实况录像，这场音乐会经过编辑播出后，在国内引起了强烈的反

爱尔兰踢踏舞团表演的舞蹈

响，于是我国从 1989 年开始对"维亚纳新年音乐会"进行同步直播，不仅丰富了元旦的电视荧屏，也对提升中国电视观众的音乐素养起到了不可忽视的作用。

1988 年，中国电视服务公司与美国得克萨斯州卫星公司合作举办了"美国百人合唱团音乐会"，并在中央电视台播出。

1992 年 10 月，中央电视台与日本 NHK 广播公司在北京劳动人民文化宫露天剧场举办了"中日歌星演唱会"，演唱会上两国歌星鲜明的风格对比和新鲜而富有特色的表演，再加上两国电视台各不相同的转播语言，使观众大开眼界，获得了新鲜和奇特的观赏体验。

1992 年，中央电视台四套节目频道正式向海外播出，这是我国第一个向国外传播电视节目的专业频道。1995 年 1 月 1 日，中央台体育频道开播，这使得中央电视台成为世界上屈指可数的有专门体育频道的国家级电视台。1998 年，中央电视台的国际频道加入国际互联网，从此中国的电视文艺节目可以直接传送到海外。

2000 年以后，中央电视台及各地方电视台与海外的电视文艺交流活动趋于经常化、多样化和丰富发展的态势，各种类型的电视交流活动也逐渐扩展到最基层的电视栏目，比如《同一首歌》。该栏目在国内观众十分踊跃的同时，接连举办了美洲行、澳洲行等走向世界各地的主题演出，积极地拓展着海外的节目市场。

随着电视文艺的海外发展，中国的艺术家更加频繁地走出国门，向海外的电视文艺舞台进军。而今，中国的电视文艺事业已经广泛与国际接轨，为传播博大精深、丰富多彩的中华文明起到了不可替代的作用。

第四章　中国电视剧发展概述

　　1958 年 6 月 15 日，在当时北京电视台的演播厅里，播出了中国第一部电视剧《一口菜饼子》，其情节是通过女主人公的一段忆苦思甜，教育人们不要忘本，要珍惜粮食。这部只有 50 分钟长度的电视剧，是根据广播剧改编而成的，布景在演播厅内搭建。由于当时还没有后期剪辑设备，演员的表演和播出同时进行，用现在的术语来说就是"现场直播"。无论从剧作的长度、反映生活的容量还是表现手法的多样性来看，《一口菜饼子》都无法与现在的电视剧相比，但这部第一次用"电视剧"命名的虚构性叙事型电视艺术作品，却是中国电视剧艺术迈出的第一步。

　　从 1958 年至 2014 年，中国的电视剧艺术走过了 56 年的风雨历程。这 56 年大致可以划分为初创期、发展期、成熟期、繁荣期、市场化几个阶段。

第一节　初创期的中国电视剧

　　1958 年到 1966 年是中国电视剧起步的最初 8 年。在当时的技术条件下，北京电视台播出的电视剧，只能给北京地区的观众收看，因此，继北京电视台之后，上海、广州、天津、西安、武汉、长春等地方电视台也先后制作和播出了自己生产的电视剧。1966 年起，刚刚起步的电视剧艺术遭遇 10 年"文革"的动荡，这期间只有少量表现"文革"政治性主题的作品可以播出，电视剧的创作与生产基本上陷入停顿。直到 1976 年 10 年动乱结束，国家恢复了正常的生产生活秩序，中国电视剧艺术的发展才重新步入正常的轨道，因此可以说，1958—1976 年仍然是中国电视剧艺术的初创阶段。

据记载，这 18 年间全国共生产电视剧 180 多部①。处于初创阶段的电视剧在艺术上主要呈现出如下特点：

（1）主题集中于：表现国家主流意识形态，宣传中国共产党和政府的中心工作；歌颂英雄人物；进行革命传统教育；赞美社会主义新生活等。如《一口菜饼子》配合"忆苦思甜"教育和宣传"节约粮食"的方针政策；《辛大夫和陈医生》宣传破除迷信；《生活的赞歌》反映工业战线技术革新；《青春曲》宣传知识青年上山下乡；《一打手套》宣传增产节约运动；《党救活了他》《守岁》《相亲记》《新的一代》等歌颂新时代的英雄人物，赞美社会主义新生活。

（2）题材相对狭窄。当时的电视剧题材主要来源于小说和新闻通讯。如《三月雪》《我的一家》《江姐》等都是根据文学作品改编的。外国题材和少年儿童题材占有相当大的比重。外国题材有根据日本作家平内逍遥的同名话剧改编的《回声》，根据美国作家马尔兹的同名话剧改编的《莫里森案件》，根据前苏联戏剧家丹钦科同名话剧改编的《明知故犯》，反映美国种族矛盾的《火种》等。少儿题材的剧作有《刘文学》《小英雄雨来》《赵大化》《小松和小梅》《不当小金鱼》等。

（3）没有统一的时长标准。如《新的一代》为 70 分钟，《焦裕禄》为 100 分钟，《一口菜饼子》为 50 分钟。

（4）许多作品由舞台剧改编而成。如《像他那样生活》《相亲记》都是根据同名话剧改编而成的，舞台剧色彩较浓。

（5）室内搭景直播，场景变化很少，没有气势恢弘的大场面。

"文革"期间，全国一共播出了三部电视剧。1967 年，我国开始拥有录像设备。北京电视台用黑白录像设备拍摄了电视剧《考场上的反修斗争》，这是中国第一部采用黑白录像机制作的电视剧作品。1975 年，上海电视台第一次用彩色录像设备制作了两部电视剧——《公社党委书记的女儿》和《神圣的职责》。其中《神圣的职责》还在北京电视台播放，这是中国内地最早用彩色技术设备播出的电视剧。

在电视剧的起步阶段，中国电视事业也正值初创时期。全国的电视机拥有量仅数百台，只有少数政府官员和知识分子可以看到电视节目，电视剧对大众的影响远远比不上电影、广播和报纸。

第二节　发展期的中国电视剧

中国电视剧从 1978 年开始步入发展期，这一年刚好是第一部国产电视剧问世的 20 周年。

---

① 钟艺兵、黄望南等：《中国电视艺术发展史》，浙江人民出版社 1994 年版，第 45 页。

"文革"结束以后，百废待兴。沉寂了十多年的艺术家们，迸发出了久被压抑的激情，中国电视剧的创作开始了大踏步前进。1978 年到 1983 年，是中国电视剧创作的复苏阶段，国产电视剧的数量和质量都发生了很大的变化。

这一时期，电视剧担当传播主流文化的任务，采用现实主义的创作方法，反映社会生活，塑造了一系列新的典型人物，题材范围也得到了拓展。作品中既有对英雄人物和对国家建设事业的讴歌，也有对普通百姓人生追求、爱情生活、家庭伦理的描写；既有对古典名著和现当代优秀小说的改编，也有对民间传说和历史故事的演绎。电视剧的主题、题材、风格、品种都逐步向多样化发展。从长度上划分，有小品剧、短剧、单本剧、系列剧、连续剧等；从题材上划分，有现实生活剧、历史剧、少年儿童剧、少数民族剧、军旅剧、农村剧等；从风格样式上划分，有戏曲剧、哑剧、喜剧、报道剧、评书剧、科幻剧等。

一、从室内到室外

我国的第一部外景制作的电视剧，是在 1978 年 5 月 22 日播出的《三家亲》，内容是提倡勤俭节约办婚事（许欢子、蔡晴导演），这也是粉碎"四人帮"以后生产的第一部电视剧，从此中国的电视剧创作开始复苏。这一年一共有 8 部电视剧播出，其中《窗口》《安徒生和他的卖火柴的小女孩》《教授和他的女儿》反响较好。

（一）单本剧的兴起

为了配合当时的社会文化发展要求，电视剧选取题材时大多是紧跟时事，及时反映社会民众所关注的政治话题。如 1979 年粉碎"四人帮"以后，被"四人帮"迫害致死的英雄张志新的事迹广为流传，在社会上引起较大反响，上海电视台录制了《永不凋谢的红花》的电视报道剧，反映了张志新烈士在狱中与"四人帮"斗争的故事，该剧一经播出便引起了巨大反响。"文革"之后，人们对"文革"时期的动乱开始进行反思，中央电视台播出了电视剧《有一个青年》，反映了"文革"动乱后青年一代振奋精神、投入新生活的新的时代潮流。由上海电视台根据真实案件改编的电视剧《玫瑰香奇案》和《法网》播放后，因其中包含着抢劫杀人和越狱杀人的刺激内容，也异军突起，吸引了精神食粮奇缺的人们的注意力。

（二）改革剧的兴起

1980 年的电视剧《乔厂长上任记》则是以讴歌改革中的企业家形象而引起社会的广泛赞誉。1981 年的电视剧《新岸》，展示了对失足青年伸出救助之手，帮助他们重获新生的观念，这种与当时文坛出现的"伤痕文学"以及巨大的社会变革相适应的思想主题，在观众中引起了强烈共鸣。随着国内电视剧制作实力的逐步加强和导演水平的提高，长篇连续剧相继出现。

二、连续剧的相继出现

20 世纪 80 年代初，中国的电视节目非常贫乏，美国的《大西洋底来的人》《加里森敢死队》，日本的《姿三四郎》和朝鲜的《无名英雄》等电视连续剧都成了观众心中至高的视觉享受。

1979 年，全国电视机拥有量达到 485 万台①，电视观众的数量明显增长。社会各界开始积极赞助电视剧的生产，大量的电视剧作品匆匆上马，创作中出现了艺术功力不足、技术制作粗糙等问题。不少电视剧作品情节雷同，题材撞车，制作粗糙，削弱了观众对电视剧作品的观赏兴趣。

为了提高电视剧的艺术质量，中央广播事业局在 1980 年国庆期间举办了以电视剧为主的全国电视节目大联播活动，对参展的电视剧进行评奖。

1981 年，中央电视台播出了 9 集电视连续剧《敌营十八年》，这是一部讲述我党地下工作者经历的、具有惊险样式和传奇特点的作品，一出现就受到了观众的喜爱，对连续剧这一形式进行了有益的探索。

1982 年 1 月，在国家广播电视部的领导下，中国电视剧艺术委员会正式成立，由著名表演艺术家金山担任主任委员。

随着制作实力的增强和导演水平的提高，优秀电视连续剧作品不断涌现，电视剧题材也进一步拓展，出现了《蹉跎岁月》《武松》《赤橙黄绿青蓝紫》《鲁迅》《红叶在山那边》《高山下的花环》等一批社会普遍叫好的优秀作品。

三、发展期电视剧的主要特点

（1）发展期电视剧在创作数量上有了很大的增长。中央电视台从 1978 年年播出量的 8 集，发展到 1983 年的 382 集②，6 年之间增长了近 50 倍。

（2）发展期电视剧中的大多数作品遵循革命现实主义的创作方法，注重社会意义，强调对现实社会的正面描写和对人民大众的鼓舞作用。其题材范围进一步扩展：有描写国家建设、反映社会变革的作品，也有描写普通百姓的恋爱婚姻、家庭伦理、人生追求的作品；出现了《凡人小事》《卖大饼的姑娘》《蹉跎岁月》《上海屋檐下》《生命的故事》《第九个售货亭》《高山下的花环》《老梅外传》等优秀剧作。

（3）发展期电视剧在样式上呈现多样发展的趋势。从长度上分，有小品剧、短剧、单本剧、系列剧、连续剧；从样式上分，有纪实剧、轻喜剧、诗话剧、哑剧等。

（4）长篇电视剧应运而生，显示出中国电视剧发展的良好势头。

第三节　成熟期的中国电视剧

1984 年是中国电视剧走向成熟的开局之年，这一年被认为在中国电视剧发展史上具有重要的转折意义，因为中国广播电视部和中国电视剧艺术委员会在 1983 年开展了一系列关系电视剧艺术发展的决策性工作。

为了进一步提高电视剧艺术质量，中国广播电视部于 1983 年委托《电视文艺》杂志、《中国广播电视》杂志和《电视周报》，联合主办第三届全国优秀电视剧评奖活动，并正式设定全国优秀电视剧的评奖项目为"飞天奖"。"飞天奖"是国家级政府奖，每年

---

① 钟艺兵、黄望南等：《中国电视艺术发展史》，浙江人民出版社 1994 年版，第 20 页。
② 钟艺兵、黄望南等：《中国电视艺术发展史》，浙江人民出版社 1994 年版，第 45 页。

由知名专家组成评奖委员会，对该年度参评的作品按照剧作的长度、题材、体裁等加以分类，评出其中的优秀作品。

1983 年 3 月，浙江《大众电视》杂志社主办了第一届"大众电视金鹰奖"评选活动，"金鹰奖"的评选办法是由各电视剧制作单位推荐出优秀作品以及主要演员，由群众投票评选，评选结果以得票数为准。"金鹰奖"从电视受众的角度出发，构建了与受众直接互动的评价体系。"飞天奖"和"金鹰奖"犹如车之两轮，鸟之两翼，共同为中国电视剧的艺术发展起到了重要的促进作用。

1984 年，第一届中日电视艺术交流活动分别在北京、上海、沈阳三地举行，这是中日两国电视艺术家之间首次大规模的作品交流活动。日本代表团带来了《阿信》《人到老年的时候》《出航》《假如没有爱》《大河的一滴》等电视剧作品，这些作品都大大拓展了中国艺术家们的创作视野。

1984 年，中国电视剧艺术委员会召开《电视文艺》杂志优秀剧本授奖大会，会上为《末代皇帝》等 12 部优秀剧本颁奖，有效地推动了电视剧的文本创作。

1988 年，中国电视剧艺术委员会改名为中国电视艺术委员会。同年 9 月，由《中国广播电视》杂志举办的"新时期（1978—1987 年）全国影视十佳导演"评选活动在北京揭晓，中国首批十佳电视导演由观众投票产生，第一次把导演艺术提到了电视剧创作主导的位置。

中央电视台在 1988 年首次对在该台播出的电视剧的长度作出标准化的规定：连续剧（3 集以及 3 集以上）、单本剧（1 集或 2 集），每集 50 分钟；短剧为 30 分钟；小品为 15 分钟。

1983 年至 1992 年，中国电视剧的创作水平明显提高，数量也有了更大的增长，1983 年在中央电视台播出的电视剧仅有 382 集。1992 年，全国电视剧生产总量约有 5000 集，其中中央电视台播出 1600 多集。1984 年 5 月 6 日，中央电视台开始播放香港亚洲电视台的武打连续剧《霍元甲》，在中国内地轰动一时，这带动了后来中国一大批武打类电视剧的创作。1984 年，以家庭伦理和血缘关系为题材的日本电视连续剧《血疑》、巴西电视连续剧《女奴》、墨西哥电视连续剧《诽谤》等在中国相继播放，也给后来中国的家庭情节电视剧带来了明显影响①。这一阶段电视剧的题材更加广泛，出现了历史剧、现实剧、帝王剧、领袖剧、传记剧、改革剧、知青剧、农村剧、都市剧、军旅剧等。其中许多电视剧作品都在社会上引起了轰动，极大地提高了电视剧在观众心目中的地位。如 20 世纪 80 年代，电视剧《便衣警察》《末代皇帝》《四世同堂》《雪城》等播出时，都形成了万人空巷的收视局面。

这一时期，电视剧创作还开始了对古典名著和现当代优秀文学名著的改编，出现了《西游记》《红楼梦》《上海的早晨》《围城》《南行记》等根据名著改编的电视剧。电视剧传记片的出现进一步拓宽了电视剧题材领域，从浙江电视台的《鲁迅》开始，一批人物传记片紧接着出现在荧屏，成为国产电视剧领域里一道独特的风景线。此外还有一批优

---

① 钟艺兵、黄望南等：《中国电视艺术发展史》，浙江人民出版社 1994 年版，第 136 页。

电视剧《渴望》宣传画

1987 年版《红楼梦》剧照

秀的少数民族题材作品，如《努尔哈赤》《巴桑和她的弟妹们》《葫芦信》《果园》，以及少儿题材作品《小佳佳的一天》《雨林中的孩子》等，它们的出现，在电视剧百花园里形成繁花似锦的景观。

大批国产长篇连续剧的问世，彻底改变了中国电视荧屏长期以来被《阿信》《血疑》《排球女将》《加里森敢死队》《来自大西洋底的人》《女奴》《鹰冠庄园》等海外电视剧占领的局面。1990 年中国第一部长篇室内电视连续剧《渴望》的出现，标志着通俗电视剧开始成为中国电视剧创作的主流。

电视剧《渴望》的播出在北京形成万人空巷的收视热潮。故事讲的是 20 世纪 60—80 年代，女工刘慧芳与大学生王沪生恋爱并结婚，刘慧芳的妹妹燕子捡到了一个弃婴，起名刘小芳，刘慧芳抚养刘小芳多年，而深爱着刘慧芳的宋大成多年帮助刘家。"文革"结束后，王沪生的父亲平反了，全家搬回小楼。但王沪生的姐姐王亚茹向来自恃清高，以小芳不是王家亲骨肉为由，对刘慧芳百般刁难，慧芳不忍撇下小芳，就没有搬回王家。当王沪生的初恋肖竹心回到北京时，慧芳与沪生离婚。后来小芳为了回家见爷爷，在路上不小心掉进工地摔坏了腿，瘫痪了；燕子的大学老师罗岗是刘小芳的生父，他被刘慧芳伟大的母爱所感动，偶然间又发现小芳是自己的亲生女儿；王亚茹钻研医学，最终治愈了刘小芳的瘫痪，也发现小芳其实是自己的亲生女儿。当王家团圆时，刘慧芳却不得不做出痛苦的选择——离开了养女。它"用善恶分明的类型化人物、二元对立的情节剧模式和惩恶扬善的道德化手段来叙述普通家庭中普通人的悲欢离合。这部当时中国最长的电视剧在中国各地都引起了巨大的反响，多家电视台轮流播放，正处在文化消费匮乏时期的数亿中国观众收看了这部电视剧"①。

---

① 钟艺兵、黄望南等：《中国电视艺术发展史》，浙江人民出版社 1994 年版，第 136 页。

1991 年，北京电视艺术中心拍摄的电视系列剧《编辑部的故事》，用轻松活泼的喜剧方式，宣泄了当时中国大众对于社会转型期出现的种种问题的失落，在当时引起了社会各阶层的普遍共鸣。《渴望》和《编辑部的故事》等剧采取室内搭景、多机切换和同期声表演的方式拍摄，对长篇电视剧生产流程进行了革命性的突破，这种突破对后来的电视剧创作观念也产生了深远的影响，随后出现了多部以同类方式生产的大型室内剧，如《爱你没商量》《皇城根儿》《东边日出西边雨》《京都纪事》《海马歌舞厅》《我爱我家》等，带动了中国电视剧生产效率的整体提高。

1992 年，中国掀起了新一轮的"出国热"和"留学热"。中国电视剧制作中心与北京电视艺术中心紧跟时代步伐，拍摄了反映知识分子海外生活的《北京人在纽约》，第一次以电视剧艺术的方式揭示了东西方文化的融合与冲突，在海内外观众中引起了强烈反响。该剧第一次采取向政府贷款的方式集资拍摄，成为电视剧生产走向市场的标志。

从 1983 年到 1992 年，中国电视艺术委员会一直统领着全国电视剧的创作工作，通过一系列评奖和艺术交流活动，有效地改变了电视剧创作的无序状态，促进了国产电视剧艺术质量的整体提高，使电视剧艺术不断走向成熟。

成熟期中国电视剧的主要特点包括：

（1）电视剧生产逐渐由政府拨款的单一投资形式向政府拨款与市场化运作相结合的双轨制过渡，大批电视剧走向市场化运作的轨道，拓宽了电视剧生产的投资融资渠道。如《北京人在纽约》等剧在商业运作上的成功，给电视剧的市场化起到了良好的示范作用。

（2）市场对长篇电视剧在投入上的倾斜，促进了长篇电视剧的发展。长篇电视剧逐渐成为电视剧创作的主体，与此同时短篇电视剧的生产则受到遏制，出现了 1988 年、1990 年两度"飞天奖"的评奖中短剧一等奖空缺的情形。

（3）主旋律电视剧蓬勃发展的同时，在市场杠杆的作用下，表现世俗情感的通俗电视剧大量增加，电视剧主题和题材的范围大大拓宽，样式更加丰富，出现了一批以《编辑部的故事》为代表的轻喜剧。其艺术形式向多元化、大众化和娱乐化的方向发展。

（4）电视剧播出有了大致统一的时长规格和技术制作标准，作品数量也大幅度增长。

（5）出现了一批实力雄厚的名编剧和名导演，许多电视演员成为大众崇拜的偶像明星，为电视剧的繁荣发展奠定了基础。

第四节　繁荣期的中国电视剧

1993 年到 2003 年是中国电视剧艺术飞速发展的 20 年，主要表现在电视剧作品的主题、题材更为丰富，风格样式也在与世界文化的相互借鉴中得到促进和发展。这一时期，电视剧作品通过最广泛和最便捷的传播方式作用于广大受众，对人们的价值观念和审美趣味都产生了很大的影响，成为广大观众喜闻乐见的精神文化产品。

这一时期的电视剧创作题材广泛，艺术样式和风格呈现出百花齐放的良好势头，其主要特点是：

（1）自觉地追求思想性与艺术性的和谐统一，注重主题开掘的深度和展示社会生活的广度，也更加注重情节性和观赏性。

038

　　这一时期的许多电视剧作品努力贴近观众的情感和审美趣味，其吸引力和感染力大大增强，出现了大批优秀作品，如《贫嘴张大民的幸福生活》《英雄无悔》《西部警察》《车间主任》《儿科医生》《女子特警队》《红处方》《宰相刘罗锅》《雍正王朝》《康熙微服私访记》《铁齿铜牙纪晓岚》《大宅门》《空镜子》《誓言无声》《DA 师》等。

　　电视剧《空镜子》以一种平易淡然的手法，写出了当时社会生活的变化。孙家是很普通的人家，有两个女儿，姐姐孙丽是父母的掌上明珠，又漂亮又聪明，大学外语系毕业后在一家旅行社工作；妹妹孙燕模样不如姐姐，也没上过大学，只是在工厂食堂卖卖饭票。孙燕十分羡慕姐姐，觉得自己什么都不如姐姐，经常觉得自卑。可是姐姐也有苦恼的事：她一直爱着同院从小一起长大的英俊潇洒的马黎明，两人青梅竹马，早就不是一般的关系；可是她又抗拒不了研究员张波的追求，觉得张波尽管没有马黎明那么让她动心，但文化水平高，事业上有建树，对自己将来的发展有帮助，稳妥可靠，而马黎明只是一个普通国营工厂的采购员……她心情矛盾地同时维持着和两个人的恋爱关系，难以取舍。在马黎明因为倒腾买卖被公安局抓进监狱的日子里，孙丽终于和张波结婚，可是后来两人又因为性格差异而离婚。不久孙丽带着儿子出国，跟美国的一位律师结了婚。

　　父亲去世了，孙丽带儿子都都回国奔丧。这时孙丽已经被那个美国律师抛弃，情绪十分消沉。回国后的孙丽发现，善良朴实的妹妹和妹夫其实过得比她更幸福……

　　（2）注重描述人物的精神世界，人物塑造更加细腻、丰满、生动；注重生活的真实和人物个性刻画的协调一致，特别是在革命历史题材、反腐题材电视剧和历史剧中，创作者不再满足于对人物作简单的道德评价，而是更加注重揭示人物活动的社会背景、生活轨迹和性格逻辑，具有一定的深度。

　　比如《大雪无痕》中的周密，《长征》中的毛泽东、周恩来、朱德、张闻天和蒋介石，《激情燃烧的岁月》中的石光荣、储琴，《大明宫词》中的太平公主和武则天，《康熙大帝》中的康熙，《大宅门》中的二奶奶和白景琦，以及《走向共和》中的李鸿章、袁世凯、康有为、慈禧等，都具有丰满的血肉和鲜明的个性，显得十分真实可信。

　　（3）港台演员进入内地演艺界、外国电视剧的引进，进一步扩大了人们的艺术视野。海内外演艺界的表演风格和拍摄方式相互融合，内地电视剧在制作上逐步与世界接轨。

　　（4）投资渠道的双轨制依然存在，但市场已经成为投资主体。国产电视剧的投入成本逐年加大，许多内地电视剧的资金投入量超过港台地区，电视剧生产的市场化运作机制已经形成。

　　（5）短篇电视剧和少儿、戏曲、少数民族题材电视剧的艺术质量进一步提高，出现了《南行记》《牛玉琴的树》等屡获好评的优秀作品。

　　（6）电视剧理论研究形成一定的规模，出现了大批专著和专论。

　　中国电视剧从 1958 年诞生至今，经历了 50 多年的发展历程。今天的中国电视剧已经是一个题材广泛、形式多样和品种齐全的独立艺术门类，是广大群众文化生活中不可缺少的精神产品。中国电视剧在自身发展的 40 多年中，不断增强对中国社会的文化建构和经济建设的影响，成为一项前景看好、潜力巨大的电视文化产业。进入 21 世纪，我国电视机社会拥有量已超过 3.5 亿台，电视人口覆盖率已达 92% 以上，电视剧作为今天受众最广的一个艺术品种，将拥有更为广阔的发展空间。

第五节　中国电视剧的市场化发展

一、中国成为电视剧生产大国

电视剧《北京人在纽约》以贷款的方式成功地完成了拍摄，就此为中国的电视剧进入市场做好了示范。大批电视剧在商业运作上的成功，使中国电视剧生产顺利地完成了由计划经济迈向市场经济的转型。

2004 年以来，中国电视剧年产量逐年增长，很快就稳居世界第一。这一时期国产电视剧的创作生产已经成为社会投资的热门项目。由于市场的推动作用，中国电视剧的创作进入新一轮繁荣时期，出现了大批优秀剧目。

这一时期的现实题材剧更加贴近社会现实，深层次挖掘社会问题，书写复杂丰富的现实生活矛盾，塑造丰富多彩的人物形象，制作技术不断提高，包装愈加精良，充分反映了社会生活的多样性和复杂性，体现了时代的审美要求。

这期间出现了《媳妇的美好时代》《蜗居》《老大的幸福》《爱情有多远》《北京爱情故事》《李春天的春天》《奋斗》《我的青春谁做主》《家的 N 次方》等一批优秀的现实题材作品。

对中华民族优秀传统文化的发掘也成为电视剧创作的热点。这一时期出现了大批优秀的古装戏，如《康熙大帝》《雍正王朝》《汉武大帝》《大明宫词》等；也有一批以民国时期为背景的年代戏，如《大宅门》《乔家大院》《茶馆》《走向共和》《夜深沉》等；还有一批优秀的名剧翻拍剧，在创作观念和人物塑造上比旧剧更胜一筹，因而赢得了新一代观众的喜爱，如《新上海滩》《林海雪原》《新三国演义》《新红楼梦》《新水浒传》等。

随着电视剧受众群体的不断增加，长篇连续剧、系列剧等成为社会的投资主流，各电视媒体竞相购买长篇连续剧而促进了其市场的发展和成熟。在市场机制的主导下，电视剧的创作中出现了穿越剧、翻拍剧、谍战剧、社会问题剧等类型剧走红的潮流。2010 年，我国获得发行许可的国产电视剧数量达 14000 集，2011 年猛增到 17000 集，数量达到世界第一。然而，与电视剧整体繁荣的景象不相协调的是，每年全国电视剧播出量仅为 6000 集到 8000 集，也就是说在每年 17000 集的电视剧产出中，有 60% ~ 70% 根本不能播出，很多电视剧的投资得不到回报。2012 年在上海国际会议中心举行的 "中国电视剧上海排行榜颁奖礼暨 2012 电视剧制播年会" 上，最大奖 "国产电视剧品质奖" 是空缺的，主办方对此的解释是因为去年国产剧中没有一部是很有品质的。一方面是电视剧数量跃居世界第一的创作繁荣，另一方面却是高品质的剧作日渐稀缺。难怪许多制片人都忧心忡忡地表示出对国产电视剧题材枯竭的担忧，他们认为，当下电视剧创作中出现的剧集数量很多、但内容和情节却十分 "雷人" 的现状令人咋舌，电视剧作品文化缺失、思想性整体水平下滑的现状令人担忧。

二、电视剧的多样化和类型化发展

随着国产电视剧的成熟发展，电视剧的题材体裁和风格样式都呈现出多样化发展的态势，国产电视剧的类型化发展趋势愈加明显。其主要类型有：

（一）　主旋律电视剧

主旋律电视剧，是指以当代主旋律话题或事件为题材，借以弘扬主流文化、塑造社会集体价值观、鼓励积极健康的物质与精神生活的电视剧。主要包括：近代革命题材电视剧，如《恰同学少年》《红岩》《江姐》《潜伏》《钢铁是怎样炼成的》《长征》等；反映当代改革生活的电视剧，如《奋斗》《老大的幸福》《媳妇的美好时代》等；塑造英雄形象的电视剧，如《铁人王进喜》《焦裕禄》《任长霞》《陈赓大将》等；军旅题材电视剧，如《归途如虹》《垂直打击》《鹰隼大队》《鹰击长空》《DA师》等；重点革命历史题材电视剧，如《长征》《保卫延安》《西圣地》《林海雪原》《激情燃烧的岁月》《亮剑》《士兵突击》等。

（二）　言情剧

当代言情剧可以按都市题材和乡村题材来划分，是一种以男女主人公的家庭生活、爱情纠葛为主线的电视剧，同时也必然反映出社会转型期人们价值观的冲突，展示现代社会的生活观念。这类电视剧中表现较为突出的，是以都市生活为背景的言情剧。

都市言情剧的兴起与当时我国的社会发展状况有着紧密的联系。20世纪90年代，中国经济快速发展，人们的物质生活极大丰富。伴随着改革开放的深入，与中国传统观念不同的西方价值观念传入国内，都给人们的精神世界带来巨大震动，因此"出国热""婚外恋""第三者"的现象经常成为都市言情剧涉及的内容，如《北京人在纽约》《牵手》《东边日出西边雨》《过把瘾》《渴望》《来来往往》《空镜子》《别了温哥华》等。优秀的言情剧由于其反映社会生活的深度和广度，加上涉及爱情这一永恒的话题，所以收视率都很高。当代一些反映农村生活变化的言情剧也赢得了观众的喜爱，从早期的《篱笆·女人·狗》到今天走红的《乡村爱情》系列，都证明了言情剧旺盛的生命力。

（三）　青春偶像剧

青春偶像剧最早也从属于言情剧的类型，所不同的是，它所涉及的题材更集中于描写青年男女的爱情故事，所启用的演员在外形上更偏向于青春、靓丽、俊朗，经常启用偶像歌手或娱乐明星之类。这类剧非常注重市场营销理念，善于将各类爱情故事演绎得浪漫、动人、唯美，也充分反映出当代年轻人对时尚生活的热切向往。进入21世纪以来，韩国偶像剧伴随着韩国文化，以强劲的势头登陆中国，如《蓝色生死恋》《冬季恋歌》等剧，促进了中国偶像剧的发展。前几年红遍大江南北的偶像剧《粉红女郎》《夏家三千金》《秘密花园》等，也支撑起了初露锋芒的中国青春偶像剧的市场。

（四）　武侠剧

武侠剧是指通过对"江湖"世界的刀光剑影、侠肝义胆、爱恨情仇的描写，力图体现"侠""义""勇""武"等精神内核的电视剧。武侠剧的内容、题材、人物自然与"武侠"有着直接关系，而且一定要重视对英雄人物的塑造和"武打"场面的展现，要给观众极大的感官刺激。

20世纪60年代，金庸、梁羽生等的《神雕侠侣》《笑傲江湖》《七剑下天山》等一批脍炙人口的新武侠小说在港台地区的流行，为武侠剧的制作打下了坚实的文学基础。20世纪70年代末到80年代初，香港邵氏兄弟的无线电视台开创了武侠剧创作的黄金时期，

《射雕英雄传》《鹿鼎记》《绝代双骄》等剧
成为这一时期的经典力作。20世纪90年代
后期，内地的武侠剧开始进入创作的高峰
期，《笑傲江湖》《射雕英雄传》《燕子李
三》《倚天屠龙记》《天龙八部》等席卷荧
屏。近年来，内地的武侠剧市场仍然红火，
观众也兴趣不减，武侠剧稳定地支撑起观众
的收视天平。

《宰相刘罗锅》剧照

（五）戏说历史剧

戏说历史剧是专指以娱乐、消遣为目
标，对历史故事进行重构，以满足大众观赏
需求的一类电视剧。

中国作为四大文明古国之一，拥有悠久
的历史和厚重的文化，而传统概念中的
"历史剧"就是对传统文化内容及观念的直
接传承和表现。1991年，一部《戏说乾隆》
让"戏说"之风席卷了大江南北。随后
《康熙微服私访记》《宰相刘罗锅》《还珠格
格》以及后来的《铁齿铜牙纪晓岚》《布衣天子》《武林外传》等纷纷登上屏幕。这些作
品都打破了传统创作中"正说"的方式，将帝王将相形象变得更加符合今天受众的欣赏
趣味：他们身着古代服饰——这些服饰或许并不分朝代、地域；他们的言行又颇为现代
化，既给观众带来了新鲜体验，又通过对现实生活的影射拉近了与观众的距离，让观众与
古人在精神上产生了跨越时空的共鸣。

（六）涉案剧

涉案剧是对以前所有与案件侦破相关的电视剧的总称。最早的涉案剧是以"刑侦剧"
的概念出现的，即以刑事案件的侦破、反特为题材。后来这类题材逐渐扩大，往往涉及更
多的民事案件、反腐等题材，因此统称为
"涉案剧"。这类电视剧往往具有紧张、刺
激、悬疑色彩浓等特点，这些娱乐元素使其
与生俱来地拥有强劲的市场号召力。

涉案剧从20世纪80年代以来一直备受
观众喜爱，从纪实电视剧《"九一八"大
案》的成功到《中国大案录》的轰动，迅
速拉开了涉案电视剧走红的序幕。随后，
《铁血警魂》《中国刑警》《真相》《控辩双
方》《命案十三宗》《重案六组》等纪实风
格的涉案电视剧陆续与观众见面并深受欢
迎。1998年的《抉择》、2001年的《大雪

电视剧《重案六组》剧照

无痕》等一批反腐涉案剧陆续被搬上屏幕，使反腐题材的涉案剧成为投资热点。

2003 年以后，又一批反腐剧使该类型作品再度升温。《忠诚卫士》《至高利益》《绝对权力》《大江东去》《荣誉》《威胁》《黑洞》《黑冰》等反腐涉案剧不仅剧情曲折，而且在人物塑造上也颇为成功，促使涉案剧更加走俏。目前，这类电视剧的取材范围日趋宽泛，从最初的英雄破案式、纪实式，到后来的反腐、揭黑、揭示社会复杂层面等。中国人的侦探情结日渐深化，据统计，涉案剧已经占据我国电视剧总量的 30%。

涉案剧的卖点不仅是对除暴安良、主持正义等社会理想的表达，还有普通观众接触不到的破案"纪实"的历险体验，能把观众引领到一个未知的、充满悬念的世界中，可以引起观众的换位思考——像警察一样顺着蛛丝马迹层层深入，时而紧张，时而兴奋，时而沉寂。在某种意义上说，涉案剧包含着极大的"娱乐性"。

一旦对涉案剧的解读出现问题，这类剧也会带来负面效应，例如给人一种官场黑到极点，社会没有希望的负面感受。剧中的基层领导、地方官员官官相护、鱼肉百姓，黑社会话语权越来越大；有的剧中反面人物被塑造得感情丰富、"勇敢顽强"、"富有男人味"等；犯罪分子的作案过程被逼真、细致地表现出来，容易让社会上文化水平不高、欠缺判断力的观众对国家产生不信任感，少数涉案剧还存在混淆是非，甚至给犯罪分子提供犯罪指南等问题。针对这些问题，国家新闻出版广电总局出台了一系列政策，从 2003 年开始，加大了对涉案剧的管理力度，将其生产量压缩 40%，还规定涉案剧不能在黄金时段播出。这些规定出台以后，涉案剧的生产规模大大缩小。

（七）情景喜剧

情景喜剧舶来于英美国家，是一种以社会和家庭人际关系为主要内容的叙事性系列喜剧，也是英美国家的电视娱乐节目的重要形式之一。它一般都由固定的几个演员在特定的情景中进行一种喜剧化的表演，在播出时伴有后期加入的观众笑声，长度为 30 分钟左右，与栏目化的播出方式十分协调。

在中国，情景喜剧的概念是由英达导演明确引入的，他同时也是迄今为止国内最著名的情景喜剧创作的实践者之一。1992 年，英达与王朔、已故剧作家梁左共同策划了百集情景喜剧《我爱我家》，在北京有线台播出，在北京地区的收视率超过了 20%。该剧以一个普通的六口之家——贾家为窗口，展示了改革开放大潮下老百姓生活的市井百态。迄今为止，《我爱我家》依然堪称最优秀的国产情景喜剧，至今还不时在许多电视台反复播放，为中国的情景喜剧发展打下了良好的基础。后来出现的《候车大厅》《闲人马大姐》《东北一家人》《心理诊所》《老窦一家亲》《欢乐家庭》《家有儿女》等，也都获得了良好的社会效益。情景喜剧一般具有内容多元化、语言方言化、剧情世俗化、表演喜剧化等突出特点。

电视剧《我爱我家》剧照

（八）宫廷及穿越剧

宫廷剧与穿越剧本是两个不同的概念。宫廷剧专指以封建帝王宫廷斗争为主要内容的剧作；而穿越剧则专指以肆意连接并游走于历史与现实两个时空为特点来构思情节、塑造人物的一类剧种。穿越剧的出现依赖于网络穿越小说流行的特定文化背景，是一种颇具时代特征、符合年轻人审美需求的电视剧体裁。穿越剧以古装戏为主要表现内容，其特点是在情节结构上能让编创人员利用交错的时空、古代与现代智慧的碰撞和摩擦等

电视剧《甄嬛传》海报

特点，大展身手，充分发挥想象力，拓展情节的设计空间。

穿越剧的缺点是大多数剧情故事雷同、艺术表现手法相似，最严重的缺憾是这类作品往往会不顾历史真实进行胡编乱造。有的网友笑侃穿越剧的模式是：爱情为主线，手机当武器，故事多翻版，人物相雷同。比如一部《宫锁心玉》红了，紧接着出现了《宫锁珠帘》《步步惊心》等一堆清宫穿越剧，鱼龙混杂，精品有限。

前不久，郑晓龙导演的《甄嬛传》红极一时，甚至在海外市场上也引起热捧，但是这种成功并不能证明宫廷剧和穿越剧类型的优势，而只能说不论何种类型的剧作，只有表现出真实的人性，才有可能获得成功。许多宫廷剧和穿越剧确实存在随意篡改历史、过度戏说、胡编乱造、情节雷同等问题，这也是这两种类型剧遭人诟病的重要原因。

三、市场主导下的电视剧创作利弊分析

电视剧创作在不断成熟与繁荣发展的过程中，经历了以党的中心工作为主导到以市场为主导的根本性转变，这种转变使创作人员得以在政治上解放思想，在艺术上大展身手，为电视剧的发展提供了舞台，拓展了空间。但是，任何时候，电视剧的创作都不是简单的商品生产，因此市场主导下的电视剧创作仍然有许多新的问题值得我们深思。

（一）市场主导下的电视剧创作优势

1. 现实剧的全方位开拓

各类型创作元素集中杂糅，如《我的青春谁做主》《拿什么拯救你我的爱人》等电视剧都是将恋爱、职场竞争、破案、时尚等各种娱乐元素集于一体，使电视剧的观赏能够包容多个层面，以最大限度的娱乐和审美亮点来争取观众的喜爱。

2. 历史剧中对传统文化的审视和弘扬

随着社会文化水平的不断提高，观众对历史剧的要求也越来越高，一般的戏说已经不能满足观众的审美需求，这就要求我们的创作者认真研读历史，不光要讲故事，还要在故事中弘扬历史文化，表现出丰富的内涵。

3. 经典剧的重新解读

经典剧的重拍绝不是一个简单的技术上的翻新，而是在创作观念、叙述方式和人物塑造上都力求有新的突破。新拍的经典剧中其实融入了这个时代最新的研究成果，在审美和

艺术包装上都力求符合时代特点。比如《三国演义》《水浒传》《红楼梦》等经典剧的重拍都在主题思想的揭示和艺术表现形式上达到了新的高度。

4. 翻拍剧的创新价值

翻拍剧走红的现象应该从两个方面去认识。一方面，这是市场主导的结果。翻拍的作品都是过去赢得观众喜爱的作品，翻拍这类大众喜闻乐见的作品，可以确保市场的好感。另一方面，许多翻拍剧在编剧、导演、表演和制作方面都有很大程度的创新，使这些经典作品能够赢得当今观众的喜爱，在艺术上也有所发展。但是，翻拍剧过多对电视剧的创作生态环境是会造成伤害的，它对于原创性的编剧人才的培养发展是一种遏制，对于发掘新的生活创作空间也会造成一种挤压。

（二）电视电影的兴起

电视电影是指中央电视台六套（电影频道）组织生产的一种采用电视技术录制，其规格和规模相当于一部电影的电视作品。

电视电影介于电视与电影之间，其身份的确认确实存在模糊。目前，电视电影和通常意义上的电影的区别不在于它们的制作和传播手段，而仅在于它们的播出平台和评奖渠道（艾美奖）。

（三）"唯收视率论"主导的创作误区

完全市场主导下的电视剧生产和媒体过分追求收视率的评价体系，致使影视圈热衷于对省时、省力又保险的经典剧目进行翻拍，而不愿意投入费时、费力又不保险的原创作品，这就致使电视剧的创作中出现了严重的跟风、扎堆、题材重复等问题。翻拍等现象的过度存在，已经对电视剧原创生态环境造成了极大的破坏，很多编剧不得不根据投资方的意见，把笔触伸向已经取得市场认可的题材。

在这种创作环境下，出现了创作萎缩和剧本严重匮乏的局面。到 2012 年，国内一个好的剧本已经卖到了 200 万的天价。当以《潜伏》为代表的谍战剧成功之后，接下来就是大批谍战剧"跟风"而动，胡编乱造充斥屏幕，结果是把素有"荧屏常青树"之称的谍战剧推入粗制滥造、重复建设的怪圈。

这一时期的电视剧创作的主要问题是：

（1）剧作越来越长。30 集以上的剧才有市场，因此现在的剧作不论内容如何，动辄四五十集，多至百余集。

（2）题材趋向狭窄。翻拍剧、谍战剧、偶像剧、穿越剧、戏说剧盛行，而现实题材剧的创作则显得疲弱和乏力。

（3）短篇电视剧和少儿、戏曲、少数民族题材电视剧的创作因资金匮乏几乎退出市场，多年出现评奖空缺的局面。

（4）明星成为市场的主导，演员报酬占据电视剧投资的 60% 以上，电视剧制作成本大幅度地增加。

第五章　中国电视文艺的市场化发展

　　从 1978 年到 1991 年，中国的电视媒体在经营管理模式上，经历了从完全供给型阶段（国家财政提供全额资金补助）到供给创收型阶段（国家拨款为主，媒体创收为辅），再到创收供给型阶段（媒体创收为主，国家拨款为辅）的历史性跨越，并以较为稳健的姿态完成了中国电视管理体制由计划经济向市场经济的新型运营模式的转接和过渡。这一过程的完成，标志着中国电视媒体经营管理理念在产业化向度上的历史性发展和突破。1989 年 4 月，经原广播电影电视部批准，广播电影电视经济管理研究会在北京成立。这一组织机构的成立，不但在事实层面上表现了广播电视政府管理层对中国电视媒体经济属性的高度重视，还在学术研究和政府管理的层面上，宣告了中国电视媒体经济管理时代的到来。

　　1992 年 6 月，中共中央、国务院联合发布了《关于加快发展第三产业的决定》，在这个文件中，广播电视作为信息服务业和文化卫生事业的一部分，同金融业、体育业、旅游业、交通运输业、居民服务业、邮电通信业等一起被列入第三产业发展的重点行业名单之内。按照该决定的相关规定和产业发展的指导精神，中国电视业必须和其他第三产业一样，"以产业化为方向"，逐步建立起充满活力的"自我发展机制"；要遵循"大多数第三产业机构应办成经济实体或实行企业化经营，做到自主经营、自负盈亏"的总体发展思路，包括电视业在内的绝大部分福利型、公益型和事业型第三产业单位，都要实现由现行运营模式向"经营型"和"企业化管理"模式的转变。

在由计划经济转向市场经济的巨大社会变革当中，电视文艺的发展也面临从体制到机制的全面转型，电视文艺的创作生产从以计划经济为主导转型为以市场经济为主导，由此也带来了电视文艺创作格局的巨大改变。

第一节　电视文艺创作体制的变化

市场化格局下的电视文艺不仅承担了党和政府传播精神文明的任务，还具备了商品的属性。长期以来，由创作人员根据自己艺术观念和审美好恶来决定节目生产的情况再也不能继续下去了，电视文艺的创作、生产、播出都要遵循市场规律，研究观众的需求。在这种情况下，收视率就成为判断作品好坏的重要标准。

一、以"收视率"论英雄

收视率特指在某个时段收看某个电视节目的目标观众人数占总目标人群的比重，用百分比表示。现在一般由第三方数据调研公司，通过电话、问卷调查、机顶盒或其他方式抽样调查来得到收视率数据。通过收视率数据，可以及时得到电视节目受众群的反馈信息，在一定程度上了解电视节目在社会受众群体中的影响。但是，仅依靠收视率来判断节目优劣，也存在明显的问题：其一，无法对收视户的年龄、性别进行交叉分析；其二，收视率通过抽样调查所得，抽样调查所使用的样本数是否具有代表性还有待商榷；其三，收视率无法全面反映节目品质，因为低俗节目也有可能得到高收视率。在以收视率论英雄的环境下，如果一个节目在开播之后，争取不到一定的观众数量，或者达不到可盈利的收视率指标，那么就会被停播。这样一来，就极有可能伤害到一些高品质但暂时没有高收视率的节目，使一些对观众具有审美引导意义的电视节目的发展受到遏制。

在以市场为主导的电视创作环境中，收视率在很大程度上是观众需求的一种客观反映，也成为电视节目生存发展的前提条件。

观众需求使电视节目由艺术作品变为娱乐"消费"快餐，电视娱乐栏目《欢乐总动员》曾经创造了历经五年势头不减的高收视率，因此它稳固地保持了其电视综艺节目的"老大"地位。欢乐文化有限公司的老总魏永刚透露了打造《欢乐总动员》的制胜法宝，那就是：研究观众，研究市场，不断求变，不停出新。

欢乐文化有限公司曾经不惜用昂贵的价格，向全球公认的媒体市场调查机构 AC 尼尔森购买了《欢乐总动员》栏目每分钟的播出收视数据，通过准确细致的市场调查，及时地研究观众心理需求的变化，以此来准确掌握观众的收视需求，判断究竟哪些环节和内容是观众喜爱的，由此根据市场需求来确定办节目的策略。这些策略中包括题材选择、定位、风格样式、单元设置等，只有让节目的每一个环节都与观众需求接轨，才能保持对观众的吸引力。

为了能够长期静下心来认真研究观众的收视心理和收视习惯，并根据研究结果来调整节目、创新求变，进一步解决以市场为诉求的机制问题，欢乐文化有限公司建立了完善的市场调查研究制度，并配以专人对市场资料加以分析，还与专业调查公司合作，采取收视率调查、电话入户调查和组织观众座谈会等不同形式与观众沟通。他们还建立了各类媒介相关信息数据库，以电视台反馈汇集、专家学者意见汇集、广告客户建议汇集等制度性措施，让所有的研究资料都及时转化为评估节目、调整节目的重要决策依据，这些做法为《欢乐总动员》在全国的爆红起到了不可低估的信息导航作用。

在电视节目走向市场并且面临激烈竞争的今天，加强对观众收视心理、收视习惯、收视需求和收视反馈的综合研究，无疑是争取主动、克敌制胜的成功法宝之一。

二、制片人体制的兴起

"制片人制"源于20世纪20年代的美国。"制片人"在国外通常是影片的投资人或其代理人，他有权选择剧本、决定导演和主角，控制拍摄时间和成本。他是一部影片从策划、拍摄到发行、销售整个过程中的管理者和总负责人。

20世纪80年代中期到90年代初，随着电视栏目化的兴起，"制片人制"的概念越来越频繁地在我国的电视行业中出现。1985年，中国电视剧制作中心从实际出发，任命了四名制片人，主持四部大型连续剧的拍摄工作，开创了国内电视界"制片人"管理体制的先河[1]。20世纪80年代末期，电视文艺栏目化发展为电视文艺走向市场准备了体制的条件。制片人体制不仅带动了电视文艺与市场的接轨，而且带来了创作和生产方式的改变。

在制片人体制下，栏目的选题、创作方式和节目形态由原来的从编导人员出发变为从观众需求出发，节目的内容、形式都要主动参考观众的收视反馈。

例如，湖南卫视1998年开始创办的《快乐大本营》栏目，就是以"制片人制"的方式来管理运作的。当时的制片人汪炳文具有对节目的选题、录制以及最终审查等环节的直接把关权，对栏目的人、财、物具有相对自主和独立的经营管理权。栏目组内部改变了传统的管理机制，使节目评价方式和人员奖惩都与收视率直接挂钩，而电视台则根据收视率的浮动情况对栏目给予相应的奖惩政策。这种全新的管理机制极大地调动了电视创作人员的积极性和创造性，促使他们积极吸取海内外综艺娱乐节目的优点，大胆突破传统和创造新的模式，使《快乐大本营》成为一档以快乐为特色的，轻松活泼、生动有趣的，互动性强、参与度高的好节目，很快在全国刮起了一股清新别致的"快乐"风潮。

随着业界对电视文艺经营模式的深入探讨，一些电视台的娱乐游戏类节目也开始由制片人以自负盈亏的方式来自主经营。如大连电视台曾经一度红火的娱乐栏目《久久合家欢》，就是由创作班子自己掏钱运营的。河南电视台的戏曲栏目《梨园春》也走上了由电视台向制片人购买节目的运营之路。在这种体制下，制片人拥有节目创意和生产的主动权、栏目内人员的分配权，减少了节目创作审核的中间环节，可以最快速地根据市场信息调整节目创作和生产。

---

[1] 冯骥：《试论我国的制片人》，见陈汉元主编《电视剧论集》，人民出版社1993年版，第285页。

三、"制播分离"概念的提出

"制播分离"的概念来自于英文 Commission，最早起源于英国，原意是指电视播出机构将部分节目委托给独立制片人或独立制片公司来制作。早在 20 世纪 90 年代，随着我国经济体制改革的不断深入，"制播分离"一词被业内广泛引用。在我国特定的体制条件下，"制播分离"概念的提出是相对于"制播合一"的体制而言的。制播合一是和传统的计划经济体制以及简单的节目再生产方式相适应的，它在组织调动各生产环节，进行重大宣传报道，节目的统筹规划和导向把关、安全播出等方面有着积极的作用。但是国内广播电视行业长期施行采、编、播一体化的生产模式，即节目由自己生产、自己播出，其中缺乏竞争机制，导致长期以来国有电视机构创新能力匮乏，编播队伍繁杂臃肿，工作效率低下。这种制播合一、吃"大锅饭"式的运行机制严重限制了节目的发展和资源配置，造成了电台、电视台创新乏力、效率低下、成本高昂的局面。

改革开放以来，市场经济体制促进了人们生活水平的提高，受众对广播电视节目的需求越来越大，迫切需要广播电视机构广开渠道，拓宽节目的生产平台，聚集全社会的力量来生产更多丰富多彩的节目，这就是制播分离制度的由来。

制播分离有两大意义：第一，推动广播电台和电视台提高效率，降低成本；第二，聚集社会力量为观众生产丰富精彩的节目。在我国电视市场化的转型背景下，引入竞争是突破节目生产困境的出路之一。制播分离模式就是把节目的生产从节目播出的环节中分离出来，由市场来选择节目，只有受到观众欢迎、拥有市场竞争力的节目才能获得播出平台，观众就可以利用手中的遥控器来决定频道和栏目的生死。制播分离是广播电视核心业务的重大变革，也是我国广播电视事业、产业发展的必然选择。

第二节 电视文艺运营模式的变化

随着市场经济的发展，电视节目的生产也由计划经济体制下的政府投资逐渐转变为政府投资、企业投资和广告商投资等多种投资形式共存的格局，电视文艺节目的运营模式也因此发生了很大的变化。

一、与企业共赢的节目冠名营销

从 20 世纪 90 年代开始，电视文艺节目的广告挂牌营销已经成为电视节目制作资本的主要来源。1990 年中央电视台的《正大综艺》节目就是由正大集团出资赞助开办的一档文化娱乐节目。在改革开放之初，人们对外面的世界充满渴望和好奇，《正大综艺》满足了观众开阔眼界、了解外面世界的精神文化需求。该栏目有效地利用了社会资金来获得了充足的节目制作资金，使节目首次打破传统文艺栏目的固有模式，变单一为多样，集文艺、述评、知识问答、海外风情等多种艺术和电视表现手法于一体，让观众在娱乐氛围中走向了世界，了解了多样的风情文化，拉近了观众与外面世界的距离，深受观众的喜爱。新的经济运作机制和新的艺术相结合，使这个栏目充满了生机和活力，令人耳目一新。

1996 年创办的香港凤凰卫视中文台，很早就引入了节目冠名营销的经营模式。在收看凤凰卫视品牌栏目的过程中，中国内地观众开始接受栏目前面加上企业产品名称的长串标题形式。

2004 年，湖南卫视《超级女声》节目以一种全新的选秀方式赢得了众多观众的喜爱。2004 年 11 月 20 日，蒙牛集团与湖南卫视正式签约，以 2000 万元人民币的价格达成了与《超级女声》的合作协议，在原有的比赛前面冠上"2005 年快乐中国蒙牛酸酸乳超级女声"的名称，开启了全新面貌的新一轮选秀比赛①。随着比赛的进行，湖南卫视在《超级女声》的所有播出版面中都加入了蒙牛产品"酸酸乳"的广告冠名，而蒙牛集团则把所有的"酸酸乳"广告都标上《超级女声》的字样，形成了互相造势、推波助澜的双赢效果。因此，当 2005 年度的《超级女声》比赛结束时，这档刚刚诞生两年的比赛已经成为国人瞩目的重大项目，它的冠军成为美国《时代周刊》的封面人物，创造了电视文艺市场化成功运营的一个神话。

直到今天，电视节目的挂牌广告冠名营销仍然是一种广为运用的电视营销模式，不同的是，早期的粗放式经营中常常出现冠名企业直接干预节目创作的情况，而今电视文艺节目创作与冠名企业之间的合作总体上趋于理性，相互尊重、合作共赢成为主流，这说明企业冠名式的电视运营模式已经走向成熟。

二、电视文艺的产业化发展

自 20 世纪 90 年代初出现了企业冠名给电视文艺栏目注入资金的经营模式以后，电视文艺节目的社会化生产以更为多样的形式迅速发展起来，电视文艺节目的市场化、产业化的格局已经形成。

电视运营模式的改变带来了电视文艺创作内容和形式的深刻变化，传统的以打造精英文艺、寓教于乐以及追求艺术性、欣赏性为宗旨来办节目的观念，受到了来自市场的，以娱乐至上、群众性、互动性为特点的节目形式的冲击，促使中国电视文艺进入一个全面走向市场化、娱乐化的新时期。

随着栏目冠名和挂牌广告等节目销售经营手段的不断丰富，电视文艺的投资变化促使电视文艺创作内容和形式不断地进行变革，节目制作单位更加注重明星、游戏、互动、真实、新奇和观众参与等娱乐元素的投入，电视文艺创作由精英化向"草根化"转型，由艺术化向娱乐化的道路迈进。

2005 年，湖南卫视的《超级女声》与蒙牛集团合作，将原来的周播类歌手选秀栏目改革为日播型赛季节目，将选秀的环节划分为海选、初选、复赛、决赛、总决赛等多个单元逐层展开，不仅加大了栏目中广告投放力度，而且将观众参与机制进一步细化，利用节目的每一个播出过程来充分调动观众的注意力，最大限度地强化了观众的参与感，电视文艺的艺术性被相对弱化，观众的参与性和节目的娱乐功能则被大大加强。

2012 年 7 月 3 日在浙江卫视播出的《中国好声音》节目，其版权购买自荷兰，制作方将其引进中国以后，邀请了中国音乐界顶级的著名歌星担任评委（导师），选择了最具歌唱潜质的选手们进行同台比拼。这档节目以发现和选拔一批"草根歌唱家"为宗旨，

---

① 孙隽：《超级女声 VS 超级策划》，安徽人民出版社 2005 年版，第 86 页。

表现出励志的文化内涵和多种娱乐元素汇聚的品质，在浙江卫视正式播出后，立即获得了颇高的收视率和广泛好评。

《中国好声音》是成功运作的制播分离典型案例，其播出平台为浙江卫视，制作团队则是《中国达人秀》的原班人马，制作方和播出方产权自主。由于节目的成败关系到两者的共同利益，节目制作方在节目创意和经营模式上尤其注重创新：他们首次对针对明星导师们的付费方式进行了改革，把过去那种一期一付的稿酬制改为与导师们合作打造整个节目产业链的方式，使享有盛誉的明星导师们与项目之间建立起长期合作的关系，有效地激发了明星导师们的主人公精神，使合作者的主动性和创造性得到充分调动，也使导师们的"明星效应"得到了超常发挥。同时，《中国好声音》节目的制作方在营销方面还设想了更大的一盘棋，他们签约了参赛选手并将其签约之后的商业演出等项目全收归己有，前期明星导师们也共同投入自己的品牌资源帮助该项目进行全程产业链打造，这种做法可以说是开启了本土电视文娱节目制作运营的全新尝试。

第三节　电视文艺创作内容与形式的变化

一、创作理念由宣传教育型向服务消费型转变

电视文艺的市场化发展引起了节目创作内容和形式的深刻变化。在收视率决定电视媒体生存的新形势下，电视文艺为了吸引观众眼球，提高收视率，在创作理念上发生了深刻的变化，由原来的宣传教育转变为服务观众。电视文艺不仅要寓教于乐，而且要成为观众喜闻乐见的精神文化产品；电视文艺也是一种消费品，要让观众愿意为此买单。因此，电视文艺创作不是专业人员自我欣赏的过程，而是研究观众需求，服务于观众的精神产品生产过程。在这种创作理念的驱动下，电视文艺的创作人员越来越积极主动地研究观众的消费诉求和审美趣味，主动研究学习娱乐文化要素，揣摩市场风向，努力使节目越来越引领时尚潮流，成为广大观众乐于观赏和参与的、消闲娱乐的一种精神文化活动。

随着创作理念的转变，电视文艺的节目形态也悄然发生着变化。中央电视台曾经闻名全国的文艺栏目《综艺大观》《旋转舞台》《同一首歌》等欣赏性栏目，逐渐淡出人们的视野，更为兴盛的是一些参与性更强、娱乐元素更多的《非常6+1》《星光大道》《我要上春晚》等栏目；大批更具有互动性、亲和力和平民化的谈话类、真人秀类栏目，如《快乐大本营》《天天向上》《今夜有戏》《鲁豫有约》《艺术人生》《我爱记歌词》等，吸引着观众的眼球。电视文艺的娱乐性、参与性、休闲性等特性得到凸显，而传统的电视文艺强调的思想性、艺术性、欣赏性等功能则变得较为隐蔽和弱化。

二、节目审美由精英艺术向大众娱乐转型

2000年以后，伴随着大批娱乐选秀类节目的走红，中国的电视文艺进入一个全民参与的时代，原本只有文艺精英才能涉足的电视文艺舞台变成了大众娱乐的秀场，"草根性""平民化""海选""PK"等新的词汇频见于荧屏。电视文艺的审美由对"精英"的欣赏转向为对"草根型"艺术人才的拥戴，这是电视文艺市场化的一个结果，它代表了

大众对电视传媒娱乐属性的认同。随着社会竞争的加剧，人们期待在节目中看到时代风貌，因此具有提倡竞争、鼓励参与、真情流露等思想内核的选秀节目得到共鸣，而传统的寓教于乐或高高在上的政治宣传则遭到冷遇。

2012 年，中央电视台举办了 30 年的"全国青年歌手大奖赛"一度停赛，而为发掘"草根型"艺术人才而搭建的《星光大道》《我要上春晚》《中国好歌曲》《梦想星搭档》《星剧汇》等选秀舞台却空前活跃。

创办于 2005 年的《星光大道》栏目，以选拔、发掘藏于民间的"草根型"文艺人才为宗旨，采取了现场评委和观众相结合的选拔机制，将娱乐性和文艺表演融为一体。节目开播时似乎并不起眼，然而随着阿宝、凤凰传奇、王二妮、李玉刚、玖月奇迹、旭日阳刚等演员从这个舞台上走出并一步步走红荧屏，人们发现电视文艺不再是文艺精英们才能涉足的艺术舞台，也可以是全民同乐的娱乐秀场。电视的市场化使电视文艺舞台的审美格局发生了变化：由艺术性、精英型向着娱乐性、平民化转变。

三、节目形态由单一型向兼容型发展

随着社会经济的发展和文化的开放进步，人们对形式单一、节奏缓慢、信息量不足和缺少变化的传统电视文艺节目产生了审美疲劳，对时尚新奇、形式多样、轻松活泼、信息量丰富的娱乐节目热切追捧。市场的导向成为电视文艺节目形态发展变化的催化剂，新的电视文艺节目在内容和形式上必须符合观众的审美需求。2000 年以后，电视文艺节目的创作思维方式发生了一系列深刻的嬗变，其中一个重要的变化就是节目的类型由单一型向多样、兼容型转变。这一时期，湖南卫视的《天天向上》和《百变大咖秀》、天津卫视的《今夜有戏》、上海东方卫视的《壹周立波秀》、辽宁卫视的《明星转起来》等节目受到普遍关注。这些深受观众喜爱的节目有一个共同的特点，就是节目内容的丰富性和表现形式的多样化的和谐统一。

湖南卫视的《天天向上》创办于 2008 年，栏目主题定位于传播中华文明礼仪、传承中华美德，与当年举办的北京奥运会相契合。节目的参与嘉宾有文艺明星和来自各行各业的特色人群，这种设计不仅保证了节目内容的丰富性，还为节目形式的多样化打下了良好的基础，再加上以汪涵、欧弟为代表的主持人群体不拘一格的幽默主持，使该节目以特有的时代气息和青春朝气赢得了观众的追捧。上海东方卫视的《壹周立波秀》将脱口秀、明星访谈、时尚表演融为一体，把贴近社会生活的、严肃的热门话题用娱乐的方式加以表述，一时间引起了许多南方观众的热捧。天津卫视《今夜有戏》则为喜爱电视剧的观众量身定做，节目围绕影视剧的播出设计话题，特邀著名相声演员郭德纲担任主持，将脱口秀、明星访谈、小品表演和游戏兼容杂糅，打出了以采访影视明星为主题的综艺娱乐牌。

四、节目创作由注重原创向购买模式倾斜

2010 年以来，各级媒体为争夺观众眼球，确保节目的一举成功而大显身手、各出奇招，使新的电视娱乐节目在明星阵容、制作规模、宣传造势等方面实现了新一轮的转型升级，形成了前所未有的节目传播效应。继湖南卫视学习《美国偶像》节目模式获得成功之后，中国电视文艺在学习借鉴、模仿改造海外成功模式方面也形成了新的、更具影响力

的强势潮流。

　　浙江卫视 2012 年推出的大型励志专业声乐选秀节目《中国好声音》，购买了荷兰的同类电视节目 "The Voice of Holland" 的模板，并在此基础上进行本土化改造，从而一举获得成功。上海东方卫视于 2012 年 5 月推出的《梦立方》是从英国引进的一档游戏节目，节目中运用网络时代的高科技手段、电影化的视觉表现手法以及全新的游戏规则设置，让挑战者在相对密闭的空间内应对一个个挑战，最终实现自己的梦想，带给观众耳目一新的视觉享受和心灵体验。湖南卫视 2013 年推出的音乐节目《我是歌手》，则是购买韩国同名节目的模式打造而成的。这些节目都是投入重金打造，其明星阵容、制作规模和宣传攻势都在电视节目制作上创下了诸多第一，其传播效应和节目影响力也是前所未有。另外，随着户外真人秀娱乐节目《爸爸去哪儿》《爸爸回来了》等的成功，一批同类型的户外生存与旅游相结合的明星真人秀节目应运而生，如《花儿与少年》《花样爷爷》等"花儿系列"也都获得了令人瞩目的收视影响，"购买模式"一时间成为新型娱乐节目成功的法宝。

　　正当中国电视文艺走入购买海外成功模式的怪圈的同时，原创性的电视文艺发展出现了瓶颈，中国电视文艺在 20 世纪 80 年代初期那种如雨后春笋般成长的原创节目发展势头已经不再，这是令人深感遗憾的现实。

下 编 电视文艺节目的创作

第六章　电视文艺编导概论

第一节　电视文艺编导的性质

一、电视编辑的工作

编辑的概念源自传统的纸质媒体。在一般的概念中，编辑的工作专指为各种媒体（以出版物为主）在出版前进行的题材选择、内容汇集、文字校对、包装制作等工作。

随着文化活动和科学技术的发展，除书籍、报纸、期刊、图画等出版物外，各种传播媒介还利用声频、视频、符号、图像等提供知识、传播信息、积累文化、交流思想。因此，编辑工作的内涵扩大了。通常编辑可分为图书编辑、期刊编辑、报纸编辑、广播编辑、电视编辑及电子出版物编辑等。

在现代，"编辑"一词的内涵更为丰富。在很多专业出版机构中，编辑需要承担选题、组稿、审读、加工整理等工作；在一些非出版机构中，编辑则可以承担文献资料的整理、编撰工作通报、专业刊物编排等工作。

在电视行业中，编辑则专指对电视节目进行组稿、选题、文案写作、电视资料前后期加工整理等一系列工作，其中包括对声画内容进行取舍、剪接、排版、审核、包装等具体环节。

二、电视文艺导演

导演的概念源自戏剧，在戏剧发展的高级阶段，随着分工的细化而产生了导演的行当。在戏剧创作中，导演是创作演出的组织者和实施者。在导演诞生之前，这些工作通常是由剧作家、富有经验的主要演员或剧院经理来担任的。

导演也有狭义和广义之分。狭义的导演概念指的是那些在戏剧演出、影视制作团队中，整合全部艺术元素的艺术生产负责人；在影视行业中则专指电影和电视剧艺术创作的组织者和实施者，是把影视文学剧本搬上银幕或荧屏的艺术负责人。广义的导演概念则是指在所有综合性活动中的组织者和指挥者，比如在军事演习中对整个演习活动进行指导调控的指挥人员也被称为"导演"。

在电视文艺的创作中，导演的再创作以电视文学文本为基础，运用视听语言进行艺术构思，其中包括对未来作品主题意念的把握、具体节目的创作构思、文艺演出场面的设计和调度，还有声画造型和艺术样式的确定等内容。导演还要根据节目要求物色和选定演员，并根据节目的总体构思，对摄影、美术设计、录音、作曲、服装化妆、道具等创作部门提出要求，使各个创作部门在创作构思和具体呈现方式上达成统一认识。导演还要根据制片部门的拍摄计划，对现场拍摄和各项后期工作实施艺术领导，直到作品全部摄制完成为止。一部电视文艺作品的质量，在很大程度上取决于电视导演的素质与修养；一部电视文艺作品的风格，也往往能体现出电视导演的艺术风格。

具体而言，电视导演在创作中应承担以下职责：

（1）组织主要创作人员研究和分析文学台本，为文艺台本找到恰当的表达形式；

（2）与导演组其他成员一起确定节目和遴选演员；

（3）根据节目构思和拍摄要求选择外景或指导搭建内景；

（4）指导舞类、音乐、服装、化妆、道具等各部门完成拍摄准备工作；

（5）指挥现场拍摄工作；

（6）指导工作团队完成后期制作，包括剪辑、录音、主题曲、动画、字幕、特效等；

（7）与出片方商讨作品的宣传计划。

第二节　电视文艺编导的素质

素质原指事物本来的性质，人的素质包括先天和后天两个方面。先天素质是通过父母遗传因素而获得的，主要包括感觉器官、神经系统和身体其他方面的一些生理特点；后天素质是通过环境影响和教育而获得的。因此，素质是一种在人的先天生理基础上，受后天的教育训练和社会环境的影响，通过自身的认识和社会实践逐步养成的，比较稳定的身心发展基本品质。

职业素质则是指从业者在一定生理和心理条件的基础上，通过教育培训、职业实践、自我修炼等途径形成和发展起来的，在职业活动中起决定性作用的，内在的、相对稳定的基本品质。电视文艺编导作为广播电视行业中的一员，其专业素质（职业素质）中既有影视从业人员的共性，也有电视文艺创作者所需要的个性。

电视从业人员应该具备以下几种基本素质：

一、良好的政治思想和道德品质修养

良好的政治思想和道德品质修养，简而言之就是人的政治素质。政治素质是指政治主体在政治社会化的过程中所获得的对其政治心理和政治行为发生长期稳定的内在作用的基本品质，是社会的政治理想、政治信念、政治态度和政治立场在人的心理中形成的并通过具体言行所表现出来的内在品质。它是人们从事社会政治活动所必需的基本条件和基本品质，也是个人的政治方向、政治立场、政治观念、政治态度、政治信仰、政治技能的综合表现。

电视从业人员的政治素养应该包括：掌握马克思主义的基本理论，熟悉党和国家的方针政策，认同社会主义核心价值观，带头践行公民应该遵守的社会规范和职业道德等。具体表现为：

（一）正确的世界观、人生观

世界观是人的思维与实践的基础。电视从业人员是党和政府政令的传播者、执行者，是社会主义先进文化的代表，也是国家和人民利益的维护者，媒体从业人员还对国家、社会、人民担负着"一言兴邦一言丧邦"的重大责任，因此，电视工作者必须具有正确的世界观，必须掌握正确的社会价值评价标准，传播先进的思想和文化，切实地与受众进行联系和沟通，成为社会稳定的维护者，社会进步的推动者。如果没有正确的世界观和方法论，就会是非不明、良莠不分，不能正确地处理复杂的社会矛盾和问题，容易在政治上犯错误，甚至对党和国家的利益造成损失。

（二）优良的思想道德品质

一个国家社会公民的道德水平，体现着一个民族的基本素质，反映着一个社会的文明程度。我国的主流媒体都有责任在全社会大力弘扬社会公德、职业道德、家庭美德，提倡"知荣辱、树正气、促和谐"的社会风尚，促进社会主义核心价值体系建设，为社会经济文化的发展提供强有力的思想道德保障。

电视工作者是社会公众人物，一举一动都对社会风尚具有影响和示范作用。因此，电视工作者应该自觉树立"位卑未敢忘忧国"的思想，将个人的思想言行和树立良好的社会道德风尚联系起来。在社会生活中要处处遵守社会道德规范，自觉地追求高尚的道德情操，锤炼高尚的人格。电视文艺工作者更是备受社会大众关注的特殊群体，应该具有"公众形象"意识，要自觉成为品德高尚、为人正派、作风朴实、积极进取、引领社会良好风尚的人。而我们的艺术作品则应当以维护社会秩序的稳定、促进社会团结和谐、推动社会发展进步为宗旨。

（三）强烈的事业心和高度的社会责任感

事业心是一个人修身立业的动力和源泉。强烈的事业心可以使人积极学习，开拓进取，不断地完善自己。电视传播是一种不断与时俱进的事业，电视文艺编导不仅需要应对繁杂的工作任务，还需要树立不断学习新知识、新文化、新技术的观念，具备自我学习、自我更新的能力，尤其是面对当今社会科学技术的飞速发展，我们犹如逆水行舟，不进则退，面临着各种危机和挑战，强烈的事业心会驱动我们不断地学习和掌握先进的思想、文化和科技，与时俱进，避免被社会和时代所淘汰。

高度的社会责任感是每一个电视文艺编导应该具备的职业道德。电视文艺工作者常常面对社会发声，在电视媒体上播出的每一句话、每一个字都担负着重大的责任，因此要有严谨的工作态度、精益求精的工作习惯、一丝不苟的工作精神。

电视文艺编导的高度社会责任感源自对本职工作的热爱和专业素养。电视文艺编导的工作表面上看起来十分风光，其实背后要付出艰辛的努力：他们常常在夜深人静的时候加班加点，在人们休闲度假的时候外出采访。他们不仅要绞尽脑汁地为节目设计出好的创意，还需要长途跋涉到条件艰苦的地区采访拍摄，有时甚至会冒着生命危险到灾区、战地去制作节目……因此，他们要培养自己冷静果敢的性格，遇事临危不乱、沉着镇定的品质，以应对各种复杂情况。

对于电视文艺编导而言，如果没有强烈的事业心和高度的社会责任感，没有对本职工作的热爱和敬畏，一旦遇到困难和挫折，就很容易退缩。因此强烈的事业心和高度的社会责任感是一个合格的电视文艺编导的必备素质。

二、良好的文化艺术素养

如果说良好的政治思想和道德品质修养是电视从业者在政治上合格的保证，那么良好的文化艺术修养则是电视文艺编导的立业之本和成功之策。电视文艺编导从事电视艺术创造活动，仅有政治头脑是不够的，还必须在文化艺术领域经过系统的专业学习和训练，具备较为全面的文化艺术素养。这些素养具体表现为：

（一）文艺创作所需要的思维和表达能力

电视文艺编导的主要工作内容是诠释和表现文艺作品，作为艺术创造者，首先要具有与文艺创作相适应的思维方式和表达能力——所谓文艺的思维和表达既不同于撰写政治报告，也不同于一般性的新闻报道，它在表达的真实性、逻辑性、流畅性的基础上，还需要具有形象性、生动性和艺术性。电视文艺编导要善于观察社会生活，能够真实而准确地把握创作题材。

（二）对艺术作品的鉴赏能力

电视文艺编导在创作中经常需要对不同的文艺形式和作品进行挑选、修改、调整，因此对作品的鉴赏能力就显得必不可少。一个人艺术鉴赏能力的高低不仅取决于其文化艺术修养的高低，还与其生活阅历和社会经验的积累相关，甚至与个人的审美情趣有一定的联系。在实际工作中，编导对一个作品的选择甚至会涉及社会伦理、文化习俗、观众趣味等深层次的文化问题。通常而言，电视文艺编导应该从以下几个方面准确地把握对艺术作品的选择标准：

1. 把握时代脉搏、关注社会热点

不同的时代有不同的时尚，社会审美需求会随着社会进步而发生变化。因此，电视文艺中内容和形式的变化是十分明显的。如央视春节晚会从 1983 年到现在已经举办了 30 年，第一年的"春晚"与现在的"春晚"从节目内容、形式到演员表演和制作方式都发生了深刻的变化。当年一些被观众们津津乐道的节目，今天看起来可能显得单调、冗长。20 世纪 80 年代，一个包装十分简单的演唱会或诗歌朗诵会就能够造成万人空巷的收视效

果，而在今天，如果节目的形式单调、节奏缓慢、包装简陋，就会流失观众，这就是时代审美的变化所致。因此，电视文艺编导只有在节目创作上把握时代脉搏、注重社会热点、了解观众需求，才能始终跟上时代的要求。

2. 研究受众审美、注重市场需求

电视是大众传播媒介，没有受众就没有其存在的价值，所以研究受众、注重市场是电视机构必须遵循的原则。电视文艺创作从来就离不开观众，因此了解受众、尊重受众和服务于受众是创作的宗旨和目标。在全媒体激励竞争的格局中，电视媒体的市场化和受众群的多元化成为总的趋势，电视文艺编导更应该随时关注社会时尚的变化，研究观众的心理，把握市场的脉搏，不断地开阔视野，避免以一己之好来束缚自己的创作。

3. 深入体验生活、挖掘文化底蕴

生活是创作的源泉，这句话看似老生常谈，实则是艺术创作的真谛。对于艺术创作而言，生活永远是取材的源泉，文化永远是创意的沃土。电视文艺编导只有认真地观察生活、学习文化，才能使自己的艺术耕耘获得源头活水。

三、一定的社会活动能力

社会活动能力一般包括理论思维能力、调研分析能力、宣传演说能力、撰文写作能力、组织协调能力等多个方面，这些能力的形成在很大程度上是由一个人的智商和情商决定的。

智商（IQ），即智力商数，由法国人比奈发明，反映人的观察、记忆、想象、分析、判断、思维、应变等能力，即反映人认识客观事物并运用知识解决实际问题的能力。情商（EQ），又称情绪智力，是近年来心理学家们提出的与智力和智商相对应的概念，它主要是指人在情绪、情感、意志、耐挫力等方面的品质，具体而言就是一个人认识自我、控制自我、激励自我以及认识他人、同情他人、管理他人的能力，也是指人际交往能力和处世能力。情商的获得，不仅需要专业知识的积累，而更多依赖于社会阅历与人生经验，在一定程度上依赖于人的性格和发展取向，这对编导来说尤为重要。

（一）热情外向的性格

智商和情商较高的人多具有参加或组织社会活动的兴趣和能力，他们通常性格外向、做事热情、善于交往，人际关系较好，善于协调各种矛盾。这类人对待新事物、新概念也具有敏锐的洞察力，善于随时随处挖掘和捕捉有意义的信息，并迅速做出选择和判断。性格外向的人通常也勤于表达和行动，不怕失败和挫折，善于总结教训，并从中积累成功的经验。热情、外向的人容易与他人沟通和交朋友，也容易被他人了解和熟悉，也就更容易获得各种创作和成功的机会。

（二）团队合作精神和领导才能

电视是综合艺术，需要多工种、多部门配合工作，协调合作。一个电视节目的成功，不仅得益于编导个人的创作，而是汇集着表演、舞美、灯光、音响、制片等不同专业人员的智慧和力量。编导是电视创作中的组织者和领导者，要善于依靠集体（由各工种、演职人员等组成的工作团体）和社会的力量来开展工作，所以编导不仅要能够坚持艺术创作中的个性，还要具有与各种不同性格的人团结协作的胸怀和善于与社会各界交往的智慧。

第三节　电视文艺编导的知识结构

一、良好的文化基础和文学水平

从事电视文艺创作，没有较好的文化基础和文学水平是很困难的。文化基础决定着一个人的基本素养，文学水平影响着一个人的表达能力。电视文艺编导应该有三种表达能力，即笔头表达能力、口头表达能力、镜头表达能力。

电视文艺编导常常要策划节目和栏目，能否拿出新颖、独特的创意、构思并将其表达得明白、流畅、生动而富有感染力，会影响节目或栏目的产生机会和发展走向。在剧本相对成熟的二度创作中，依然需要电视文艺编导对剧本、文案具有相应的理解力、想象力、创造力和表现力，这几种能力同样需要较好的文化基础和文学水平。我们常常会听到人们评价某一档节目"有内涵"或"没文化"，这实际上是对电视文艺编导文化基础和文学水平的一种评判。

在电视文艺节目高度繁荣的今天，电视文艺的原创性和文化性显得尤为重要。一档好的电视文艺节目一定是具有深厚的文化底蕴和艺术独创价值的，而那种对现成模式的简单克隆和照搬模仿，都不能真正获得观众的喜爱。一切独特的、新鲜的、富有生命力的艺术都是建立在对文化的独特理解、深入发掘以及对传统艺术推陈出新的基础上的，对于艺术原创而言，继承和创新都需要文化的基础和文学的表达。

二、专业的文艺感知和表达能力

一个人的艺术修养决定其创作和鉴赏水平的高下，电视文艺编导可能不是文艺全才，但必须是懂得艺术创作和表现规律的通才，或者至少是对某一种文艺形式有所学习和实践的专才，这样才能够具备相应的艺术感悟、创作和评价能力。

电视文艺编导对音乐、美术、舞蹈、戏剧等综合艺术都应该有基本的知识储备，这些传统的文艺类型不仅是电视文艺节目（栏目）的来源，还是电视文艺节目（栏目）的创作素材及艺术表现不可或缺的元素。

（1）音乐。电视文艺节目往往都直接包含音乐艺术元素。另外，诸多的文艺样式，如舞蹈、戏曲、曲艺、杂技等，本身就离不开音乐。音乐还经常作为一种声音元素被广泛地运用于影视创作，能够推进剧情、升华主题、渲染气氛和抒发情感。

（2）美术。电视文艺创作离不开摄影摄像的画面造型、舞台美术、服饰化妆等造型元素，而造型元素中的画面构图、光影处理、色彩搭配、人物装饰等，都需要美术知识。电视文艺节目本身的画面造型需要更具艺术性，更加唯美，有一定的风格追求和特定的艺术表现，这就需要电视文艺编导不仅有美术基础知识，还要有一定的创造力。

（3）舞蹈。舞蹈艺术有其自身特殊的表现规律和评判规则，电视文艺编导要想在屏幕上准确地表现出舞蹈艺术的精髓，就必须熟悉舞蹈语汇，并对舞蹈艺术的表演规律有一定研究，进而懂得舞蹈创作和表演的规律和审美特点，否则就不可能准确地阐释舞蹈艺术的精髓。

（4）戏剧。戏剧是集文学、绘画、音乐、舞蹈和表演于一体的综合艺术，不论是西洋歌剧还是中国戏曲，都有着系统的、程式化的表演方式。电视文艺编导要传播好戏剧，就必须懂得其规律。另外，就电视文艺作品的叙事艺术而言，塑造人物、提出悬念、制造冲突、延宕情节、渲染高潮等"戏剧性"元素的运用，以及对风格样式的追求等，也是电视文艺编导需要学习和借鉴的。懂戏剧可以帮助电视文艺编导提高叙述技巧，强化综合艺术的表现力。

三、电视节目制作知识

电视艺术的发生和发展都是建立在科学技术进步的基础之上的，随着无线电科技和数字技术的进步，电视文艺的表达语汇、造型语言更加丰富，包装形式更加多彩，制作手法更加精湛。电视文艺是科技和文化联姻的结果，是艺术和技术结合的宠儿。电视文艺编导必须掌握系统的电视节目制作知识，要懂得电视文艺节目录制的基本流程和规律，要懂得演播厅或拍摄场地中的摄像机、灯光、舞美、音响等基本的布局要求，还要熟练掌握摄像机、录像机、导播台、编辑机、特技机等摄制设备的使用方法。如果从事电视节目导播工作，还需要在导播台的设备操作方面进行专门的学习和训练，以便能够全面地统领和指挥电视文艺节目的拍摄和制作。

第四节　电视文艺导演的分类

电视文艺导演的任务是将文学家用文学形象、艺术家用视觉形象和听觉形象反映现实的文艺作品，经过电视艺术和技术的诸多表现手段，创造性地转化为屏幕艺术形象，通过形象的塑造，反映社会的本质，进入新的艺术境界。电视文艺导演的艺术创作面对亿万观众，因此他必须具有强烈的社会责任感，必须以满腔的热情向社会提供优秀的艺术作品，以影响人的情操，塑造人的灵魂，使人们在艺术欣赏中得到鼓舞、激励和美的享受。

电视文艺导演中又有很多不同的分类，如综合文艺导演、专项文艺导演、切换文艺导演等。

一、综合文艺导演

综合文艺导演是将多样文艺节目综合、加工、转化为屏幕艺术形象的电视导演，在节目创作期间，他是电视台艺术、制作等诸多部门的总指挥，他的思想修养、艺术修养、专业技能和艺术想象力决定着综合文艺节目的质量和品位，他对电视文艺节目选题的确定、布局、表现都会受到节目（或栏目）总的宗旨、总体构思的制约。他必须能够按照节目创作的总的宗旨和总体构思将丰富多样的节目内容和形式融合为一个有机的整体，达到内容和形式的完美统一，使节目具有较高的审美价值；他还应该对社会的、民族的、时代的精神风貌具有敏锐的洞察力和感应力，对观众的审美趣味和心理需求有较为深入的了解，以使录制的电视综合文艺节目的情感、情趣能够雅俗共赏。综合文艺导演应该具有强烈的创新意识和不断进取的探索精神，要不断学习电视的多种艺术和技术表现手法，了解发展迅速的新知识、新技术，使自己始终站在时代的潮头。

二、专项文艺导演

专项文艺导演是指单独创作某一类电视文艺节目的导演，这类导演可按音乐、舞蹈、曲艺、戏曲、杂技、小品等不同艺术门类来划分。专项文艺导演除了应该熟悉了解电视传媒的视听创作规律和制作技术以外，还应该对各自负责的专业艺术门类的艺术特征、艺术规律有较深的造诣和准确把握的能力，能够配合综合文艺导演完成自己精通的艺术门类的创作任务。

比如戏曲电视导演，应该具有戏曲艺术的专业素养，对传统戏曲的源流、发展有广泛的了解，对戏曲节目的剧本、音乐、表演、舞美、服装、道具、音效等艺术元素的运用能够进行深入研究并提出创造性的指导意见，以保证戏曲节目在综合晚会中呈现的艺术质量。

音乐节目导演应系统地掌握音乐创作的专业知识，熟知声乐和器乐的表现功能，对音乐语言的旋律、节奏、节拍、速度、音色、和声、复调、调式、调性等构成元素的表情达意功能十分熟悉，对不同器乐的特性和演唱者、演奏者的技艺能够作出准确的判断和分析，以把握音乐节目的创作质量。

三、切换文艺导演

切换文艺导演是我国电视台对担任导播工作的专业人员的一种称呼，他的工作是根据总导演的节目要求，准确地完成节目录制中的切像任务，由于他的工作岗位离不开导演控制台的切换器，所以被称为"切换文艺导演"。

切换文艺导演的主要职责是配合总导演做好切像工作，因此他应该充分了解导演对节目的总体构思，参与导演分析剧作、制作分镜头剧本、现场排练、协调各部门录像等一系列案头及现场录制工作。他的工作直接决定电视节目的录制效果，因此切换文艺导演同样应该具备较高的艺术素养和即兴创作能力。他应该具有较强的蒙太奇意识和极为熟练的切换台操作技术，他的艺术修养和艺术感觉都将凝聚在他的镜头切换点上，每一个切换点都决定了一个镜头的成败，尤其是在电视直播中，往往是"一点值千金"。每一个切换点都关系到整个节目的艺术表现力、感染力和艺术品质，由此可见切换文艺导演在电视文艺制作中的重要地位和作用。

第五节 电视文艺编导的工作

电视文艺创作是电视文艺编导承担的最核心的任务，是一项专业性强、综合性高、涉及面广、组织量大的复杂工作。这项工作要求电视文艺编导从现实生活中选取有价值的题材进行策划、采访、编辑，组织表演和实施拍摄。

电视文艺编导需要运用文字、声画编辑和导演的专业技能对电视文艺节目进行筛选、汇编、修订、审核、包装等综合的艺术处理，使其完美呈现于屏幕的电视艺术工作者。

电视文艺编导的具体工作是：

一、创作前期的任务

（1）选题。题材选择是否正确是决定创作是否成功的前提条件。一般选题主要基于这几点：第一，时代要求；第二，观众兴趣；第三，电视制作机构的经济技术条件；第四，对于在栏目中播出的作品，还要考虑栏目的定位、栏目基调和受众定位。

（2）构思、确定拍摄方案。在对所选题材进行了解或前期采访的基础上，编导要对选题作深入的、富有创造性的思考，从而确定主题、表现方式及基本结构，制订拍摄提纲。

（3）拍摄前的准备。导演在拍摄前的准备工作是否充分，直接关系到后面的拍摄能否顺利进行。拍摄前的准备工作主要包括：筹建电视摄制组，进行合理而严密的分工；对拍摄对象及场地、环境等的了解、勘察；拍摄中所需设备、器材的准备。

二、拍摄中的任务

拍摄采访是电视创作中获取影像和声音材料的最重要环节，编导在拍摄期间的工作重点是把握拍摄质量，具体工作内容是：

（1）对外要联系和落实好参与拍摄的演员、节目内容以及时间、地点等具体事项。

（2）对内要做好人员分工、摄录设备、后勤保障等事务的统筹安排，对剧组成员要阐明拍摄内容及方法、步骤，落实好演员表演的具体方式，安排好与拍摄有关的一切细节。

（3）要在拍摄现场指挥演员表演，指挥摄像机和场面调度，监视拍摄的画面和声音是否达到艺术要求，发现拍摄中遗留的问题并加以解决。

（4）有时编导身兼摄像、导播或主持人多重职务，这时要注意全面观照，统筹全局。

三、后期制作的任务

后期编辑制作是编导一项极其重要的工作，后期制作在一定程度上可以决定作品的成败，因此编导在后期制作中要投入大量的精力，要保持极大的毅力和耐力，把好节目制作的最后环节。在此期间编导的主要工作是：

（1）对文字稿的审查和确定。

（2）向剪辑人员阐明自己的创作构思和要求。

（3）指导剪辑工作，把握作品画面和声音的准确性以及影片的风格、节奏。

（4）决定特技、字幕等包装方式的运用。

（5）认真全面地审查，把好艺术质量关。

第七章　中国电视文艺节目的分类与创作

第一节　电视文艺节目的分类方法

电视文艺节目，是以文学、艺术和文艺演出作为创作原始素材和基本构成元素，在保留原来艺术形式的基础上，运用电视视听语言进行二度创作，具有较高艺术欣赏性和审美价值的电视节目类型。

电视文艺节目有广义和狭义的分类，广义的电视文艺节目包括了电视剧在内的所有具有文艺欣赏性特质的节目，狭义的电视文艺节目则将电视剧、电视电影等叙事类节目另行划分。

不同类型的电视文艺节目往往针对不同的观众群体，其节目的创作方法和评价标准也有很大的差异。电视文艺节目的分类方法很多，主要有以下三种：一是根据传统的文艺类型进行划分，也就是通常所说的"本体分类法"；二是根据节目的电视化创作形态进行划分；三是根据节目的播出方式进行划分。

传统文艺类的电视文艺节目有音乐、舞蹈、曲艺、戏曲、杂技、文学、综艺、电视剧等不同类型；按照电视化创作形态来划分，则有记录型和电视加工型；按照播出方式来划分，可分为栏目类、晚会类、艺术片类、纪录片类、大型活动类、游戏类等不同的节目；如果按照电视体裁来划分，则有谈话类、评论类、欣赏类等不同类型。

一、记录型的电视文艺节目

记录型的电视文艺节目忠实而完整地将各类文艺表演通过记录和传播提供给观众，使电视成为展现各类文艺节目的舞台和窗口。舞台记录型节目通常是指将实况演出直接录制而成的各类文艺节目，常见的有专题文艺节目、专题文艺晚会、综合文艺晚会、各种文艺竞赛性节目；这类节目的制作宗旨是提供完整的文艺节目给观众欣赏。比如通过舞台和演播厅的录制，完成对各类文艺节目表演的完整记录，然后通过一定的栏目进行播出，比如中央电视台的《空中剧院》《九州大戏台》《外国文艺》《曲苑杂坛》等栏目。

二、电视加工型的电视文艺节目

电视加工型的电视文艺节目专指在传统文艺形式的基础上，对节目进行电视化创作处理并改变其原有的艺术特性而制作出来的，充分体现电视综合性语言魅力、具有电视独特审美特征的一种电视文艺作品。在这样的创作中，电视编导是将文艺节目作为素材，根据作品的立意和内容要求，通过对声画进行不同角度、景别和节奏的镜头分切，加上舞美、服装、灯光、音响、解说词以及特技制作等多方面的艺术处理，来完成整部作品。由各电视台自办的电视文艺栏目、主题性文艺晚会、真人秀、游戏娱乐类赛季节目，以及电视艺术片、电视文学片、电视纪录片等均属于此类节目。

第二节　电视文艺节目的基本类型

一、舞台记录型节目

舞台记录型节目泛指在相对封闭的环境中进行表演的电视节目，其"舞台"也应该包括"演播厅""剧场""广场"等不同的表演场所；就其制作方法而言，专指在传统文艺表演的基础上，对表演内容进行现场录像，并且不进行改变其原有艺术审美特征的后期加工剪辑的文艺节目。这类节目通常以完整的现场表演为主要欣赏特征，具有纪实性、完整性、流畅性等审美特点。

（一）电视音乐节目

音乐节目具有最广大的群众基础，十分符合电视作为大众媒介的传播特点，尤其便于现场直播。电视可以十分快捷、直观、全方位地表现音乐节目的艺术特色，便于普及和吸引受众关注。电视音乐节目可以分出多种不同的表演形式，如声乐、器乐、合唱、独唱等，是内容极其丰富、形式变化多样的一类电视文艺节目。电视作为视听结合的艺术，与音乐结合最为便捷和自然，电视的视觉艺术特性使它可以更直观、丰富地表现音乐作品的内容和意境。如小提琴协奏曲《梁山伯与祝英台》，通过电视转播时，导演在乐曲中插入电影画面和内容解说，使观众能更直观、形象地理解音乐作品所表达的故事，贴近作品的情感。因此，电视在普及音乐作品方面具有独特的优势。

（二）电视戏曲节目

戏曲是中国特有的传统文艺节目样式。京剧、评剧、豫剧、越剧、汉剧、黄梅戏、粤剧……大量的传统剧目和现代剧目，为电视文艺舞台提供了丰富的节目资源，也是形成综艺类节目的宝贵资源。戏曲的经典性、民族性、地方性和传承性决定了其拥有一批固定的观众。戏曲表演的成熟十分便于由电视台进行舞台现场实况录制和转播，便于让观众直观、快捷地欣赏到艺术家们声情并茂的现场表演。

电视文艺的发展不能没有戏曲，而戏曲的传播也离不开电视，电视与戏曲的结合，正是中华民族特有的文化瑰宝。电视戏曲有多种节目样式，如戏曲舞台纪录片、戏曲电视艺术片、戏曲电视、戏曲音乐电视剧、戏曲电视小品、戏曲电视专题片等。电视与戏曲的结合在美学体系上是虚实结合、虚实相生的一种独特的屏幕艺术，中国传统戏曲的写意、虚拟、讲求意象美等文化属性与电视的现代性、兼容性相结合，两者既矛盾又统一。怎样使两者在艺术上达到完美结合、各展其长，充分表现出全新的和谐统一的美感？这正是摆在创作者面前的有趣课题。创作者们可以对此发挥想象力，大显身手。

（三）电视曲艺节目

曲艺俗称"说唱艺术"，它来自民间，具有悠久的历史和文化传承基因，其主要的品种如相声、快板、数来宝、大鼓、弹词、琴书、道情、牌子曲等，都为中国百姓所喜闻乐见，具有十分广泛的群众欣赏基础。曲艺节目形式简单，有利于快速反应现实生活，易于传播和形式创新，是电视文艺节目的丰富资源。

电视对于曲艺也是一把双刃剑。电视视听艺术语言的直观性、兼容性和传播媒介所具有的广泛、快捷等特性对于曲艺传播起到了前所未有的推进作用，可以为曲艺艺术的创新发展提供好的舞台。但是，电视画面的具象性特点，使观众欣赏曲艺语言的想象力受到了限制；另外，电视节目播出容量的限制，也会在一定程度上束缚曲艺作品的创作。目前，在电视快速发展的背景下，曲艺艺术工作者仍然在寻求突破和创新，比如小剧场相声，由于回到了剧场，从而使相声传统的审美特点得以保留，因此拥有了自己的观众。随着电视的普及，相声等曲艺形式常常是电视综艺晚会上必不可少的节目。在电视文艺的发展过程中，曲艺的电视化作品也应运而生，许多电视文艺工作者纷纷探索对相声艺术的传播和改造，也创作过许多具有电视审美特征的相声作品，如相声 TV《纠纷》《三棒鼓》《多层饭店》等，不仅推动了相声艺术与现代传媒的结合，也大大丰富了电视文艺荧屏。中央电视台的《快乐驿站》等栏目则将相声或小品采用动画的形式进行改造，也获得了良好的收视效果。

（四）电视舞蹈节目

舞蹈是音乐与人体结合的艺术，与电视艺术的视听结合特性正好吻合，因而舞蹈与电视的结合是珠联璧合，相得益彰。因此，在电视文艺节目中转播舞蹈作品或将舞蹈艺术进行电视化的改造，是十分顺畅的。舞蹈作品不仅可以在电视上独立呈现出自有的魅力，而且是众多电视文艺晚会上不可或缺的艺术元素，成为烘托气氛、抒发情感、渲染场面、呈现美感的重要手段。对舞蹈艺术进行电视化改造也是一种全新的创作，其艺术美感不仅来自舞蹈本身，也可以融汇电视镜头语言的特殊表现力，使之成为一种富有独特艺术魅力的屏幕艺术形式。舞蹈与电视结合也可以产生众多优秀的电视文艺节目，如电视舞蹈艺术片、电视舞蹈栏目、电视舞台艺术片等。

（五）电视小品

小品原是话剧或电影演员训练时的小片段或小节目，是取材于一个小事件或者生活片段，由两三个演员进行现场表演或表演练习的一种形式。小品进入电视以后，其表现形式相对固定下来，创作者常常以一个小的戏剧段落或单独的喜剧片段构成表演内容，形式丰富多样，节奏明快，幽默风趣，常常能够小中见大，直接反映群众关心的社会热点问题和典型现象。20 世纪八九十年代以后，小品已经成为电视综艺晚会中最受欢迎的语言类节目，它的内容贴近现实，人物和故事源于生活，情节单纯而集中，演员的表演适度夸张，尤其是语言的噱头十分丰富，加上电视媒体所具有的广泛传播的号召力，可以调动众多明星演员投入表演。多年以来，电视小品在艺术形式上也多有探索，有歌舞小品、戏曲小品、曲艺小品、音乐剧小品、哑剧小品等多种表现形式。

在娱乐化高度发展的电视时代，小品艺术由于高度集中了众多的娱乐元素而备受观众喜爱。在一台形式丰富的综合性电视晚会上，为数不多的小品节目却往往会决定整台晚会的荣辱成败，所以在一年一度的中央电视台春节晚会上，总导演往往会对小品创作投入巨大的精力，从剧本创作到演员招募都高度重视，对于那些在观众心目中拥有重要影响力的小品演员，晚会创作组甚至会下大功夫为其"量身定做"适合的小品剧本，许多表演新秀也能够通过小品表演而一举成名。这说明，小品艺术是电视文艺中最具有发展潜力的一种形式。

（六）综合性电视文艺节目

综合性电视文艺节目是把各种文艺表演形式综合在一起，让各种艺术形式相互融合、相互映衬，以表现出丰富多样的艺术美感的一种屏幕艺术形式。这种节目形式是电视艺术综合性、兼容性特点的具体体现，其欣赏价值也是别的艺术形式所不能比拟的。如多种类型的电视文艺晚会，各类电视综艺栏目如《综艺大观》《曲苑杂坛》《中国文艺》等，都具有文艺欣赏的兼容性、多样性、综合性等审美特点。

电视综艺节目常常具有三大突出的优势：

（1）可以汇集各类优秀艺术形式，满足观众的不同层次的艺术欣赏需求。

（2）内容的丰富性、形式的多样性和表达方式的兼容性，可以满足不同职业、不同年龄的观众的趣味和娱乐选择。

（3）节目融主持、串联、表演等多种现场娱乐元素于一体，并形成了以节目主持人为核心的节目串联模式，具有现场即兴发挥的随机性和生动活泼的美感。

我国影响最为广泛的综合文艺节目是中央电视台的《春节联欢晚会》，从 1983 年起至今不衰。1994 年，中央电视台开始在春节同时推出三台晚会——《春节联欢晚会》《音乐歌舞晚会》《春节戏曲晚会》，既满足了观众广泛的需求，也营造了浓郁的名家荟萃、精彩纷呈的节日气氛。

二、电视加工型节目

这类节目专指经过电视化手法的加工制作，改变了原有的形式，具有电视审美特点的文艺类节目。传统的文艺形式经过了影视语言的加工，具有了一些原有形式不具备的新的欣赏特点，由此产生了一种不同于传统艺术的全新的艺术样式——电视文艺作品。

（一） 电视文艺栏目

电视文艺栏目专指按照一定的主题构思，采用相对固定的串编和表现形式，针对特定的观众群体拍摄和编辑而成的一种电视文艺作品。电视文艺栏目可以分为音乐、舞蹈、曲艺、戏曲、杂技等不同类型，也可以是多种类型文艺节目的编排。在观赏特点上，可以分为欣赏类、评介类、明星访谈类和信息汇编类等不同类型，其编排或串联手法也活泼多样，可采用采访式、介绍式、游戏式、声画标题式等。

中央电视台 20 世纪八九十年代播出的《九州方圆》《文化生活》《文化园林》《综艺大观》《旋转舞台》《正大综艺》《艺术人生》《书坛画苑》等栏目，都属于这种类型。

（二） 电视真人秀和文艺类游戏节目

21 世纪以来，电视娱乐栏目在全国风靡，益智型、谈话类、文艺游戏类、真人秀类的赛季式电视节目由于内容贴近生活、形式风趣活泼、明星大腕云集、观众参与度高和制作包装精良而受到观众青睐。这类电视节目有《非常6+1》《快乐大本营》《天天向上》《星光大道》《中国达人秀》《中国好声音》《我是歌手》等。

（三） 电视艺术片

电视艺术片是用电视化的视听艺术语言和文艺的形式（包括音乐、舞蹈、戏曲、曲艺、小品等）来表现生活哲理、抒发情感的一类电视作品。如中央电视台的艺术片《路》，以陈爱莲的舞蹈作品为线索介绍了这位舞蹈家坎坷不平的艺术道路；又如《探索》一片，采取舞蹈画面展示和人物自述相结合的手法，介绍了舞蹈家赵青独特的舞蹈才情；《音乐家郭颂》则汇集了郭颂演唱过的多首脍炙人口的歌曲作品，来展示这位歌唱家不平凡的艺术才华；艺术片《墨舞》则是把书法与舞蹈艺术融为一体，利用电视声画并茂地表现出书法艺术与舞蹈的联系。从创作实际来看，电视艺术片还可以与多种传统艺术类型相结合，变成电视音乐、电视舞蹈、电视戏曲、电视曲艺等不同形式，这些艺术片的处理手法也可以多种多样，丰富多彩。

（四） 电视文艺专题片

电视文艺类专题片专指将各类文艺节目按照特定的主题构思、采用电视视听语言进行表现的电视文艺作品，它常常以一种夹叙夹议或评论加表演的形式来进行叙述，其表现形态明显地区别于电视晚会。电视文艺专题片包括文艺栏目中所呈现的资料片段和完整的、独立存在的电视文艺片，是电视专题节目中重要的组成部分。

早期的电视文艺专题片主要是对舞台节目进行较为简单的电视化处理，那时的电视文艺专题片曾经是电视艺术语言探索的热门领域，导演在具体创作中能够加入和深入运用自己对电视特性的独到理解，进行多样化的电视处理：夹叙夹议的叙述方法，插入相关的声画素材以展现节目的内涵，通过分切镜头和调整节奏来进一步发掘和拓展原有节目的信息量，等等。电视文艺专题片成为了观众喜闻乐见的艺术样式，如黄一鹤导演拍摄的《小提琴协奏曲"梁山伯与祝英台"》《墨舞》《最后一片叶子》《荷塘月色》等。

（五） 电视纪录片

电视纪录片是指以跟踪记录的方法拍摄客观世界和真实人物的电视作品，它常常以真实再现被拍摄对象的行动过程和活动场景来反映特定的生活内容，展示一定的思想内涵。

电视纪录片（在大多数情况下）不需要演员来表演。纪录片中表现的人、地点、情况应该与实际情况一致。纪录片的表现形式多样，它既包括完全纪实的电影，也包括了真人秀等节目。纪录片的题材广泛，如文化遗产、民俗风情、文化事件、名人名家等。纪录片手法多样，可以采取跟踪拍摄、人物采访、夹叙夹议、资料汇编、情景再现等叙述手法，来讲述人物的生平和成就，展现事物的特征和全貌，介绍独特的自然风光和民俗风情等。纪录片既可以传播广博的知识信息，阐述深厚的思想内涵，表现伟人生平、名家传奇，也可以表现普通人的现实生活经历。如《大国崛起》《舌尖上的中国》《梅兰芳》《舟舟的世界》《幼儿园》等均属此类。

这类作品常常通过表现特定人物和事件，来展示事物的本质，揭示人生意义，阐述生活哲理，对观众具有示范、启迪和借鉴作用。

第三节　电视文艺节目的创作方法

一、电视文艺节目的策划

电视节目的策划指借助特定媒体信息和素材，为实现电视行为的某种目的而提供的创意、思路、方法与对策，是针对电视节目、栏目及频道的整体性与未来性发展制定的策略与规划。策划的主要依据是针对受众的需求、预测市场的前景和发挥媒体的特性，要具有创新性、专业性、整体性和可行性。

电视文艺节目的策划则是专指根据电视文艺娱乐节目（栏目）的创作宗旨、文化定位、审美趣味、受众需求和市场评估，为实现某种特定目的而提供的节目（栏目）创意、思路、总体规划和设计方案。

具体的策划方案一般有以下内容：

一是对节目（栏目）所针对的社会背景进行分析。1999年10月安徽电视台在创办戏曲栏目《相约花戏楼》时，对当时的社会文化发展以及观众审美情况做出了一系列分析。该栏目制作者们在策划案中表示"娱乐文化已经被提高到了一个前所未有的地位，也成为我们这个时代大众消费的主要精神产品。单调的戏曲节目，已不能再吸引大众的眼球……戏曲类的节目，大多生存艰难。唱念做打、选段演唱都已过于守旧，难以将戏曲推广"①，但是戏曲又是中华民族独特的具有深厚底蕴的文化。他们分析道：连红极一时的台湾歌星周杰伦都曾在歌曲中加入戏曲演唱，并且给人耳目一新的艺术冲击，说明戏曲仍然具有特定的观众群和市场。正是对当时观众审美趣味变化的客观分析，使这个戏曲栏目的策划有了一个与众不同的创意动机，那就是要在传统戏曲节目中加入时尚流行的音乐和

---

① 《相约花戏楼》是一档以展示黄梅戏为主、兼顾其他地方戏曲的综艺节目，节目采用版块式结构，融知识性、观赏性、娱乐性于一体。栏目中设有若干子栏目：《戏外戏》介绍相关戏曲作品的背景资料；《面对面》进行专家访谈；《名家名校》邀请戏曲名家表演拿手节目；《梨园新星榜》推介新人新秀，展示安徽青年戏曲演员的风采；《戏迷打擂》则为戏曲爱好者的竞赛段落。（http：//baike.so.com/doc/2942833.html，2014-02-16）

明星表演元素，并因此确定了"将戏曲与流行音乐或其他多种艺术表演形式结合"的创意重点。

二是确定节目（栏目）宗旨和受众定位。在以收视率决定节目生存的环境下，充分了解观众的欣赏需求是电视文艺节目策划的重要内容。随着社会经济的发展和思想的解放，电视观众不再满足于充当电视文艺节目的被动接收者，而希望能够参与节目、表达自我。安徽电视台在策划《相约花戏楼》时首先考虑的是如何满足地方观众的欣赏趣味，其次是如何激发观众对栏目的关注度和参与热情。正是有了这些贴近观众的思考，《相约花戏楼》才特别确立了以黄梅戏为主、兼顾推介其他戏曲品种，并将欣赏和参与作为栏目宗旨，将锁定本地观众、争取其他观众作为市场目标。因为宗旨明确、定位清晰、目标准确，所以《相约花戏楼》在创办以后，很快得到了广大观众的认可，节目质量也迅速提升，多次获得全国电视优秀栏目"星光奖""金鹰奖""兰花奖"，成为全国知名的戏曲品牌栏目。

三是确定节目（栏目）类型和风格样式。任何一档电视文艺节目都有其特定的类型定位和风格样式的设计。比如中央电视台综艺型的谈话栏目《艺术人生》，一开始就确定了访谈专家明星、讲述人生故事、挖掘真情实感、营造温馨气氛、激发真情互动等节目形态和表现风格，力图拉近明星与大众的距离。在《艺术人生》中，嘉宾、主持人与观众三方通过平等对话和真情交流，营造了一种轻松亲切的谈心氛围，使观众从中得以品味和分享艺术家们的人生经历，体会奋斗中的美好与感动。正是这种栏目类型和风格的准确定位，使栏目创作者选择了气质、经历和知名度都与栏目风格定位相匹配的主持人朱军。而朱军也通过这个栏目表现出自己独有的幽默中不失真诚、轻松中不失深厚、机敏中不失端庄的主持风格。

四是确定节目（栏目）的播出平台（媒体）和播出方式。节目的播出平台和播出方式直接影响到节目的创意、定位、资金投入情况以及节目风格和制作方式。电视文艺节目与新闻节目最大的区别是，新闻节目注重信息的传播，而文艺类节目则更注重体现赏心悦目的艺术观赏和娱乐大众的价值。新闻节目的传播讲究准确、快速、全面、生动，而文娱节目的传播则注重真情、美感、精致。

五是确定节目（栏目）的资金成本和运营机制。对于一个节目（栏目）的文化定位和艺术品质而言，资金并不能起到决定性的作用，但是资金投入和运营机制与节目（栏目）的艺术创意、制作规模和后续发展的关系却十分密切。一般而言，综艺类节目的资金投入要大于谈话类节目，内外景结合的节目的制作成本要高于纯演播厅制作的节目，邀请明星大腕参与的节目的制作成本要高于仅有普通人参与的选秀类节目。因此很多制作机构在节目策划阶段就要测算好资金投入成本，设计好资金运营甚至于后续市场发展的方案，以保证节目（栏目）的艺术构思得以完整实现。

二、电视文艺节目的创作

在电视文艺创作中，编导既是电视文艺节目（栏目）的设计者和创意提供者，又是电视文艺节目（栏目）的组织者和实施者。很多时候编导还承担着对现有的节目素材进行调整、编排、串联与修改的工作，对电视文艺创作承担着至关重要的组织领导责任。

每一次新的创作任务来临，总是由编导提出最初的节目创意和创作方向，初期的策划案通常会经过工作团队的整体讨论、专家论证和领导审批等复杂过程。策划方案确立以后，就进入节目的筹备阶段，这一阶段通常要进行建组、拍摄样片、样片送审等一系列工作，直到样片通过审查才进入栏目正式的创作阶段。

作为文艺栏目的创作者，对每一次节目的生产都必须做好撰写节目方案，制订拍摄计划，选择演员，落实拍摄场地，完成舞美制作，落实服装、化妆、道具、机器设备等大量的前期工作。

现场拍摄阶段是把握节目质量的关键时期，编导组要对拍摄的各个部门提出详细的拍摄要求，充分调动演员、摄像、舞美、灯光、音响以及服装、化妆、道具各部门的创作积极性，要认真在现场指导演员表演，严格按照既定方案组织拍摄。拍摄阶段，导演对艺术实现过程的要求要精准而严格，以确保完成拍摄任务。

进入后期剪辑合成阶段时，导演首先要再次整理好完整而系统的创作思路，要拿出成熟的剪辑构思，冷静地指挥好初剪、精剪、配音、特技制作、整合包装等一系列工作过程。

有些机构由编导独自承担一个节目的制作任务，也有的机构是组成一个导演集体，由总导演负责根据节目性质进行更为细致的分工。比如中央电视台春节晚会通常是在确定了总导演之后，便由总导演组织成立由音乐、舞蹈、小品、曲艺、戏曲等不同专业人员参与的导演组来共同完成节目创作任务。不同的制作机构对编导的分工有细微差别，但是不管如何分工，作为编导都必须熟悉电视文艺节目制作的全部环节，以便于将自己的创作思路贯彻始终。

我们对电视编导的工作程序进行一个简略的梳理：（1）确定选题、收集相关素材和进行采访；（2）撰写节目方案；（3）建立剧组，确定参与节目的演职人员；（4）设计分镜头剧本或节目拍摄方案；（5）制作音乐；（6）制作布景、服装、道具等，进行拍摄准备；（7）进入前期拍摄；（8）进行后期制作；（9）节目送审并安排播出。

三、电视文艺节目的制作

电视节目制作涉及的内容十分繁杂，本节主要针对电视节目制作中艺术和技术的关系进行阐述。

电视艺术与技术的关系是一种互相依存、互相促进的关系。电视艺术的诞生和发展是以电子技术和电视设备的诞生和发展为先决条件的，科学技术的不断进步促进了电视艺术的多样化发展。电子技术是电视艺术发展的基础，电视艺术则是电子技术发展的灵魂。近二十年来，随着非线性编辑系统在电视节目制作中的广泛应用，这种合作关系表现得比以往更直接、更密切。

（一）电视文艺节目的拍摄

电视文艺节目的制作通常分为两个主要阶段：前期拍摄和后期编辑。前期拍摄通常也会分为内景拍摄和外景拍摄两大部分。内景拍摄主要是指演播厅、剧场、摄影棚内的拍摄，一般都是在一个相对固定、相对封闭的环境当中；外景拍摄情况比较复杂，它与内景拍摄的最大区别是拍摄环境中的场地、光源、音响条件的不确定性，因此在外景拍摄中，摄制组工作人员需要更多的实践经验和应变能力，以应对外景拍摄中场地、音响、灯光等条件的变化。表演者对不同的拍摄环境也要有一定的适应能力，如把握表演的分寸感，适应服装和化妆造型的不同等。总之，电视节目编导必须在前期中严格拍摄，把握好节目的艺术质量，为后期剪辑打下良好的基础。

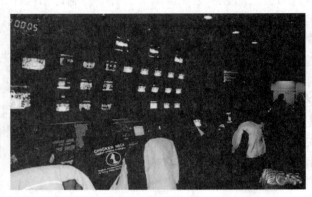

中央电视台节目导播间

（二）电视文艺的导播

在电视文艺节目制作中，对于那些在固定场地、用固定灯光录制的节目，比如电视栏目、情景剧等，一般采用多台摄像机同时进行拍摄，这样拍摄制作的节目具有多角度、多景别、现场感强烈等特点。在这类节目的拍摄中，各台摄像机一般不单独录像，而是将各路视频信号传输到一个叫做"视频切换台"的设备上，由电视节目导播人员操作"视频切换台"，并从多路信号中选择一路信号输出到录像机，通过这样的拍摄方法可以在录制现场完成对电视文艺节目的初编。

导播是通过操纵切换台来对不同机位的不同镜头进行选择，并从多路信号中选择出一路最佳"信号"的电视制作人员。导播的水平决定了电视作品的画面呈现度和表现力。

在电视文艺节目的录制中，导播负有重要的职责。这是因为，电视文艺节目的录制涉及人员众多，场面规模宏大，节目形式繁杂，录制时间较长，而且不允许有过多反复拍摄的机会。因此，电视文艺导播需要一定的电视文艺素养，要懂得画面审美和镜头语言规则，其对画面和音乐的选择和切换要准确并富有节奏感。在每次录像之前，导播应该熟悉节目内容，能够对节目的艺术构思或编排方式进行详细的了解。在拍摄现场，导播要善于与摄像师以及舞美、灯光、音响、舞台监督等多个部门进行沟通，善于冷静地处理现场发生的各种矛盾，以便节目的顺利录制。

（三）电视文艺节目的音频、视频制作

电视文艺节目的音频、视频制作是一个艺术再创作的过程，在电脑特技技术高度发展的今天，很多电视文艺节目都会在节目录制或直播之前进行一系列大量而复杂的音视频素材编辑工作，比如录像中大屏幕上插播的 VCR 和在节目直播中作为表演背景画面的视频资料等。电视文艺节目中音视频制作的艺术和技术质量，直接影响到节目的整体品质，是不可忽视的。比如2014年冯小刚导演的"央视春晚"中有一个名为《万马奔腾》的舞蹈节目，采用了电影3D的特技技术，使得背景画面与现场的舞蹈表演仿佛置于同一空间，大大增强了节目所要营造的"万马奔腾"的气势，给观众留下了深刻的印象。

（四）后期剪辑合成

后期剪辑合成无疑是电视文艺节目创作中的不可或缺的重要环节，在一定意义上，好的后期剪辑甚至可以再造一个节目。目前我国电视文艺节目的后期剪辑是以非线性编辑系统作为主要的技术支持平台。

　　非线性编辑系统主要是指以计算机为核心构成的视频、音频工作站。一套完善的非线性编辑系统应具有的基本功能包括：高质量的音视频输入输出功能；支持多种格式的素材采集和存储；灵活、方便、快捷的剪辑功能；简明精确的音频制作和音效处理；丰富的二维、三维特技；出色的图文字幕处理；专业抠像和颜色校正能力；精确的基于色彩点的跟踪稳定功能；强大的基于矢量技术的绘图系统；大量独特的粒子效果；高效的特技合成和网络渲染能力；完善的素材管理；良好的开放性、兼容性和系统稳定性。非线性编辑系统强大的技术功能为我们创造出激动人心的视听效果提供了必备的技术基础，这就要求电视制作人员不仅要熟悉和掌握此系统中每一个制作软件的基本功能和操作方法，同时还必须熟悉和掌握编辑过程中应该遵循的艺术原则，这样才能在电视节目的制作中更好地实现技术与艺术的完美结合，达到技术与艺术的和谐统一。

第八章　文艺本体的基本常识

文艺本体是指未经过电视化改造的传统文艺类型和样式，它们具有这些艺术形式的语言特征和审美要求。了解这些艺术形式的文化传承和基本欣赏知识，是电视文艺编导必备的基本素养。

第一节　音乐艺术的基本常识

音乐是一种以时间为载体，诉诸人们的听觉，激发人们情感的艺术。它可以通过不同音符的组合形成旋律和节奏，来反映社会生活和表达人的思想感情。音乐与诗歌结合而形成歌曲，与舞台艺术和表演结合而形成歌剧，与舞蹈结合而形成歌舞。

"音乐的表现工具有两种：一种是人声，即用人的喉咙来唱；另一种是乐器，即用种种的器具来弹奏、吹奏或打奏。前者所表现的音乐，成为'声乐'。后者所表现的音乐，称为'器乐'。"[1] 相比之下，声乐艺术又是人们最容易接受和欣赏的一种艺术形式，它通过语言和旋律的有机结合，直接抒发人们的内心情感。器乐艺术则要通过不同乐器的演奏来完成对特定形象的模拟和对不同情绪的表达，欣赏器乐作品需要对特定的乐器有所了解，并对它所塑造的音乐形象有一定的感知能力。

---

[1]　丰子恺：《音乐知识十八讲》，湖南文艺出版社 2000 年版，第 132 页。

音乐从时间上划分，有古典音乐、现代音乐和当代音乐；从地域上划分，有中国音乐与外国音乐、东方音乐与西方音乐；从民族上划分，有汉族音乐、少数民族音乐以及各个不同国家民族的音乐；从演奏形式上划分，有交响乐、室内乐；从演奏乐器的属性上划分，有打击乐、弹拨乐、吹奏乐、弦乐。音乐还可以从社会学上分为宗教音乐、世俗音乐等，从表演范围上分为宫廷音乐、民间音乐等。

在声乐艺术中也有很多不同的划分。目前单从演唱方法上就可以分为美声唱法、通俗唱法、民族唱法、民间唱法等，从演唱形式上又可以分为合唱、独唱、重唱、对唱、联唱等，从演员的性别上还可以分为男声、女声，从演唱的音域（声线）范围上还可以分为高音、低音、中音等。

欣赏音乐需要具备一定的音乐知识，作为文艺导演更需要有较为全面的音乐素养，尤其是对一些常识性的问题要有基本的了解。

一、音乐艺术的分类

（一）欧洲古典音乐

欧洲古典音乐是欧洲文化的结晶，它主要是指古代及中世纪（约公元前 3500 年至 14 世纪）、欧洲近代（18 世纪至 19 世纪上半叶）以及欧洲现代（19 世纪及 20 世纪初）的宗教音乐、古典派音乐、浪漫派音乐、现代派音乐等不同类型的音乐。欧洲古典音乐不完全是以时间来划分的，它被称为"classical music"，"classical"有"古典的、正统派的、古典文学的"之意。因此，对于欧洲古典音乐的具体内容，历来有着诸多不同的解释，其中最广泛的解释是欧洲古典音乐是从欧洲文艺复兴时期开始的，到后来的巴洛克时期音乐、维也纳古典时期音乐、浪漫主义时期音乐、民族乐派、印象主义音乐直至 19 世纪末 20 世纪初出现的现代音乐，甚至包括所有非纯粹娱乐性质的现代专业音乐，统称为"欧洲古典音乐"。

学习西方古典音乐，对于提高音乐欣赏的水平和理解音乐发展的历史大有裨益，这种学习不仅可以给我们的精神文化生活增添无限的乐趣，也是文艺编导必需的。

（二）中国古典音乐

中国是世界上最早的文明古国之一，其音乐也同样源远流长。早在文字发明之前，在人类最基本的生产活动中，伴随工具的使用和语言的产生就诞生了音乐。谈到中国古典音乐，就不能不提起古代的五声七声音阶。"五声"是宫、商、角、徵、羽，相当于现代音乐的 C、D、E、G、A 五个音阶。"七声"则是在五声的基础上发展而来的，中国在周代时就有了七声音阶，它们是宫、商、角、变徵、徵、羽、变宫，也即现代音乐中的 C、D、E、F、G、A、B。

到周、秦时代，丰富多彩的音乐文化是中国音乐高度发展的重要标志，之后历朝历代对于音乐的发展都起到了丰富和推进的作用。如北朝民歌中就有大家熟悉的《木兰辞》，歌曲反映了战争及人民的苦难。唐代统治者在文化上较少保守思想，广泛吸收外来音乐文化，兼容并蓄，更使音乐达到了一个发展高峰。在这一历史时期内，文学与音乐的融合成为中国古典音乐发展的一个特征，如李白的《关山月》、杜甫的《清明》、刘禹锡的《竹枝歌》、王之涣的《凉州词》、王维的《阳关曲》《陇头吟》、柳宗元的《渔翁》等。有的作为民歌在民间长期流传，其中王维为送一位西出阳关服役的友人而作的七言绝句《阳关曲》，因以情景交融的手法抒写了依依惜别的哀怨情绪，成为当时及以后人们送别朋友时经常演唱的一首歌曲。

宋代是我国词曲的创作高峰，宋词数量众多，按题材风格可大致分为婉约派与豪放派两类。婉约派的词内容多为对男女相思离别之情的抒发，其风格纤弱柔婉，讲究音律与曲调的配合，与音乐关系密切的词人柳永、周邦彦为这一流派的代表。豪放派词曲则打破了过于严格的音律束缚，开拓了词的表现内容，风格雄健粗犷。豪放派词曲发轫于北宋的苏轼，继之以靖康之难之后的一批南宋爱国词人，如辛弃疾、陈亮、张寿祥、岳飞等。宋人俞之豹在《吹剑录》中曾将两派词风作了形象的比较："柳郎中（柳永）词，只合十七八女郎，执红牙板，歌'杨柳岸，晓风残月'；学士（苏轼）词，须关西大汉，铜琵琶，铁绰板，唱'大江东去'。"

明清时期，随手工业及商品经济的发展，市民音乐逐渐成为音乐艺术的主要成分。自娱性的民歌小曲、民间歌舞音乐，以及带有商品性质的说唱、戏曲音乐，都在这一期间获得了历史上前所未有的艺术成就。

中、西方在美学思想上有很多不同之处，反映在音乐上，即：中国音乐强调的是情感对艺术的作用，注重的是"质美"；而西方音乐强调的则是模仿自然，讲究的是"形式美"。

（三）交响曲

交响曲是一种具有奏鸣曲式结构的特点、由庞大的管弦乐队演奏的宏大套曲形式的音乐作品，全篇乐曲由呈示部、展开部、再现部三大部分组成。由于交响乐曲式结构宏大，乐队庞大齐全，有强大的音响力量，加上丰富多彩的音乐变化，管弦乐队的表现力能够得到高度发挥，因此意蕴深远，便于表现神秘、丰富而复杂的感情，对于大自然的诗情画意的描绘更是有独特的色彩效果。因此，交响乐有强烈感人的艺术魅力。

（四）室内乐

室内乐大约于 16 世纪末产生于意大利。从现在的角度来看，它是一种小型器乐合奏形式。但如果从历史角度来考察它，就会发现这种音乐形式在不同的时期有不同的内涵。室内乐（Chamber Music），是在室内演奏或演唱的音乐。这"室"原指欧洲贵族城堡中的音乐室，常是金碧辉煌而且宽敞的大"厅"。由此而言，那些编制庞大，只能在大戏院、大音乐厅或大教堂进行演出的，就不能算是室内乐。

（五）管弦乐

管弦乐是随着 16、17 世纪声乐与器乐的发展逐渐形成的，到了 18 世纪以后，海顿确立了管弦乐队编制和主调音乐样式，莫扎特则对其进一步加以肯定，贝多芬以交响性、戏剧性手法写作管弦乐序曲。19 世纪到 20 世纪，管弦乐发展达到鼎盛时期，一大批优秀的作曲家与优秀作品相继出现。由木管乐器、铜管乐器、弦乐器及打击乐器组成的乐队，叫做管弦乐队。管弦乐队经常用以演奏不同风格、体裁的交响音乐作品，因此也被称为交响乐队。

大型管弦乐套曲，通常含三至四个乐章，套曲中各个乐章表达的音乐情感有所不同：有平缓抒情的乐章、掀起高潮的快板，有重复和对比，也有分别表现各种乐器的华彩乐句或乐段。整个管弦乐作品的统一性和完整性使它比其他形式的重奏曲、小夜曲、奏鸣曲更能显出强烈的音乐效果。

（六）音乐戏剧

1. 歌剧

歌剧是一种以歌唱为主，综合音乐、诗歌、舞蹈等艺术形式进行表演的一种戏剧形式。歌剧发源于古代希腊，近代西洋歌剧产生于 16 世纪末意大利的佛罗伦萨，后逐渐流行于欧洲各地。18 世纪以后，意大利的罗西尼、威尔第、普契尼，德国的瓦格纳，法国的比才，俄罗斯的格林卡、穆索尔斯基、柴可夫斯基等歌剧大师为歌剧的发展作出了重要的贡献。他们创作的作品，如《魔笛》《奥兰多》《塞尔维亚的理发师》《费加罗的婚礼》《唐·璜》《费德里奥》《月球上的世界》《卡门》《茶花女》《海盗》《清教徒》等，至今流传，经久不衰。

歌剧的演出和戏剧一样，都要凭借剧场的典型元素，如舞美、灯光、服装以及表演等。较之其他戏剧不同的是，歌剧更看重歌唱和歌手的传统声乐技巧等音乐元素。歌手和合唱团常有负责伴奏的乐器手，有的歌剧只需一个小乐队进行伴奏，有的则需要一个完整的管弦乐团伴奏。

20 世纪 30 年代，在中国也有把宋元以来的戏曲称为歌剧或旧歌剧的情况。1949 年新中国成立以后，中国民族歌剧得以真正的发展，1950 年歌剧《白毛女》成为中国民族新歌剧的里程碑，之后又有《江姐》《红珊瑚》《刘胡兰》《洪湖赤卫队》《伤逝》等优秀作品涌现。

2. 音乐剧

音乐剧由喜歌剧及轻歌剧（或称"小歌剧"）演变而成的一种音乐戏剧品种，是 19 世纪末起源于英国的一种歌剧体裁。音乐剧熔戏剧、音乐、歌舞等表演形式于一炉，富于幽默情趣和喜剧色彩。它的音乐通俗易懂，因此很受大众的欢迎。音乐剧在全世界各地都有演出，但演出最频繁的地方是美国纽约市的百老汇和英国的伦敦西区。百老汇的音乐剧既可以指在百老汇地区上演的音乐剧，又可以泛指所有近似百老汇风格的音乐剧。

音乐剧与歌剧同宗同脉，但是也有形式上的分别：音乐剧经常运用一些不同类型的流行音乐以及乐器编制，在音乐剧里面可以允许出现没有音乐伴奏的对白，可以不必采用传统歌剧的一些演唱格式，例如"宣叙调"和"咏叹调"等。音乐剧的歌唱方法也不一定全部采用美声和民族唱法，而且普遍比传统歌剧有更多的舞蹈表演的成分。

3. 经典的音乐剧案例

（1）音乐剧《猫》。

该剧是英国作曲家安德鲁·劳埃德·韦伯的代表作品，于 1981 年在英国伦敦的"新伦敦剧院"首演，截至 1996 年 1 月，《猫》成为伦敦西区和纽约百老汇连续演出场次最多的音乐剧。它在美国巡演达 16 年零 2 个月，创造了美国演剧史上上演时间最长的纪录。它的伦敦原版演出获得 1982 年格莱美最佳演出录音奖，百老汇演出录音带销量逾 200 万，它还远涉重洋，在许多国家上演，为韦伯赢得了巨大的荣誉。

韦伯最初创作这部作品时，选择了幼时爱读的英国现代派大诗人艾略特的儿歌集，他为现成的诗行配上音乐。韦伯先是写了一些场面音乐，但没有继续。后来他创作了其中的片段《挑个星期天告诉我》，由 BBC 电视台播放。1980 年，他采用音乐会形式表现此片段并通过电视转播，艾略特的遗孀听了这场音乐会后，给韦伯带来了诗人的一些未发表的手稿，其中一首关于"美女猫格瑞泽贝拉"的诗包含的音乐感和戏剧性想象启迪了韦伯，他邀请皇家莎士比亚剧团总导演屈弗南帮助他从艾略特的诗稿和其他作品中搜集更多的素材，连缀成一个戏剧结构，由此诞生了音乐剧《猫》。

在韦伯的音乐剧中，《猫》的舞蹈成分最重。这出音乐剧的魅力不仅出自演员的歌喉，同样也出自他们的肢体。该剧的编舞洁莲·琳称《猫》要成为"英国第一出舞蹈音乐剧"。她编创的众猫舞蹈动作既没有沿袭传统风格，也没有套用现成的方法。导演和编舞都希望该剧中所表现的猫的性格，能够令观众联想到人类的性格。

音乐剧《猫》在舞台上显得姹紫嫣红，异彩纷呈：猫群的厮打、嬉戏、挑逗和欢跳，既表现出对 20 世纪 30 年代好莱坞风格的谐谑模仿，也有哀怨的社交舞的流风遗韵；通俗和古典、旧与新、嬉皮和优雅有机地融为一体，张弛有度，交相辉映。

韦伯创作的音乐剧还有《剧院魅影》《艾薇塔》《万世巨星》《日落大道》等，其多部音乐剧曾获得百老汇托尼奖、金球奖、奥斯卡奖等多项国际大奖。

（2）音乐剧《悲惨世界》。

该剧改编自法国文学巨匠雨果的同名小说，早在 19 世纪，普契尼等作曲家就想改编这部作品，但是直到 1978 年，这部音乐剧才在法国创作完成，并于 1980 年首演。1985 年该剧被改成英文版登上伦敦的舞台，1987 年在美国百老汇亮相，被誉为当今音乐剧的四大名剧之一。

该剧的作曲家克劳德·米歇尔·勋伯格，1944 年出生，祖籍为匈牙利，后加入法国国籍。他早年酷爱音乐，却未能进入音乐学院进行专业学习，而是靠着天赋和敏锐的乐感，在酒吧和歌舞厅里练就了流行音乐的基本功，对一般听众的音乐口味和欣赏习惯了如指掌。当他结识了《悲惨世界》法文版的词作者阿兰·鲍伯利后，两人便开始了合作，创作了音乐剧《悲惨世界》。

第二节　舞蹈艺术的基本常识

一、舞蹈艺术

舞蹈艺术是一种以经过提炼加工的人体动作为表现主体，运用人的肢体语言、节奏、表情和音乐等多种基本要素来表现生活、塑造人物、抒发情感和营造意境的艺术，是生活内容和艺术形式完美结合的一种富于美感的艺术。

舞蹈艺术必须在一定的空间（舞台或广场）和时间中展现，因此又是一种空间性与时间性结合的动态造型艺术。舞蹈表演要有音乐的伴奏，要有特定的服饰和化妆造型，有的舞蹈还要手持各种道具。如果是在舞台上表演，则灯光和布景也是不可缺少的。所以，也可以说舞蹈是一种综合性很强的表演艺术。

舞蹈有古典舞、民族舞、现代舞、芭蕾舞、踢踏舞等丰富的类别，舞蹈的表现形式也有多种划分，每种形式还有不同的审美要求：

独舞：不仅要突出塑造人物形象，还要能体现人体之美、高度技巧、舞者个性以及所表达的作品中最细腻的情感。

领舞和伴舞：领舞往往与具体情节相联系，不仅要有技巧，还要安排个体与群体之间、多与少之间的协调、变化；伴舞的搭配与变化则更多是为了制造错落有致的视觉效果。

双人舞：有异性双人舞和同性双人舞。异性双人舞往往体现刚柔相济的意趣和爱情的缠绵，而同性双人舞很少，多为情节而设，展现两人的对峙或伙伴关系。

小型群舞：如男女人数不对等的舞蹈可分出主次关系，展现多种矛盾；而同性和异性对等的小型群舞可展现对等的舞台调度。

大型群舞：其关键往往不在动作细节，而需相对简单、节奏感强的动作，形成整齐划一的视觉感受。

二、舞蹈艺术的审美特点

（一）律动性

舞蹈的律动是通过人体的动作姿态传递出来的一种韵律感，这种韵律感源于生命的灵性，是与人的呼吸、心跳的律动同在的一种震颤，它有强弱之分、刚柔之别、张弛之度、畅涩之异。因此，律动是生命的一种艺术呈现方式，也是舞蹈的灵魂。舞蹈的律动变化丰富，最能直接地表现出舞者的内在气质、韵致和情愫。

（二）动态性

动态性是舞蹈艺术最基本的特性之一，专指以人体通过各种动作造型来艺术地反映生活和人的精神世界、塑造美的形象的动作形态。舞蹈的动态性是人体有节律和经过美化的动作形态，能够体现出艺术造型的美感。舞蹈的动态性是舞蹈创作者的形象思维和艺术构思的一种外在呈现方式，因此也是舞蹈欣赏的核心内容。

（三）抒情性

我们知道，原始人的舞蹈状态和形式，是他们抒发内心激情、表现生命活力的一种方式。舞蹈是对人类感情最强烈、最热烈的一种表达方式。《毛诗序》说："情动于中而形于言，言之不足，故嗟叹之，嗟叹之不足，故咏歌之，咏歌之不足，不知手之舞之，足之蹈之也。"这正好说明舞蹈是具有抒情性特点的艺术。舞蹈的抒情性不是一种普通的表达，而是通过一系列艺术化的动作，并在音乐的衬托下，有节奏、有韵律、有美感的一种表达，因此，只有懂得舞蹈语言丰富含义和了解舞蹈艺术创作规律的人，才能够准确地理解和欣赏舞蹈的抒情性之美。

（四）象征性

象征性是舞蹈重要的造型特征之一，是指用虚拟的、写意的肢体语言传达出实实在在的情感寓意。

我国各民族的古典舞蹈中，很多动作都是从生活中提炼而来，又采取写意的方法来加以表现的，如播种、划船、坐轿、刺绣、飞翔、骑马、扬鞭等。舞蹈用双手向上表现攀登，用高抬腿表现爬山，用一连串的大跳、旋转和翻滚动作表现战斗……观众却能够在观赏中毫无障碍地理解这些动作的含义。舞蹈的象征性是舞蹈艺术的审美特征之一，理解这一点才能更好地欣赏舞蹈。

（五）造型性

舞蹈动作不是对人的自然形态的模拟，而是遵循舞蹈艺术的规律对生活中的人体姿势进行提炼、加工和美化的结果。舞蹈的造型性是指舞蹈动作在连续流动过程中所呈现出来的优美形态，舞蹈造型性的特点是动静有序、动静皆美。它既能充分展现舞者的外在之美，又能高度集中地抒发出舞者在完成造型瞬间所要表达的内在情感。因此，舞蹈的造型性往往是集中体现出舞者内在情感和外在动作之美的点睛之笔。

三、电视舞蹈节目

在电视文艺发展的过程中，舞蹈艺术是一直是不可取代的重要组成部分。在各类综艺晚会和栏目节目中，舞蹈是表现主题、抒发情感和营造氛围的重要手段，也是美化舞台和营造形式美感的重要部分。舞蹈艺术也在电视化的过程中，得到了丰富和发展，精彩纷呈的舞蹈艺术片是众多电视艺术类型中的重要部分。

电视编导在进行电视舞蹈的转播时，首先必须懂得舞蹈的程式化语言，如舞台调度（包括舞蹈的动作进行趋势、舞蹈的队列进行方式等）、舞蹈的专业技巧难点、舞蹈的高潮所在、动作的规范等。

"电视化"的舞蹈，即为电视而创作的舞蹈形态，其发展则是有限的，电视化的舞蹈构成元素诸多，它不仅仅包含人的表演，还涉及时空场景的转换，往往是对导演心中舞蹈幻景的实现。例如可以通过镜头的处理或后期制作的处理，使舞蹈动作被强调或使人体能力达到夸张的程度——特写使肢体的动作细节被强调、放大，大跳的动作可以"慢动作"的方式来处理甚至在空中停滞，肢体动作或形象可以连续叠画，还可以通过抠像来拓展时空……

1990年"央视春晚"上，著名舞蹈家淘金编排、表演的舞蹈《跳起来》，就采用了舞蹈和电视结合的方式来呈现，其中时空和表演者的变化结合起来，展示了各行各业、不同年龄段的人们朝气蓬勃的生活热情。

2012年"央视春晚"的舞蹈《龙凤呈祥》，为了表达龙飞凤舞、吉祥幸福的主题，将舞蹈编排与高科技的舞台设计相结合，使动作造型与舞台变化有机结合，充分体现了舞蹈之美、舞台之炫、电视之奇的时代特点。

电视化的舞蹈是无法完整地在一个平面的舞台上呈现的，它融入了很多电视语言的技巧，非电视呈现而不能达到应有的审美效果。

第三节　曲艺艺术的基本常识

一、曲艺

曲艺是中华民族各种"说唱艺术"的统称，它是由民间口头文学和歌唱艺术经过长期发展演变形成的一种独特的艺术形式，不同地区的曲艺形式、音乐曲调和表演方式各不相同，因而构成了品种繁多的曲艺曲种。据统计，我国各地流传的曲艺曲种约有400个，大致可分为评话类曲种、相声类曲种、快板类曲种和鼓曲类曲种。

曲艺作为一门表演艺术，是用"口语说唱"来叙述故事、塑造人物、表达思想感情和反映社会生活的，曲艺艺术的本质特征是"以口语说唱故事"，这也是曲艺有别于其他艺术门类的本质属性。

二、曲艺的欣赏特点

曲艺是中国最具民族特点和民间风味的表演艺术形式，具有自身鲜明的艺术特征：

其一，曲艺表演以"说"和"唱"为主要表现手段，它的语言形式必须适合于说和唱，要生动活泼、简练精辟、朗朗上口。其二，曲艺需要演员随时装扮成不同的角色进行表演，行话叫"起角色"，而且不能像戏剧表演那样有相对固定的角色定位并有服饰造型的帮助。曲艺表演是"一人多角"，更需要演员具有快速转换角色的能力，在外表的造型上也具有简便易换装的特点。其三，曲艺节目对生活的反映灵敏、快捷，其曲目、书目的内容多具有短小精悍的特点，因此曲艺演员通常能够自己创作，自己表演。其四，曲艺以说、唱作为主要的表现手段，它诉诸人们的听觉，通过说、唱内容来调动观众一起进行一种形象的思维过程，演员需要与受众共同完成艺术创造的全过程。其五，曲艺演员只有具备了扎实的说、唱、做的基本功和高超的模仿力，才能做到刻画人物惟妙惟肖，叙述故事引人入胜，博得受众的欣赏。曲艺艺术的表演门派众多，各有所长和各有特色，因而形成了曲坛百花争艳的景象。我们要充分尊重曲艺历史文化传承精彩纷呈的现象，鼓励各种流派彼此学习、共同进步和繁荣发展。

三、曲艺的主要形式

（一）相声

"相声"一词，古作象声，是经华北地区民间说唱曲艺进一步演化发展，并融入了模拟口技等曲艺形式而形成的。相声是以说笑话或滑稽问答引起观众发笑的曲艺形式。经清朝时期的发展直至民国初年，象声逐渐从一个人模拟口技发展成为单口笑话，名称也就随之转变为相声。后来由单口相声逐步发展为多种类型的单口相声、对口相声、群口相声等，而经过多年的发展，对口相声最终成为最受观众喜爱的相声形式。

1. 相声的专业术语

相声艺术中有许多专业用语，圈内人称为"行话"，比如：

逗哏："哏"指滑稽、逗人发笑的话或表情。逗哏，即逗出令人发笑的效果，也代指为负责逗哏的演员。

捧哏：演出时配合"逗哏"演员来叙述故事情节的演员。

包袱：相声中的笑料。

柳活：以学唱（戏剧）为主的相声。

腿子活：在相声表演中，演员为表演一段情节，带点化妆，进入角色来表演，之后再退出来叙事。

贯口（活）：大段连贯且富于节奏性的台词，以《大保镖》和《文章会》为典型，相声行内有"文怕《文章会》，武怕《大保镖》"之说。

怯口（活）：运用方言或外语表演台词。

现挂（砸挂、抓哏）：现场抓取题材引起笑声的部分。

2. 传统的相声

相声有很多传统作品，流传很广，对今天的创作具有不可忽视的作用。比如《关公战秦琼》《珍珠翡翠白玉汤》《假行家》《批三国》《揣骨相》《大上寿》《对对子》《化蜡扦》《波斯猫》《训徒》《老老年》《窝头论》《歪批百家姓》《捉放曹》《打灯谜》《傻子拜寿》《问路》《避雨》《行话》《说大话》《磕巴论》等。

3. 现当代相声

现当代相声中也留下了很多深受群众喜爱和广为流传的优秀作品。比如《买猴》《钓鱼》《夜行记》《训徒》《五官争功》《虎口遐想》《小偷公司》《老鼠密语》《很难说的国语》《真真假假》《肉烂在锅里》《北京话》《不宜动土》《串调》《打百分》《方言》《服务态度》《规矩套子》《婚姻与迷信》《空城计》《宽打窄用》《离婚前奏曲》《买佛龛》《妙手成患》《南来北往》《南腔北调》《普通话与方言》《谦虚》《武松打虎》《戏剧与方言》《戏曲杂谈》《戏迷》《戏与歌》《向您道喜》《橡皮膏》《笑的研究》《新式马甲》《夜行记》《点子公司》《女队长》等。

（二）弹词和鼓词

在说唱艺术方面，唐有变文，宋有陶真，元明有词话，弹词便是从这一系列形式中脱化而成的一种说唱形式。大约到了乾隆中期以后，弹词主要流行于江浙一带，地域文化的特征也愈来愈明显。

弹词的表演形式是由说（说白）、噱（穿插）、弹（伴奏）、唱（唱词）几部分组成的。说白部分为散文，唱词部分基本上是七言韵文，有时也略有变化，加上三言的衬句，成为三、三、七或三、三、四的句式。弹词作品大多数是长篇的，一部作品往往要说上几个月，像《安邦志》《定国志》《凤凰山》是三部连续的作品，共674回，70余册；一般通行的也都在10册以上。

"鼓词"的名称起源于明代，采用鼓、板击节，三弦伴奏，也有更简便的，由艺人自弹三弦说唱，称为"弦子词"。这种说唱形式的历史十分悠久，其兴盛则是在清代以后。

北方鼓词主要流行于河北、河南、山东、辽宁以及北京、天津等地。南方主要有江苏的扬州鼓词和浙江的温州鼓词等。由于鼓词流行的地域非常广阔，因此形成了不同的表演形式和特色。根据地域和表演方式的差别，鼓词可分类为梅花大鼓、京韵大鼓、京东大鼓、沧州木板大鼓、西河大鼓、乐亭大鼓、潞安鼓书、山东大鼓、陕北说书、梨花大鼓、奉调大鼓、东北大鼓等。

在20世纪20—30年代，由于市民的文化普及率低，很多人是文盲，人们乐于通过弹词和鼓词听故事，了解历史。新中国成立以后，随着文化的普及和老年观众的消失，弹词和鼓词的形式也随之退出历史舞台，但是作为传统曲艺的表演形式，这两类艺术依然有其价值。特别是在特定形式的综艺晚会或者艺术创作当中，这些传统的表演方式还有其特殊的欣赏价值：比如在电视剧《四世同堂》中，鼓词大家骆玉笙以一曲京韵大鼓演唱了主题歌《重整河山待后生》，给电视剧增添了富有特色的看点；在2010年的上海世博会开幕式晚会上，宋祖英演唱的弹词《蝶恋花·答李淑一》也给晚会增添了一抹亮色。

第四节　戏曲艺术的基本常识

一、中国戏曲艺术的来源

戏曲是我国传统的戏剧样式，它起源于原始歌舞，经过秦汉的乐舞、俳优和百戏活动，发展到唐代的"参军戏"，及至北宋时的"宋杂剧"，而到南宋时温州一带的戏文，已具有相当规模。金末元初的元杂剧创作和演出则已经空前繁荣；明清两代有传奇剧，各地方戏广泛融合并产生了以京剧和昆曲为代表的相当完备的舞台表演形式。

在中国传统戏曲中，主要的地方戏曲有 360 多个种类，如京剧、昆曲、越剧、豫剧、粤剧、淮剧、川剧、秦腔、评剧、晋剧、汉剧、河北梆子、湘剧、黄梅戏、湖南花鼓戏等，共同组成了中国戏曲大家庭。

中国的戏曲与希腊悲剧和喜剧、印度梵剧并称为世界三大古老的戏剧种类，其传承性、综合性和丰富性则当属世界之最。

二、戏曲艺术的特征

中国戏曲主要以四大声腔系统为基础。四大声腔指"南昆北弋东柳西梆"。南昆，指流行于江南一带的以昆山腔为代表的剧种。昆山腔产生于元末时期江苏昆山地区，明代以后，昆山腔的流传地域渐渐扩展到江南一带，后更派生出川昆、徽昆、苏昆等分支。北弋，指曾经流行于北方的以"弋阳腔"为代表的剧种。弋阳腔产生于元末江西省的弋阳地区，明朝嘉靖年间，广泛流传于北京、南京、湖南、云南、贵州、福建等地。东柳，原来是指流行于山东省的"柳子腔"，后来泛指山东、河南一带以柳子腔为基础的剧种。西梆，指流行于陕西一带以秦腔的"梆子腔"为基础的剧种。"梆子腔"特指明末清初始于陕西省的以"梆"为板式的一种唱腔，后来在山西、河南、河北、山东等地也有"梆子腔"的分支。

综合性、虚拟性、程式性，是中国戏曲的主要艺术特征。这些特征，凝聚着中国传统文化的美学思想精髓，构成了独特的戏剧观，使中国戏曲在世界戏剧文化的大舞台上闪耀着独特的艺术光辉。

中国戏曲是将唱、念、做、打综合呈现的表演形式，有着十分丰富的艺术技巧和表现手段，它把曲词、音乐、美术、表演的艺术之美融为一体，使之在一个戏里达到高度和谐统一，进而产生一种特殊的美感。

虚拟性是指戏曲演员在没有任何布景、道具的情况下，凭借着他描摹客观景物形象的细致动作，能使观众了解他扮演的角色及其周围所处的环境。如淮剧《柜中缘》中的玉莲的缕线、挽绊、穿针、引线、刺绣等情景都是通过微妙的虚拟式动作表演让观众一目了然。戏曲表演的虚拟性，不仅体现在表情达意、状物绘景上，还能让观众看出人物所处的环境和心理情绪，所以虚拟性又具有使情景交融的感染作用。

中国戏曲的虚拟性给剧作家和演员提供了极大的自由表现空间，拓展了舞台表现的领域。在有限的舞台上，演员可以运用高超的演技，表现江流险峰、军营山寨、行舟坐轿、登楼探海等多种多样的生活场景；也可以在一无所有的舞台上，展现出人生的千姿百态。

程式性也是中国戏曲的一大艺术特征，戏曲中的动作犹如一种程式化的符号：如关门、上马、坐船、行军等，都有一套基本固定的动作，既规范又灵活，熟悉的观众一看就懂。运用行当的程式来创造角色，这是戏曲演员塑造形象的一大特点。

三、戏曲的行当

戏曲中的"行当"是指某一种类型人物的共同生活特征（包括年龄、身份、气质、神态、行动、举止等各方面），以及表现这些特征的一套表演程式。所以演员掌握了某一行当的程式，就等于在某种程度上掌握了这一行中所能包括的人物的基本特征。中国绘画往往几笔就能描绘出对象的形貌和神韵，而戏曲行当的某些程式也已经提炼到了这样的程度，它往往几下子就抓住了人物精神气质上的特征。

戏曲行当分为生、旦、净、丑四大类，各个行当都有各自的形象内涵和一整套不同的程式和规制；每个行当都具有鲜明的造型表现力和形式美。下面对戏曲的主要行当作个简要的介绍。

生：戏曲表演行当的主要类型之一，泛指剧中男主角，历代戏曲都有这一行当。近代各地戏曲剧种根据所扮演人物年龄、身份的不同，又将生划分为老生、小生、武生等，在表演上各有特点。老生为生行的一个分支，因多挂髯口（胡须）又名须生。须生扮演中年或老年男子，多为性格正直刚毅的正面人物，重唱功，用真声，念韵白，动作造型庄重、端方。

旦：戏曲表演行当的主要类型之一，女角色之统称。早在宋杂剧时已有"装旦"这一角色。宋元南戏和北杂剧形成后仍沿用"旦"的名称，运用上又略有不同。昆山腔成熟期，形成正旦、小旦、贴旦、老旦四个分支。其后各剧种又繁衍出众多分支。近代戏曲旦角根据所扮演人物年龄、性格、身份的不同，大致划分为正旦（青衣）、花旦、武旦、老旦、彩旦等专行，表演上各有特点。

净：戏曲表演行当的主要类型之一，俗称"花脸"，以面部化妆运用各种色彩和图案勾勒脸谱为突出标志，扮演性格、气质、相貌上有特异之点的男性角色。或粗犷豪迈，或刚烈耿直，或阴险毒辣，或鲁莽淳朴。其演唱声音洪亮宽阔，动作大开大阖、顿挫鲜明，为戏曲舞台上风格独特的形象。据说此行当是从宋杂剧中的副净演变而来的。"花部"兴起后，净扮演人物的范围不断扩大。净行根据角色性格、身份的不同，划分为正净、副净、武净、毛净等若干专行，表演上各有特点。

丑：戏曲表演行当主要类型之一，喜剧角色。由于面部化妆用白粉，在鼻梁眼窝间勾画小块脸谱，又叫小花脸。宋元南戏至今各戏曲剧种都有此角色行当。其扮演人物种类繁多：有的心地善良，幽默滑稽；有的奸诈刁恶，悭吝卑鄙。近代戏曲中，丑的表演艺术有了长足的发展，不同的剧种都有各自的风格特色。丑的表演一般不重唱工，而重念白的口齿清楚、清脆流利。相对来说，丑的表演程式不像其他行当那样严谨，但有自己的风格和规范，如屈膝、蹲裆、踮脚、耸肩等都是丑的基本动作。按扮演人物的身份、性格和技术特点，大致可分为文丑和武丑两大支系。

行当的程式毕竟只是一种造型和表现手段。掌握了程式，并不等于就能演好具体的角色。历来的优秀演员，当他们运用行当的程式来创造具体角色的时候，总是要根据自己对生活、对角色的理解，对程式进行选择、组织、集中，使之与角色相适应，并不是把现成的一套程式拼拼凑凑往角色身上一装，就算完成了角色创造。好的演员，即使扮演的是前人创造的传统形象，也要对角色下一番"再创造"的功夫，即通过自己的体验，使这个形象活在自己的身上，而且不断根据自己的新的体会来充实它、丰富它，从而使形象获得新的生命和色彩。

第五节 杂技艺术的基本常识

一、杂技的基本定义

杂技，"杂"指多样，"技"指技艺。顾名思义，杂技即指各种技艺的综合，是包括各种技艺和技巧的表演艺术。现代杂技特指演员或靠自己身体的技巧，或借助专门的器械来完成一系列高难度动作的表演性节目。它是一种有悠久历史的专门艺术，包括柔术（软功）、车技、口技、顶碗、走钢丝、变戏法（魔术）、驯兽、舞狮子等技艺。

二、杂技艺术的起源

杂技艺术在中国已经有 2000 多年的历史，在汉代称为"百戏"，隋唐时叫"散乐"，唐、宋以后为了区别于其他歌舞、杂剧，才称为杂技。中国有多个杂技之乡，山东的聊城，江苏的建湖，河南的周口、濮阳，湖北的天门，安徽的广德，天津的武清，河北的吴桥、肃宁、霸州等都因杂技而出名。其中就历史、群众基础和在海内外的影响而言，最著名的要数河北沧州的吴桥了。据沧州吴桥县志记载，在沧州吴桥，每

夏菊花表演的杂技《顶碗》

逢佳节"掌灯三日，放烟火，演杂技，士女喧阗，官不禁夜"。2007 年 6 月 8 日，河北省吴桥县杂技团获得国家文化部颁发的首届文化遗产日奖。

1949 年新中国成立之后，杂技艺术焕发了新的生机，许多省、市成立了专业剧团，创造了许多新节目，增添了灯光、布景、乐队。许多杂技艺术团先后出国访问，并屡获国际大奖，中国因此成为世界著名的杂技大国，这些杂技团更成为中国人民与世界各国人民文化交流的使者。

三、中国杂技的艺术特色

中国杂技的艺术特色，概括起来有以下几点：

（一）特别重视腰、腿、顶等功夫的训练

中国杂技自古重视腰、腿、顶功的训练。汉代的砖石、壁画、陶俑中，有许多头顶物

品和翻筋斗的人物形象。许多中国杂技艺人，即使是表演古代戏法的演员，都需要有扎实的腰、腿、顶的基本功训练，所谓"文戏武活"。

中国杂技艺术家协会主席、中国文联副主席、著名杂技演员夏菊花6岁就开始学艺并登台演出，以"顶碗"和"柔术"的绝技闻名遐迩，她表演的杂技节目《顶碗》正是因为有极高的腰、腿功夫为基础而荣获了第六届世界青年联欢节金质奖章，她本人也获得了"顶碗皇后""杂技女皇"等美誉。

（二）险中求稳、动中求静

杂技的技巧很多，常常以巧妙、准确、惊险、奇绝为特色，比如蹬技、手技、顶技、踩技、口技、车技、武术、爬杆等，这些技艺都有险中求稳、动中求静的特点，没有千锤百炼的硬功夫不能达成完美的表演。如"走钢丝"中的种种惊险表演，都要求达到动中求稳、险中求美的境界；再如"晃板""晃梯""车技""爬竿"等节目，常常是凳上加凳、人上叠人，顶上的演员必须在动荡不定的情况下完成高难度的表演，这不仅需要高超的技艺，还需要冷静的头脑和良好的心理素质。

（三）平中求奇、出神入化

中国戏法与西洋魔术有很大的区别。西洋魔术善于运用声光道具，台面上金碧辉煌，营造出神秘莫测的气氛；中国戏法的表演者却只用一件长袍或一条薄单，平凡朴实，就用这一身朴实无华的长袍却变出千奇百怪的东西，从酒席菜肴至活鱼、活鸟，无奇不有，这就是平中求奇的艺术效果。

（四）轻重并举，力量和灵巧相结合

杂技的一个重要特色是轻重并举。表演者将力量与灵巧集于一身，展示出力度和敏捷度的完美结合。传统的节目"蹬技""顶碗""绸吊""柔术"等多项表演都能体现这一特色。比如"蹬技"的表演，演员躺在特制的方台上，以双足来蹬物体，变化各种花样。蹬技所使用的物体几乎包罗万象，从绍兴酒罐、彩缸、瓦钟到桌子、梯子、木柱、木板和喧腾带响的锣鼓等，轻至绢制的花伞，重到100多斤的大活人；被蹬物体，或飞速旋转，或腾越自如，展现出轻重并举的美感。

（五）富于生活气息

中国杂技常常大量运用生活用品和劳动工具为道具，比如碗、盘、坛、盅、绳、鞭、叉、竿、梯、桌、椅、伞、帽等，这些平凡物件在中国杂技艺人的手里可以千变万化，表演出高超的、令人惊艳和富于美感的技巧，显示出中国杂技艺术与劳动生活的紧密关系。

第九章　电视文艺晚会的创作

　　中国的电视文艺晚会是在汲取各类传统文艺的营养的基础上逐渐丰富和发展起来的一种综合性屏幕艺术形式，它以电子技术为制作和传播手段，以传统的文学、音乐、舞蹈、戏曲、曲艺、杂技、绘画、摄影等艺术形式为创作语言，用相对集中的舞台表演形式来呈现。

第一节　电视文艺晚会的特性

　　电视文艺晚会类节目具有综合性的特点，它可以将音乐、歌舞、戏剧小品、戏曲片段、猜谜问答、杂技魔术、武术、游戏等多种表演形式串联在一起，也可以根据主题的需要选择其中几项加以编排组合。这类节目主题鲜明、内容丰富、形式多样、场面宏大、观众集中，富于互动性和即时性，具有老少咸宜、易于传播的特点。

　　目前，中国的电视文艺晚会主要有四大类：节庆晚会、主题晚会、行业性晚会和颁奖类晚会。这四类晚会的基本形态大致相同：都是一种以相对封闭的现场演出为呈现方式，以舞台艺术为主要的表现手段，通过电视技术记录、再现和传播的屏幕艺术形式。

　　伴随着电子技术的不断发展，尤其是多媒体、虚拟空间和数字化技术出现以后，中国的电视文艺晚会节目的艺术价值更加凸显，并逐渐形成了以下独特的审美特性。

一、艺术的综合性

电视文艺晚会节目往往包含多种艺术形式，它除了具有电视艺术记录和传播的特性以外，还带有其他姊妹艺术的特征。电视文艺晚会的创作往往是对传统艺术的综合运用，所以其艺术语言也是丰富多彩的。此外，电视文艺晚会对节目的记录是通过多台摄像机切换画面来完成的，因此其画面素材是一系列被分割的表演场面，这就使电视记载的信息与观众在现场所获得的信息有所区别，观众的观赏心理也会发生一定的改变。

电视文艺晚会是电视技术高度发展的产物，它可以将新闻的纪实性、广播的时效性、戏剧的情节性、电影的综合性、小说的叙事性、诗歌的抒情性、散文的自由性、曲艺的诙谐性、武术的传奇性、杂技的惊险性等多种特性集于一身，这种艺术上的综合性是电视晚会的突出特点。

电视文艺晚会节目在对其他艺术的分解和重组中，一方面要考虑导播、摄像、布景、灯光、音响、剪辑、配音、字幕等因素的影响，另一方面要考虑如何尽善尽美地传达出其他艺术的综合美感。因此，电视文艺晚会节目在创作中不能只是将其他艺术进行简单的拼凑，而是要注入电视语言的创造元素，使其区别于其他形式的文艺晚会。

二、内外景的互补性

电视艺术是通过画面和声音，作用于人们的视觉和听觉，因此具有直观性和现实性等特点。电视艺术不仅借助生活中的有声语言传达信息，而且可以通过画面展现人物的表情和动作、光影和色彩、节奏和线条，传达出无数可视的画面信息，因此电视文艺晚会可以传达出较为丰富的视听内容。

电视文艺晚会与传统文艺晚会最大的不同在于，它不仅可以让观众直接观看现场的表演，还可以借助电视手段插入场外的各种信息——新闻采访、外景表演或者一段深化主题的情等，以此来打破内景表现的局限性，拓展其艺术的表现力。

三、观众的参与性

电视文艺晚会的拍摄和播出方式，为观众直接参与节目演出提供了可能。在中央电视台一年一度的春节晚会上，经常会在节目进行过程中插进一些内容，比如"来自边疆边防军战士的祝福"和"来自海外华人华侨的新春问候"等。2004年中央电视台为了在春节晚会上增强观众的参与感，让当年飞向太空的航天英雄杨利伟直接参与现场节目的表演。当零点钟声敲响的时候，杨利伟带着伴随他飞上太空的五星红旗，向祖国表达全球华人的新春祝福，这种现场参与的设计成为了当年春节晚会的一大亮点。

很多文艺晚会节目把观众参与作为现场互动和表演的重要因素，使节目增强了即时感和真切感，这可以有效地提高观众的收视热情，因此导演对观众参与形式的艺术设计也成为了电视文艺晚会节目的重要看点。

四、主题的现实性

电视文艺晚会节目的创作动机总是来源于现实的需要，因而其所表达的主题思想一定是与现实有密切关联的，这就构成了这类节目的现实意义。中央电视台从 1983 年开始主办春节晚会，每年的晚会气氛相似，但是主题却各不相同，每年的春节晚会主题都是对当年主流话题的高度提炼和艺术性表达。

1979 年，粉碎"四人帮"之后，结束"文革"十年动乱，中国百废待兴，中国的经济发展面临历史转折关头，为了鼓舞群众，中央电视台对这年的春节晚会下了很大功夫，晚会编导精心安排的歌唱家李光曦演唱的《祝酒歌》，唱得人们热血沸腾，传遍大江南北，直接表达了中华民族面对新生活的欣喜。

1984 年是中国音乐发展中具有纪念意义的一年。这一年，中国内地流行音乐全面开禁，随着思想解放运动的开展，社会上产生了反思历史的潮流。这一年中央电视台的春节晚会，特别凸显爱国主义的主题，首次邀请港台歌星张明敏和奚秀兰参加晚会，其中张明敏的一首《我的中国心》表达了海外游子的爱国情怀，也弘扬了爱国主义的主题。

2004 年春节，经过 20 多年的改革开放，中国社会的经济发展取得了令世界瞩目的成绩，第一次载人航天飞行获得圆满成功，中国人民更加自信。这一年中央电视台春节晚会的主题确定为"祝福"。晚会上选取了在各行各业具有突出贡献的职工代表向社会传递美好的祝福，表达各界人士祝愿民族昌盛、祖国富强的共同心声；特别是航天英雄杨利伟在零点时分出现在晚会现场，以《飞天英雄红旗颂》的节目，使晚会"祝福"的主题得到升华。

2006 年，随着科学发展观深入人心，人们对全社会的和谐发展提出了新的要求，中央电视台当年的春节晚会就以"和谐与爱"作为主题，表达了这一时代人民大众的心声。

各类纪念性文艺晚会通常是为了纪念某些特殊的日子和事件而举办的，这类晚会要突出特定日期的纪念意义和相关的情感表达。比如，2005 年是世界反法西斯战争和中国抗日战争胜利六十周年，许多电视台制作了大型的纪念性主题晚会，用以表达中国人民对那段特殊历史的回顾和反思。实践证明，电视文艺晚会节目是一种与社会现实生活密切相关的艺术形式，因此晚会的主题都具有鲜明的时代性和现实性。

第二节　电视文艺晚会的基本类型

在中国电视文艺形态的总体构成中，电视文艺晚会占有重要的地位，也是在群众中最有影响力的一种文艺形态。30 多年来，不仅电视春节晚会在社会上有很大影响，其他各类文艺晚会也百花齐放，呈现出繁花似锦的多样化发展的局面，其基本类型有以下几种。

一、节庆类晚会

节庆类晚会专指根据不同的法定节日和庆典活动而创作和播出的电视文艺晚会，这类晚会总是与特定的节日主题紧密契合，与节日特定的内涵相关联，反映不同时期节日内涵的变化。这些节日主要包括中华民族特有的一些古老的传统节日，如"春节""元旦节"

"元宵节""端午节""中秋节""重阳节"等；也包括一些国际性的节日，如"五一国际劳动节""六一国际儿童节""三八国际妇女节"等；还包括中华人民共和国成立以后规定的节日，如"国庆节""青年节""建军节"等。

2009 年 9 月 30 日晚，一场题为《祖国万岁》的大型焰火歌舞文艺晚会在天安门广场隆重举行，这是中华人民共和国建立六十周年的具有特殊意义的纪念性晚会。晚会在少先队员吹奏的《我的祖国》旋律中开始，意在凸显新中国走过六十周年，正处于朝气蓬勃的青年时期，共和国的事业后继有人的主题。为营造举国同庆、全民共欢的氛围，天安门广场聚集了 6 万名演员参与演出。晚会在结构上分为"这是伟大的祖国""是我生长的地方""在这片辽阔的土地上""到处都是明媚的阳光"四个乐章，逐层表达了民族团结、祝福祖国、成就辉煌和未来充满希望的思想主题。晚会上语言类节目不多但是分量很重，主要是以歌舞的艺术形式来表达节目的思想内涵。在第四乐章中，国家领导人走出天安门，与演员们一起载歌载舞，表达了领导和人民群众在一起的深刻寓意。

二、纪念性晚会

纪念性晚会是指一些为重大的纪念日所举办的主题性文艺晚会，如纪念中国共产党建党九十周年，纪念抗日战争胜利六十周年，纪念香港、澳门回归十周年，纪念梅兰芳、周信芳诞辰一百周年，纪念徽班进京二百周年，纪念世界电影诞生一百周年等。这类纪念性晚会是为了庆祝社会共同享有的公益性的纪念日，因此它具有非行业性和非商业性的属性。随着电视事业的市场化发展，社会各界对这类晚会也有广泛的、不同形式的参与，但并不影响这类晚会的非商业性质。

CCTV"纪念抗战胜利六十周年"晚会

2005 年是中国人民抗日战争胜利和世界反法西斯战争胜利六十周年，全国各地都举办了大型的纪念性活动。2005 年 9 月 4 日，作为纪念中国人民抗日战争暨世界反法西斯战争胜利六十周年活动中规格最高的一场演出，大型文艺晚会《为了正义与和平》在北京人民大会堂隆重上演，中央电视台全程转播了这台晚会。该晚会从当年的 3 月份起就开始进行设计和创作，主创人员力求在各个环节上精雕细琢，融进了多种艺术形式。中央电视台也投入了一流的人员和设备，通过中央电视台一、三、四套节目等六个频道向全世界进行了现场直播。这台晚会用国歌《义勇军进行曲》的歌词贯穿、衔接起七个篇章，把十几年的抗战传奇浓缩进 3 个小时的节目之中。在华丽庄严的舞台上，晚会以强烈的纪实风格和高水平的艺术作品体现出中国人民的抗战精神。通过这台晚会，中国向世界传递了珍惜幸福、热爱和平的时代心声。

在纪念抗日战争胜利六十周年的重大活动中，很多地方电视台也举办了大型的文艺晚会表达中国人民反对战争、珍惜和平的时代要求。比如 2005 年 9 月 3 日，黑龙江电视台举办了题为《松花江上》的晚会，晚会在哈尔滨防洪纪念塔下的江面搭起舞台，在嘹亮的号角声中白鸽飞翔，黑龙江省纪念中国人民抗日战争暨世界反法西斯战争胜利六十周年大型文艺晚会《松花江上》拉开帷幕。整台晚会场面盛大，气势恢弘。大合唱《抗日烽火》《露营之歌》讴歌了中国人民在抗日战争中孕育出的不屈不挠的伟大民族精神；大型舞蹈《战魂》展现了抗日将士英勇不屈、浴血奋战的民族精神；佟铁鑫、彭丽媛、孙楠、刘长瑜、崔京浩等著名演员的表演令晚会现场高潮迭起，尤其是当孙楠演唱歌曲《红旗飘飘》时，江面上数艘快艇插满五星红旗往来穿梭，江畔数千观众挥起手中的红旗使晚会气氛高涨，八一电影制片厂烟火师还利用特技烟火效果在江面上制造出炮火连天的战争场面，将人们带回那个撼人心魄的年代。晚会接近尾声时，500 余名演职人员和群众在松花江北岸燃放象征着和平的河灯，寄托着人们对抗战先烈的无限哀思。

2007 年 6 月 30 日，由中央电视台和香港 TVB 电视台携手主办的"庆祝香港回归十周年庆典晚会"在香港的会展中心举行，香港 TVB、ATV，央视一套、三套、四套、九套及凤凰卫视都对晚会进行了全程直播。

晚会由汪明荃、曾志伟、吴小莉和杨澜担任司仪，香港和内地的众多艺人参加了演出，场面非常火爆。号称香港"四大天王"的张学友、黎明、郭富城和刘德华悉数登场，并献唱经典老歌。内地歌手韩红、孙楠、沙宝亮以及香港艺人陈奕迅、陈慧琳、TWINS 等纷纷献上了动人的歌曲，著名歌唱家彭丽媛专门为晚会献唱，钢琴演奏家郎朗演奏了钢琴协奏曲《黄河》，舞台上众星闪耀，让观众们深深感受到了晚会的精彩。当时的国家主席胡锦涛观看了演出，并与部分演职人员深深握手，赢得全场的热烈掌声。此外，晚会上还表演了高难度的高空绸吊、蹬独轮车等杂技节目，也因为超强的观赏性和惊险性引来现场一次又一次雷鸣般的掌声。晚会结束前，"四大天王"又共同演唱了纪念香港回归十周年的主题曲《始终有你》，把晚会带到了高潮，让观众大呼过瘾。最后，晚会在全体演员《歌唱祖国》的嘹亮歌声中落幕。

三、主题性晚会

主题性晚会指那些有特定的宣传目的，或者配合重大事件而举办的各种电视文艺晚会，这类晚会主题集中而鲜明，反映的内容为广大观众所关注，如"中央电视台 3·15晚会""感动中国人物评选颁奖晚会"等。

1991 年 3 月 15 日，中央电视台经济部首次以现场直播的形式推出了一台题为"3·15 国际消费者权益日消费者之友"的主题晚会，该晚会以维护消费者利益为目的，撕掉了一些假冒伪劣产品的合法面纱，揭露了一些劣质产品生产的种种黑幕，帮助消费者维护应有的权益。这台晚会采取现场电话连线的办法与场外观众取得互动，以直接点名批评的方式和典型的事件反映出消费市场中存在的大量问题，以强有力的事实和

中央电视台"3·15"主题晚会

特有的现场真实感使观众震惊，晚会一经播出就引起了社会的强烈反响。以后每年的 3 月 15 日，中央电视台都以"3·15 晚会"的形式为保护消费者权益发出强烈呼声。

2012 年 11 月 7 日，"领航中国——喜迎党的十八大胜利召开"大型专题文艺晚会在中央电视台综合频道播出。晚会以鲜明的主题、丰富的内容、饱满的激情、精巧的构思、创新的样式，展示了近十年的中国社会在中国共产党的领导下科学发展的成就，讴歌了优秀共产党员的时代风采，展现了中国共产党领导全国各族人民团结一心、勇于进取、开创未来的精神风貌。晚会节目精彩纷呈，杨利伟、费俊龙、聂海胜、翟志刚、刘伯明、景海鹏、刘旺、刘洋 8 名航天英雄首次在电视节目中齐聚一堂，成为晚会最大的亮点；诗朗诵《与人民同在》，讲述了新闻工作者在"走基层、转作风、改文风"中所发掘的优秀共产党员的感人事迹；舞蹈《生命》《绽放》分别讴歌了中华民族在灾难面前万众一心、不屈不挠的坚强意志，表现了我国文化大发展、大繁荣的喜人景象。晚会采用前后设两个屏幕、演员在中间表演的舞台美术设计，营造出具有强烈视觉冲击的 3D 立体效果。

四、大型活动的开、闭幕式晚会

各类大型活动的开幕式和闭幕式文艺晚会也是电视文艺晚会中的一种重要类型，这类晚会作为大型活动的主体性组成部分，往往规模宏大、程序繁复、策划时间长、调动资源多、在社会上的影响力大，能够对大型活动的宣传起到画龙点睛的作用。

2008 年北京奥运会开幕式晚会的创作都曾经被广泛关注，总导演张艺谋率领的导演团队从 2002 年就开始了长达七年的创作历程，经过无数次的精心打磨，开幕式终于在万众瞩目中亮相。

2008 年北京奥运会开幕式现场

晚会在"美丽的奥林匹克"序幕中展开，在题为"灿烂文明"的上篇中，观众首先看到的是一块 147 米长、27 米宽的巨大 LED 屏幕，这是展现古老中国历史文明的画卷，画卷里神奇地展现了"太古遗音""四大发明""汉字""戏曲"；在悠扬的乐曲中，巨幅长卷中还浮现出 2000 多年前丝绸之路的商队和地图，现场的演员扮成上千名水手，手持黄色巨桨，组成巨大船队，再现郑和下西洋的盛况。下篇"辉煌时代"则是在银白色钢琴弹奏出的优美浪漫的旋律《星光》中展开，古老的画卷在熠熠星光中呈现出古老中华的文化精彩：1000 名身着绿衣的演员周身亮起银光，宛若万点繁星，组成一支振翼欲飞的和平鸽，晶莹剔透，满场生辉；继而，演员们又身形一变，翠绿如初，瞬间在场中央搭起一个巨大的"鸟巢"，闪烁着绿、银交织的光芒。这一幕声、光、电在人体上的曼妙变化，充满灵性和神奇，给人留下难忘的印象。下篇由"星光""自然""蓝色星球""梦想"四个部分组成，分别表现了人民幸福、安居乐业的新时代，人与自然和谐相处、天人合一的理想。最后由英国伦敦女歌手莎拉·布莱曼和中国歌手刘欢深情地唱起了精心创作的开幕式主题歌《我和你》，歌声中现场演员摆成展现出 2008 张世界各地儿童的笑脸的方阵，体育场上方的投影屏上也呈现出孩子们笑盈盈的脸庞，形象生动地诠释了北京奥运会"同一个世界、同一个梦想"的主题。

大型活动的开、闭幕式晚会往往还承担着一些功能性的任务，比如 2008 年北京奥运会开幕式晚会中就包括了各国领导人的入场仪式、点燃奥运之火仪式、运动员入场仪式、宣布运动会开幕等议程，这也是这类晚会艺术构思中不可忽略的重要部分。

五、颁奖类晚会

电视颁奖晚会作为综艺节目的一个重要形式，能够自由汇集众多的大牌明星和各种娱乐表演形式，常常成为高收视和高收益的节目。多年以来，随着电视文艺的迅猛发展，我国各类的电视颁奖晚会层出不穷。电视颁奖晚会作为一种屏幕节目的形态，也具有自身的种种特性，它既以颁奖为主要内容，又是颁奖所在行业、同业人士的一次节目联欢。最常见的颁奖晚会是涉及电影界、电视剧界、音乐界、戏剧界等演艺人士

第 29 届百花奖颁奖典礼

的一种颁奖晚会，它既有颁奖的功能，又往往是一种带有特殊演出效果的电视文艺晚会，这些特性都决定了电视颁奖晚会是各类文艺晚会中最具有观众缘的晚会之一。这类晚会既具有名人荟萃、明星闪耀的观赏性和介绍行业知识的专业性，也有颁奖仪式特有的严肃性、庄重性和神圣性。深入了解颁奖晚会的内涵和特点，将颁奖类晚会做成特色鲜明和色彩纷呈的电视艺术作品，也是电视编导人员不懈的追求。

中国电影金鸡奖是中国电影界专业性评选的最高奖，由中国电影家协会主办，以奖励优秀影片和表彰成绩卓著的电影工作者。首届金鸡奖评奖活动于 1981 年（农历鸡年）5月举行，以金鸡啼鸣象征百家争鸣和激励电影工作者闻鸡起舞，故名金鸡奖。金鸡奖每年评选一次，评奖委员会由电影专家组成，因此又被称为"专家奖"。

1992 年起，应广大电影工作者的热切要求，中国电影家协会在原大众电影百花奖和中国电影金鸡奖颁奖活动的基础上，创办了"中国金鸡百花电影节"，电影节年年举办，成为中国电影的盛大节日。

创办于 1992 年的中国电影华表奖是由原国家广播电影电视总局主办，是

中国电影华表奖颁奖典礼

我国电影界的最高荣誉政府奖。华表奖奖杯采用的是北京天安门城楼前的华表造型。

因此，中国电影有三大奖项：百花奖、金鸡奖、华表奖。金鸡奖是专家奖，百花奖是观众奖，华表奖是政府奖，这三个奖是经中共中央批准的三项常设的全国性文艺大奖，分别代表中国电影最高艺术水准、最高观众认可、最高政府鼓励的三大标准。

围绕着中国电影的颁奖晚会，一直以来都是由国家电视机构承办。每届的颁奖晚会都是明星云集、精彩纷呈，成为广大电影工作者的盛会和广大观众的观赏盛宴。

如2011年8月28日，第14届电影华表奖颁奖典礼在北京展览馆举行。入围各个奖项的剧组、演员等身着盛装走上红地毯，其过程长达70分钟。颁奖晚会最引人瞩目的部分就是颁奖环节，尤其是当获奖者未被揭晓时，充满悬念的颁奖是最大看点；其次是精彩的节目表演，由于表演者一般都是与获奖作品相关的演员或颁奖者，因而普遍具有夺人眼球的关注效应。

六、行业性晚会

以宣传某种行业形象、文化理念和经营特色为主体内容的行业性晚会在经济快速发展的格局中越来越彰显出其重要性和广阔的市场需求。广义而言，行业性晚会应该包括所有以凸显行业特征为内容的晚会，如电影电视的各类颁奖晚会。但是这里所讲的行业晚会则是专指以商业宣传为目的、以塑造行业形象为宗旨的文艺晚会。

中国文联"百花迎春"文艺晚会

随着市场竞争的日益激烈和行业升级转型所带来的行业变化，许多新的行业需要通过形象化的宣传以期获得社会的了解和支持，许多意识到形象宣传重要作用的企事业单位常常采用文艺晚会的形式来庆祝自己的发展成果，表彰和鼓励单位先进职工。这类晚会通常是内外结合，既有本行业的特色宣传和职工表演，也有外请的名家助兴演出，其中有些行业性晚会也具有浓重的公益特色和社会化内涵。比如中央电视台一年一度的公安晚会，既展示了公安战线一年的成果，歌颂了保卫人民生命财产安全的英雄模范人物，也进行了法制宣传，弘扬了社会正气，显示了法威和国威。

有些行业本身就具有非常广泛的社会影响力和传播力，比如中国文学艺术界联合会（简称"中国文联"）以及旗下所属各专业艺术家协会，虽然也属于行业范畴，但其特殊性决定了它们的行业性文艺晚会不仅有广泛的社会影响力，其节目的内容和形式也都有很高的艺术欣赏性，因此其晚会往往有较高的受众美誉度和收视份额。如中国文联一年一度举办的春节文艺晚会《百花迎春》创办于2002年，总导演由著名歌唱演员郁钧剑担任，每届晚会上都有许多代表中国艺术各门类一流水平的艺术家们欢聚一堂，喜迎新春。很多令人尊敬的老艺术家，如谢晋、李默然等都曾经在这里与老朋友们谈笑风生、展望未来。

文艺需要百花齐放，这是中国文联《百花迎春》晚会创办的一个初衷，也体现了老百姓
对精神食粮的渴求。著名艺术家瞿弦和、姜昆和央视主持人周涛、杨澜、朱军、董卿、张
泽群、刘芳菲等都曾经在晚会上担任主持人。2013年，刚刚获得诺贝尔文学奖的作家莫
言，也首次走上了晚会的舞台。这些元素都彰显了《百花迎春》晚会的高艺术水准和显
著的行业特色，也充分证明，行业晚会也能够成为群众喜闻乐见的艺术形式。

第三节　电视文艺晚会的创作形态

电视春节文艺晚会是电视文艺晚会中举办时间最长、综合性最强、社会影响力最大、
受众最为广泛的一种节目形态，大规模地举办春节联欢晚会也标志着一个台整体实力的提
高。因此要说明电视文艺晚会的表现形态，可以将中央电视台的春节晚会作为典型案例。

春节（农历正月初一）是中国传统的盛大节日，中国老百姓都有除夕之夜守岁过年
的习俗，正是源于这种习俗，电视台在每年的除夕之夜都会举办一台综艺性文艺晚会，陪
伴人们过节。春节联欢晚会简称"春晚"，由中央电视台春节联欢晚会、地方台春节联欢
晚会、网络春节联欢晚会与各地各部门举办的春节联欢晚会等共同组成。广义上的春节联
欢晚会，其历史可以追溯到电视台尚未成立的1956年，是由著名电影导演张骏祥任总执
导，谢晋、林农、岑范、王映东任导演，由中央新闻纪录电影制片厂出品的纪录片《春
节大联欢》。根据影片内容显示，当时的中央人民广播电台向全国现场直播了当时的演
出。当时的很多大师都曾经出镜，如越剧大师徐玉兰、王文娟，评剧大师新凤霞，京剧大
师梅兰芳，相声大师侯宝林，人民艺术家老舍、巴金，表演艺术家赵丹等人。

中央电视台最早的具有"春晚"性质的"迎新春文艺晚会"是在1960年的春节开始
举办的，当时在刚刚建成的600平方米演播厅中，电视台的编导们根据节日的主题把诗歌
朗诵、相声、歌舞等节目组织在一起排演播出。1963年的除夕之夜，类似的电视春节晚
会已经长达4个小时。1966年，电视台转播了北京市拥军爱民、拥军优属联欢晚会，还
直播了由电视台自行组织的一台迎春晚会，这为后来的电视综艺晚会的发展积累了有益的
经验。

1983年，首届以现场直播形式制
作的春节联欢晚会在中央电视台正式播
出，以后央视在每年的除夕之夜都有一
台以春节为主题的电视文艺晚会播出，
后来中央电视台中文国际频道、军事·
农业频道、英语新闻频道、西班牙语国
际频道和法语国际频道都会同步直播。
随着网络的发展，央视网、PPLIVE、
中国网络电视台等网络新媒体也会同时
对央视春晚进行转播。

中央电视台春节联欢晚会的发展经
历了20世纪80年代初电视文艺复苏时

中央电视台春节联欢晚会

期的火爆，走过了 20 世纪 80 年代中后期成长期的壮大，也迎来了 21 世纪成熟期的稳定和繁荣。如今，经过 30 年的发展，中央视台的春节文艺晚会已经成功塑造了"央视春晚"这个诞生在改革开放初期的、具有代表性的电视综合文艺形式，成为家喻户晓、闻名海内外的春节期间节日文艺大餐；"春晚"一词已作为固有的概念被公众接受认可。

回顾中央电视台春节联欢晚会的成长历史，应该说它从初创到成熟大致经历了三个不同的发展阶段。

一、第一阶段：以组织传统节目为主的艺术探索阶段（1983—1985）

这时期的"央视春晚"在艺术上还不很成熟，具体表现为：

（1）没有专门为"春晚"创作的节目，节目都来源于电视编导对舞台上现成节目的选择。

（2）没有专门的电视节目主持人，已故相声演员马季和当时初露锋芒的相声演员姜昆、喜剧演员王景愚、电影演员刘晓庆担任了"春晚"的司仪。

（3）对主持人的服装和发型并没有统一的要求。首届"春晚"的服装也追求时尚，具有浓郁的时代气息，但是并没有形成统一的搭配。比如刘晓庆身着红色的连身裙，加上乌黑的披肩发，凸显出年轻和朝气；而几位男主持人却身着中山装、卡其布的工装，偶尔也会穿不打领带的西装，显示出当时对晚会的造型并没有统一的思考。

（4）对晚会节目的选择和对"春晚"的场地、镜头等特定形式的要求认识不足。比如 1985 年"春晚"导演将舞台搬到了北京工人体育馆，初衷为创新，但效果不佳，有专家评论说："1985 年的晚会，虽然也有一定的主题思想，出现了一些好节目，如董文华、柳培德唱的《十五的月亮》，陈佩斯、朱时茂演出的小品《拍电影》和汪明荃、罗文等人的出色表演，都给观众留下了深刻的印象。但由于编导的指导思想有失偏颇、缺乏组织经验和场地安排不妥等原因，该晚会的总体效果不佳，留下深刻的教训。"①。

二、第二阶段：总结经验走向成熟的阶段（1986—1990）

20 世纪 80 年代中后期是中央电视台"春晚"发展成熟的时期。在此期间，"春晚"编导们做出了各种探索，"春晚"的内容和形式的基本模式已经定型，有如下特点：

第一，晚会要体现春节喜庆祥和氛围的文化价值，要体现出其民族性节日庆典的世俗性、仪式性和庆典性；第二，晚会必须具有体现时代特征的主题，晚会主题既要体现中华民族历史文化的内涵，又要体现特定时代的主要的社会要求，把握时代精神；第三，晚会的内容和形式应具有综合性、民族性、时代性、艺术性等总体特点；第四，晚会应具有结构上的整体性，是一个统一协调的有机整体。

经过了初创时期几场晚会的打磨，"央视春晚"开始走出自己的路子，晚会编导从挑选社会上现成的节目，到逐步意识到要按照电视的特点编创一些"春晚"特别需要的节目，如小品、相声、歌舞、戏曲等类型的节目由于深受观众喜爱而成为历届"春晚"的必选节目。

---

① 钟艺兵、黄望南等：《中国电视艺术发展史》，浙江人民出版社 1994 年版，第 392 页。

自觉体现晚会的主题是"央视春晚"走向成熟的标志之一。1986年，中央电视台认真总结了1985年"春晚"的经验教训，提出了晚会要有主题思想，要努力体现民族团结、军民团结的节日氛围，要颂扬革命英雄主义。这一年的"春晚"上出现了专为晚会编创的《拜年歌》、《56个民族同唱一支歌》、相声《虎年谈虎》、小品《送礼》等。

1987年的央视春节晚会，编导们自觉地抓住改革开放的主题，设计动情点，发挥电视特长，倡导杂交类节目，兼顾各界人士的兴趣，充分体现现场感和观众的参与感。在这种创作思想的主导下，1987年的春节晚会中就出现了一批深受观众喜爱的节目，如小品《孙二娘开店》《房前门前》《家庭宴会》，相声《五官争功》《学播音》，费翔的歌曲《故乡的云》《冬天里的一把火》等。

1988年正值龙年，晚会确定了团结的主题。这次的央视春晚第一次有了留学生在美国过年的场景，晚会并打破现场的局限，插入了广东、黑龙江、四川电视台传送的节

"央视春晚"上的小品节目

目，并根据主题的需要安排台湾高山族歌手万沙浪与内地歌手韦唯合唱为"春晚"量身定做的主题歌《相聚在龙年》。侯德健的《龙的传人》、李双江的《中国龙》、联唱《热血颂》、联唱《分手时再敬一个军礼》等一系列表现晚会主题的歌曲，都使晚会显得立意鲜明、主线明确、紧扣时代脉搏，做到了艺术性与思想性的完美结合。

追求晚会的内容和形式的统一，是"央视春晚"走向成熟的又一个标志。通过几年办"春晚"，中央电视台从领导到具体工作人员都对晚会的成败有了更加深入的思考。比如中央电视台原副台长洪民生就在总结"央视春晚"时指出，容量要大、节奏要快、气氛要热、节目要美、形式要新。时任文艺部主任的邹友开也说，春节晚会"必须点子要新、内容要好、形式要巧，节目要做到'新、奇、精'，即富有新意、出奇制胜、短小精悍"①。

1990年的"央视春晚"力求在形式上别出心裁，编导设计了戏剧、曲艺、歌舞三队竞赛的方式来串联节目，使节目在表现上增加了随机性、游戏性和冲突性。在节目的安排上也增加了小品的比重，出现了一批深受观众喜爱的小品节目，如赵本山、黄晓娟表演的小品《相亲》，一下子把赵本山推到了全国最受欢迎的演员行列中，此后，赵本山成了每年春节晚会最受期待的演员之一。其他小品，如陈佩斯和朱时茂的《主角与配角》、岳红和巩汉林的《打麻将》、严顺开和黄宏的《难兄难弟》也都各有风格。这年也是宋祖英初次登上"央视春晚"舞台的时候，一曲《小背篓》迅速红遍全国，从此宋祖英便连续20多年参加"央视春晚"，她的出现总能为舞台添上一道亮丽的风景线。这一届"央视春晚"歌舞类节目普遍轻松、欢快，当然其他类型节目也有所创新，充分展现了改革开放

① 钟艺兵、黄望南等：《中国电视艺术发展史》，浙江人民出版社1994年版，第417页。

新时代社会的巨大变革。

这一年的"央视春晚"还增加了一个亮点，那就是"零点报时"，国家领导人也亲自到"央视春晚"现场为全国人民送上祝福。从 1990 年央视春节联欢晚会起，就开始举办"我最喜欢的春节联欢晚会节目"的评选活动，赵本山的《相亲》、陈佩斯和朱时茂的《主角与配角》、戏曲小品《拷红》、大联唱《马字令》、相声《无所适从》、杭天琪富有魅力的歌曲演唱《黑头发飘起来》以及港台演员凌峰的小品《小丑》都成为最受观众喜爱的节目。

三、第三阶段：开放创新、繁荣发展的阶段（1991—　　）

从 1991 年开始，中央电视台第一次明确提出了"开门办春晚"的思路。这一年，央视在内部以青年编导集体形成创作力量，外部则广泛发动地方电视台推荐优秀节目。1991年的"春晚"有了民族特色浓郁的开场歌舞、清新活泼的《少儿戏曲联唱》、展现 56 个民族风情的《祝酒清茶大拜年》、小品《警察与小偷》、小品《手拉手》和相声《亚运之最》等一批优秀节目。

这一阶段"央视春晚"注重发挥明星效应，并增加了生动活泼、幽默风趣的节目的比重。从 1988 年开始，"央视春晚"把邀请明星担纲节目放在更加重要的位置，一些深受观众喜爱的明星会连续出现在"春晚"舞台上，如马季、姜昆、赵丽蓉、宋丹丹、赵本山、蔡明、郭达、黄宏、潘长江等相声、小品演员，如彭丽媛、张也、宋祖英、杭天琪等一批歌唱演员。为确保晚会质量，节目组还会专门组织创作力量为他们量身打造一些节目。

港台和海外演员加盟"央视春晚"也成为一种模式，他们代表了每年的时尚风潮，也满足了观众了解海外最新潮流的需求。

随着"央视春晚"的走红和各省级地方台"春晚"的火爆，电视观众开始出现分化，"春晚"众望所归的局面开始产生动摇。但是从整体上看，"央视春晚"的艺术质量仍然代表了中国电视综艺晚会的最高水准，是中国电视文艺整体繁荣发展的重要标志之一。

第四节　电视文艺晚会的编导

一、确定晚会主题

确定晚会主题对于整台节目的创作起到提纲挈领的作用，主题立意决定晚会节目内容的总体方向，有助于形成一条主线贯穿全篇，以保证各种元素相互照应，形成整体。人们常说主题是一台晚会的灵魂，中央电视台的春节晚会每年都有一个主题。比如：

1984 年　爱国、统一、团结

1985 年　团结、奋进、活泼、欢快

1986 年　团结、奋进、欢快、多彩

1987 年　团结、向上、喜庆、红火

1988 年　团结、奋进、欢快
1990 年　团结、欢乐、向上①

二、确定晚会形式

在确定了晚会的主题和立意以后，导演就要开始考虑节目的构成以及串联形式。通常一台电视综艺晚会的创作周期是 1～3 个月时间，其中节目的构成主要有两种情况：一是根据主题创作新的节目，二是围绕主题选择现成的节目。不论节目的来源是创作还是选择，导演都要用一定的方式把它们串联成一个有机统一的整体。

电视综艺晚会的串联形式有很多种，最常见的是主持人以解说词的方式使节目之间形成一定的逻辑联系。晚会主持人的串联形势也不拘一格，除了解说词以外，还可以用朗诵、表演、采访和游戏等多种形式进行串联。导演可以根据晚会的不同风格来选择不同的串联方式，使整台节目融为一体。

"央视春晚"已经形成了基本成熟的结构模式：一般都由序曲、节目表演、主持人串词、观众祝福、嘉宾访谈等基本环节构成，每到零点钟声敲响，会出现主题歌舞。串词部分通常会采用春联、灯谜、拜年等具有节庆气氛和民族特点的游戏来完成。

多次参加"央视春晚"策划工作的阎肃先生，曾经对"春晚"晚会模式进行过总结，他认为构思一台成功的晚会应该掌握如下的基本要点：

（1）晚会主题鲜明并具有时代感；

（2）节目富有个性和艺术感染力；

（3）串联方式别开生面；

（4）具有紧凑的节奏感和情感的高潮；

（5）互动性强，贴近生活；

（6）有观众喜爱的明星演员；

（7）有善于调节气氛的节目主持人②。

不同的综艺晚会节目也有一些约定俗成的规范，比如春节晚会要以喜庆、欢乐作为其主基调，相应的也就要求晚会的舞美、灯光、服装、表演的作品都要符合这一基调。对于春节晚会还有一些不成文的禁忌：除非特定的内容需要，表演者应该尽可能穿色彩鲜艳的服装并且避免穿着黑色服装，尤其是主持人、独唱、独舞或领舞的演员。整体色彩上应该避免色调过于沉重；小品、相声等语言类节目应该尽量规避悲伤、沉重的话题，避免造成现场压抑的气氛。

三、晚会文本写作

晚会文本是以文字勾勒出晚会整体面貌的表述形式，它包括对晚会内容、结构和整体风格的确定以及对节目形式和串联程序的阐述等。晚会文本创作要完成的主要任务是：

---

① 泥子等：《21 年春节联欢晚会内部消息》，新华出版社 2004 年版，第 121 页。

② 泥子等：《21 年春节联欢晚会内部消息》，新华出版社 2004 年版，第 127 页。

（一）提供总体构思

晚会文本是阐释晚会的主题和思想内涵，并确定节目的结构形式和串联程序的文字表达形式。文艺晚会通过节目内容、主持人串联词或者主持人与嘉宾之间的对话等来表达出特定的主题思想，其文本撰写中首先要提出节目立意和对艺术形式的初步设计。晚会的思想立意不仅要通过串联词和人物对话来传达，还要通过每一个节目的表演来渲染。在晚会文本的撰写中首先要确定总体构思，为导演的创作提供主题和立意，然后撰稿人再根据具体节目的内容或形式写出供主持人采用的串联词。

（二）确定制作方式

晚会文本还要对一些特殊程序或者技术做出提示，供导演在实际操作中参考。比如为了活跃现场气氛，撰稿人可以对演员出场做出提示，如安排某个演员在表演结束时回答主持人的提问。撰稿人还可以对节目表演程序、演员特殊的调度以及某些特技的使用等做出示意，比如在某个节目间歇中加入采访，演员从观众席出场，某演员歌唱结束时采用威亚技术等；也可以设计借被采访对象的口，表达出晚会的主题思想等。

晚会文本撰写的方式主要有两种情况。一种情况是先由撰稿人写出晚会的文学剧本，再由导演根据剧本去组织节目创作。这种创作程序，其优点是能够使晚会主题鲜明，结构完整，艺术含量较高；其缺点是操作周期长，创作成本高，传统经典节目的使用受到局限，还可能由于创作节目多而承担较大的风险。因此，在实践中，更多的情况下是由导演先通盘考虑节目，然后在现有节目的基础上由撰稿人根据节目的编排来撰写解说词。这种创作方法的优点是创作周期短，传统的经典作品使用起来方便，成熟节目的挑选余地大，观众容易接受和产生共鸣，节目的观赏性强；缺点是节目之间的内在联系少，缺少有机统一的整体感，新节目和新面孔少，容易让观众感觉似曾相识，在节目的形式感上难以突破传统，新颖度较弱。在主题晚会的文本写作中还存在一种特殊情况，即主办方有一批现成的节目，撰稿人则根据现有节目加入串联词。

（三）撰写串联词

晚会串联词又叫解说词，是提供给主持人用于衔接不同节目的话语。它的功能是在不同的节目之间起到承上启下的作用，使多种形式的节目构成和谐统一的整体。根据晚会的不同主题和表演风格，串联词也应该有不同的语言风格。比如，在一台主题严肃的大型晚会上，节目由歌舞表演和诗朗诵等组成，形式大气辉煌，那么主持人的串联词就要庄重严肃和富有气势。如果是一台文化感很强的晚会，就需要串联词具有一定的文采。如果是纪念性庆典，串联词的语言则应该具有朗诵的特点，显得热情洋溢。如果是一台公益性晚会，则又要采用有一定亲和力和鼓动性的串联词。总之，综艺晚会文本的语言不仅要符合晚会主题和节目的风格，而且要适宜在电视里播出。电视主持人的语言要明白畅晓，通俗易懂，多用双音节词，句子不宜过长。文本中惯用的书面语，在串联词中应该尽量转换为口语。尤其需要注意的是，主持人的语言要有亲和力，两个人的对话应该尽量写得生动自然、真诚得体，避免使用居高临下、耳提面命的语气。

在 2002 年湖北省专家院士春节晚会的"星光灿烂"节目中，有一段细节是晚会录制过程中即兴拍到的。导演为了表现这些专家院士们的才华和风貌，特意在晚会上安排了一个访谈环节——"专家心声发布会"，请院士们现场回答记者的提问。记者问："您认为现在的小学生应该怎样学习？"现场的一位专家说："现在的学生没有时间玩，我们小时候很多时间玩，玩得差点考不上高中。后来才知道，玩对人的智力开发有好处，我提议小孩子要会玩。"这段话是专家的即兴发言，结果收到了意想不到的观众共鸣，原因就是它诚恳真实，不矫情，不是套话，所以特别能打动人和感染人。

第五节　电视文艺晚会的主持人

电视文艺节目的主持人是体现节目风格的灵魂人物。不论是导演还是观众，对节目的主持人都有着很高的要求。随着观众审美趣味的提升和晚会信息量的增加，那些只能照本宣科背台词的主持人就很难胜任节目的要求。今天的电视综艺节目主持人不仅需要姣好的容貌，更需要用知识和智慧来充实自己。电视文艺晚会是综合性最强的电视综艺节目，对主持人的要求就格外高了。那么，作为电视文艺晚会的主持人，应该具备哪些基本的特质呢？

一、容貌和个性

作为导演，在挑选综艺节目主持人的时候，不能不考虑特定的社会文化环境中大众的审美标准。根据我国大多数电视观众的审美习惯，电视综艺节目主持人要有端庄秀丽的容貌，这是其快速获得观众喜爱的一个条件。同时我们还要重视主持人的文化素养，这是主持人形成鲜明个性和气质魅力的必备条件。实践证明，只有那些具有很好的文化素养、善于学习和富有个性的优秀人才，才会赢得广大电视观众的喜爱。

"央视春晚"主持人

中央电视台著名主持人倪萍长期担任央视综艺节目主持人，几乎成为央视综艺节目和大型文艺晚会的形象代表。她之所以能够受到观众的喜爱，不仅是由于她外貌靓丽，更因为她的主持风格清新自然、真挚诚恳、亲切朴实，这种鲜明而独特的风格和气质才是吸引观众的真正魅力。

二、文化素养和表达能力

良好的文化素养和语言表达能力是综艺节目主持人的必备基本功。任何综艺作品的内容和形式的基础都离不开文学艺术，没有文化素养的主持人将无法准确地理解作品，就更谈不上表达的感染力了。语言表达能力是主持人的基本功，文化素养和语言表达是分不开的，有文化素养的人并不一定都会表达，但是没有文化素养的人则不可能完成准确的语言表达。完美的语言表达需要专业的学习和训练，中国传媒大学播音主持专业就有一整套科学完整的语言训练方法。现在学校里经常举办一些辩论会，也是为了锻炼学生的语言表达和思辨能力。如果说语言表达能力是一种外功，那么努力提高文化素养则是练内功。现在有一些梦想成为电视节目主持人的年轻人，不在阅读和思考上下功夫，而只是在朗读和发音上做练习，这种方法是本末倒置，因为真正完美的表达一定要建立在对作品正确理解的基础之上。

中央电视台的节目主持人董卿就是一位善于抓住一切学习机会，不断提升自己文化修养的聪明人。董卿曾经是一个学历不高的大专生。1996 年，她由浙江电视台调到上海东方电视台工作的时候只是一名并不起眼的普通编导，她利用业余时间报考了上海戏剧学院编导专业，三年以后拿到了毕业文凭。1999 年，上海卫视成立，董卿从东方卫视调到了上海卫视工作，其间又报考华东师范大学，成为一名中文系古典文学专业硕士研究生。随着上海卫视的改革成功，董卿被委以重任，主持多档节目，尤其是 2000 年主持"上海—悉尼双向传送音乐会"时，她的主持风格大气、英语熟练，因此一举夺取第五届全国广播电视节目主持人"金话筒"奖。这次获奖为董卿提供了一个重要的机遇——成为中央电视台的节目主持人。机会总是青睐有准备的人，而文化的准备对于主持人而言则是最重要的。

三、感染力和亲和力

谈吐和举止对于赢得观众喜爱具有重要作用，主持人要想获得观众的喜爱，让观众相信自己，不能光靠美貌和口才，而要有真实的情感和谦逊的态度。谈吐是一个人内心思想的外化，态度源自内在的修养。2001 年，杨澜采访王光美，面对这位饱经沧桑的原国家主席夫人，怎样才能使采访更具有感染力和亲和力呢？杨澜设身处地地进入了思考：究竟是什么力量使王光美始终和自己的丈夫站在一起？"文革"期间长达 12 年的牢狱生活，每天只能根据窗口阳光角度的变化知道晨昏昼夜的日子，是一种什么样的痛苦和折磨？思绪中，杨澜没有提问，而是选择了沉默，她静静地倾听着王光美的讲述。这时，王光美的哥哥王光英正巧来访，他先是静静地坐在一旁的沙发上听着，渐渐的激动了起来，忍不住说："广美对少奇，那真是无怨无悔啊！"继而泣不成声。王光美连忙站起身来，抱着他的头说："别激动，别激动，我都不哭了。你沾我的光也够呛。要不我给你拿一片药吃？"这一幕，让在场的所有人动容，而主持人杨澜与采访对象之间的真情交流可谓"此时无声胜有声"，使一场原本严肃而凝重的采访变得贴近而动情，消除了采访对象与普通观众之间的距离感，增加了打动观众的力量。

四、掌控力和应变力

综艺节目主持人需要有掌控节目进展和应对临时状况的能力，这种能力的形成往往与主持人本身的阅历和心理素质有关。一般有一定阅历的人，见多识广，遇到大场面不怯场，特别是在现场直播的情况下，心理素质不好的人，遇到临时出现的紧张状况，很容易出现瞬间脑子里一片空白的情况，造成节目播出的失误。所以，电视台对综艺晚会主持人的要求通常很高。据说凤凰卫视台挑选主持人有三大标准：文化素质、逻辑能力和外语能力。他们还特别看重主持人的亲和力和观众缘，认为单纯的播音员是不能胜任主持人工作的，主持人必须是能够把握各种复杂情况的杂家。我们可以发现，凤凰卫视台中，从

"说新闻"而一炮走红的陈鲁豫、陈晓楠到思维敏捷、语言机敏的许戈辉、曾子墨，从利索干练的"记者型"主持人吴小莉、闾丘露薇到素养全面的刘海若、谢亚芳，都是在这样的标准中被发现和造就的优秀主持人才。也正是因为这种高标准、严要求，所以凤凰卫视的主持人是出来一个红一个，个个才艺超群，气质不凡。

五、模仿力和表现力

作为综艺节目的主持人，除了要有必备的文化素养之外，还应该具有一定的表演才能，善于模仿和表现文艺节目，这对于取得观众的信任和欣赏也具有重要的作用。如果综艺节目主持人没有一定的表演才能和艺术修养，就很难使自己的主持与节目融为一体。一般来说，受过专业表演训练的人都具有一定的模仿力和表现力，这样才更能适应综艺节目对主持人的特殊要求。一个训练有素的演员，可能在台下时不显山不露水，但是一上台就立刻光彩照人。中央电视台综艺节目的主持人大多数有舞台表演的经历。《综艺大观》的主持人成方圆、姜昆、倪萍、曹颖，《影视同期声》的主持人蒋梅，《艺术人生》的主持人朱军，《朋友》栏目的主持人王刚等，都从事过舞台或者影视表演，正是丰富的表演实践经验，才使他们在众多的竞争者中脱颖而出，成为家喻户晓的优秀综艺节目主持人。

第六节　电视文艺晚会的排练

为了保证电视文艺晚会节目的录制工作顺利进行，通常在正式拍摄之前，导演都要组织演员进行排练。通过排练，导演可以达到以下几个目的：一是对节目进行调整改进，使之更符合录像要求；二是演员可以进一步熟悉舞台，避免演出时出错；三是导播、摄像以及舞美、道具、音响、灯光等各个环节的工作人员可以熟悉节目，以便为正式拍摄做好准备。拍摄前排练的作用，归纳起来有以下几点：

（1）使演员们熟悉场地和调度。

（2）使导播和摄像师了解节目的运动轨迹，并根据节目的场面调度，安排好摄像机的位置和运动方式，导演还要对某些节目的拍摄方案和效果处理做好记录。

（3）使灯光、音响、服装、道具各部门都可以了解在节目进行中上场、下场的衔接方式和间隔时间，以便于做出相应的配合方案。

（4）使主持人了解节目的每一个环节，对应该在什么时候面对几号机位解说，在现场的哪一个位置做嘉宾访谈，以及串联词怎样与节目的表演融为一体等具体细节做到心中有数。

（5）如果是带机排练，还可以通过排练使技术导播熟悉节目进行中的特技操作方法，准确地掌握字幕叠加时机；使之了解摄像机光圈、调音台音量、灯光控制台的开合幅度等各项技术指数的标准控制范围。

电视文艺晚会在录制之前的排练工作至关重要，它是节目的艺术质量和制作水平的基本保障。中央电视台多年以来一直坚持在每一场综艺晚会录制前进行走台排练，特别是一年一度的春节联欢晚会，更是提前一两个月就把演员集中起来，不断地进行节目的排练和修改，这样才能确保现场直播不出差错。

第七节　电视文艺晚会的导播

一、电视导播概述

电视导播是电视节目录制中的一项重要工作，是所有的艺术构思和现场表演能否完美呈现于屏幕的关键一环。在电视节目的录制现场，导播要具体指挥演出现场的摄像、灯光、音响、表演等各部门协调工作，并亲自操作切换台实施录制计划。在文艺节目的录制过程中，电视导播必须对节目呈现的每一个细节提出艺术处理意见并指挥各部门付诸实施，这其中包括大量的画面选择、切换的节奏处理、字幕和特技的运用以及表演、主持、灯光、音响、舞台效果等环节的现场处理。

电视导播工作是一项艺术创作和技术操作相结合的特殊工作，从事这项工作的人员必须具有良好的艺术素养和熟练的操作技能。在电视节目录制之前，电视导播应该预先设计好现场录制的工作方案，它包括：现场各台摄像机的分工调度以及画面拍摄方式、主持人或演员的表演位置和调度方式、特技画面的处理，以及灯光、音响、舞美效果的配合方式等。导播要事先把创作意图和具体方案传达到各个工种，使每一个部门都做到心中有数，以确保现场各部门之间形成配合默契、协调一致的工作秩序。

二、电视文艺晚会导播的职责

电视文艺晚会导播的工作地点一般是在电视台副控机房或者转播车的切换台前，导播是通过电视监视器和通话系统对现场进行遥控指挥的。在节目录制过程中，他需要同时进行以下几项工作：

（一）监视图像和声音

在电视文艺晚会的录制过程中，由于技术环节复杂，参与的部门很多，电视导播至少要同时监看3台以上监视器。在现在的大型节目录制中，有时导播要同时监看多达十几台监视器的画面，他要随时调动这些摄像机去捕捉最精彩的细节，并选择出其中的最佳画面切入到录像信道。比如奥运会开幕式、世界杯足球比赛、奥斯卡颁奖典礼等大型活动，很多细节都是瞬间出现、稍纵即逝的，导播必须具有敏锐的观察力和即兴处理画面的能力。导播还可以通过预监器，提前选择和检查画面，及时发现和纠正拍摄中的失误；监听声音，指挥调音师调出良好的音响效果。

（二）观看分镜头本或摄制提纲

随着电视技术的发展，电视节目录制中涉及的技术环节越来越多，因此节目录制方案都是预先设计并经过排练而确定的，各部门都要依照事先约定的程序有条不紊地工作。导播要根据工作台本实施切换台的具体操作。有时候，电视导播的操作环节过于复杂，也可以配备导播助理来协助实施。

（三）控制播出长度

在电视文艺晚会现场直播的过程中，由于节目的播出时间已经预先确定，不能更改，因此，导播要控制好节目的时间。为了达到这个目的，导播首先要控制好开始的时间，其次是把握好节目进展的时间。如可以事先把全场节目分成若干个段落，并估算好每一段落预计的播出时间，这样就可以控制好节目全程的播出时间。导播还可以让主持人准备两套以上的串联词，可长可短，灵活调整，以便在现场播出过程中，通过主持人的串联时间来调整节目播出的长度。

（四）下达指令

导播室一般装有双向通话系统，但是为了避免干扰，通常是导播发令给摄像师，而摄制人员的话筒是关闭的，以免外部声音进入内部联络系统。有时候，也需要摄像师反映现场情况来提示导播。

（1）通过对讲机呼叫来掌控演播现场的每一个环节，确定现场已经做好录制的准备。

（2）准确地发布口令，告知首先进入拍摄的摄像机准备好第一幅画面。

（3）向现场宣布播出前还有多长时间。

（4）检查录像程序是否准备好（字幕、音效、音乐、特技等）。

（5）再次提醒演员、摄像和音响等环节做好准备。

（6）节目播出后，指挥补拍漏掉的内容，并尽可能了解原因。安排流动机位，录制现场空镜头和节目内容，补拍一些特殊角度的镜头，以便在后期制作时替换现场的错误镜头。

导播在指挥直播现场时要采用简洁、准确的语言，尽可能采用所有的摄制人员都听得懂的专业术语。在实际工作中，虽然基本的术语是标准化的，但在不同的地域会有差别，导播间也会有习惯上的差别。另外，随着技术的发展，导播的专业术语也会有相应的变化。因此，导播没有必要去刻意地背指令。导播如果在不同地区工作，最好能够事先了解当地摄制组成员所习惯的语言，以便与各部门达成良好的合作。

（五）处理突发状况

电视导播经常会遇到突发情况，一旦遇到紧急情况，导播必须保持镇静，对故障进行及时处理。比如：摄像人员突然把镜头摇走，导播可以马上切换到另一台摄像机；如果演出现场出现故障、演员表演出现差错等，也可以切换到其他画面来进行遮掩。总之，导播要有应急意识，随时准备纠正问题，尽可能保证节目的正常录制和播出。另外，一旦处理完失误，导播应立即使情绪恢复正常，而不要因为沉思之前的问题而忽视了后续节目。

三、导播的工作程序

（一）熟悉节目

导播要事先对节目的主题和具体表演情况进行了解，可以先阅读剧本，再进入现场观看节目排练和走台，并在此基础上对节目的调度和重点做出记录。

（二）提出镜头方案

电视导播在熟悉节目的基础上，应该与总导演进行沟通，深入了解其总体构思，并依照总导演的总体设计，提出现场的镜头切换方案，以争取完整准确地体现总导演的创作意图。

（三）调动摄像师

为了使电视录制能够完美地体现出现场演出效果，电视导演还应该对摄像师的拍摄方式提出具体建议。

1. 镜头的长度和容量

镜头的长度除了跟传达信息有关，还对导播的画面切换节奏产生影响。如果单个镜头过长，不仅会减少画面累计所传递的信息量，而且会造成节奏缓慢、画面呆滞、气氛沉闷；但是，如果单个镜头过短，也可能影响观众看清内容，导致观赏的情绪紊乱。因此，导演要根据画面的容量、节目的情绪、音乐的节奏来决定镜头的长短，既要让观众看清楚，又不能因节奏混乱、镜头随意而失掉镜头的韵律感和切换节奏的美感。

2. 拍摄角度

选择最佳的拍摄角度，可以帮助摄像师更好地表现节目。比如利用摄像机吊臂升高俯拍，有利于表现舞蹈图案的造型和表演调度的流动美感；全景画面有利于表现恢宏的场面。摄像机在舞台上反打观众席，可以形成演员表演与观众席的关系构图，来表现现场的互动交流，也可以多方位地展示现场装饰的美感。

3. 镜头的运动

适当的镜头运动可以使表演的调度更加富于动感，也可以烘托主要演员的表演情绪。要获得演员在移动中的构图，可以通过跟、摇、移、升降等拍摄方式，使演员始终处于镜头的中心位置。还可以让几台摄像机配合起来，以动接动的过渡方式，使演员的图像产生生动和富于变化的美感。

4. 主体的运动

由于多机位拍摄表演，因此演员的调度要充分关照到多个机位的拍摄，演员的走位要便于画面表现，不仅要考虑到正面机位的构图，还要考虑到侧面和背面机位的构图。导播要随时提醒演员尽快找到自己面对的摄像机位，帮助演员获得镜头感。

四、电视导播艺术

当摄像机将画面送到切换台的同时，导播必须立即决定如何将一系列单个镜头组接成一个完整的节目，这个过程就是电视导播对镜头的现场切换。导播切换镜头与电视画面编辑的原则是一致的，但由于它是与节目表演同步进行的，因此也具有特殊性。电视切换需要顾及的若干因素有：

（一）镜头的对列

当导播在切换摄像师画面的时候，要注意镜头的对应关系：如果第一个镜头是 2 号机的大全景，那么紧接的下一个镜头不能也是全景，而应该是表现局部场面的近景、中景或者特写。镜头对列的基本原则是：尽可能避免景别雷同或者相近的画面相互连接。

（二）镜头的长度

导播要注意节奏感，切换要随音乐的缓急变化而变换，并在音乐的段落处切换，如歌曲的切点往往放在一句话的开始和结尾。

（三）切换方式

1. 切

切，也叫"硬切"，是直接由切换台键盘上的某一键切换至其他键，其效果是由此画面迅速转至彼画面。导播要注意为硬切找到合理的动机，比如：根据动作的变化来切换镜头，舞蹈表演中由演员的近景切至全景；由局部队形变化切至全景展示整场调度；也可以根据音乐节奏、谈话对象的变化或者场地的转换等因素来切换镜头。

2. 渐隐渐显

渐隐渐显，也叫淡入淡出，特指画面开始或者结束时，由黑场转入画面的方法。

3. 叠化

叠化，也叫软切换，特指两个画面之间以逐渐过渡的方式进行的转换。在画面 A 至画面 B 的过渡之中，有短暂的两画相叠的过程，这种转换使观众不感到生硬和突然，特别是在两个画面景别相近时采用这种方法，可以避免突兀感，保持衔接的流畅性。在不同景别的运动镜头之间采用叠化，可以显得如行云流水般自然圆润。导播还可以利用叠化暂停中形成的两画相叠的效果，合理地安置好前后两个画面的构图，使屏幕上呈现两个画面重叠的信息，比如两个镜头作叠画，一个用特写镜头表现歌手表情，另一个用全景表现伴舞场面，使两个画面互为补充，相得益彰。

4. 划像

划像，是一种画面过渡方式，使电视屏幕被某种形状的分界线分隔，吸引观众注意画面过渡，提醒观众二者间的区别和时空转换。划像还可以形成屏幕分割的多画屏效果，同时传递多个信息，也可以呈现一个事件的多个侧面。

5. 特技

在现场节目录制时，对于两个不同的场景或题材之间的转场，还可以采用飞像、旋转、翻页等数字特技来完成。

（四）切换规则

1. 镜头到位

在访谈节目中，谁发言就将镜头给谁，有时还需要适当地给出观众或听者的反应镜头。录制小品时，不仅要准确地捕捉演员的台词和表演，还要注意给出观众笑和鼓掌等反应镜。拍摄歌唱伴舞的场面，既要突出歌手，又不能只顾歌手，还要充分展示伴舞的场面；在歌手与伴舞间的切换，要注意体现伴舞对歌唱主体的陪衬关系，一般有经验的导播，会利用歌唱的间奏部分来表现舞蹈。

2. 表现场面

电视文艺晚会绚丽恢宏的舞美气势和表演场面是提升节目观赏性的重要组成部分，电视导播既要善于表现节目内容，又要很好地表现场面的气派。比如拍摄舞蹈，要表现表演者的细节和技巧，也要适当展示舞蹈场面调度的艺术。为了吸引观众的注意力，导播还可以在切换镜头时制造一定的"悬念"，比如镜头通过运动的空镜头逐渐移向表演的主体，又如演员的出场通过"远景—全景—近景—特写"等一组镜头均衡推进，让观众逐渐看清楚演员的容貌。

3. 掩饰失误

节目之间的转场，可以通过特写、空镜头或观众鼓掌等进行自然的过渡，避免暴露出换场的间歇中有些演员的与节目无关的表情、场内人员上下场的混乱和主持人身后的"穿帮"等杂乱的工作过程。如果背景混乱，导播还可以调动摄像人员给出局部画面，避免将现场的混乱场面切播出去。导播在切换过程中有时难免出错，一旦出错，要避免急躁，也不要仓促改正，要尽量在不知不觉中进行调整，避免让观众发现失误。总之，电视导播在切换镜头时，要遵从画面语言的规则，使画面和声音的组接有章法、有契机、有艺术的感染力。

4. 自然流畅

导播的艺术是通过镜头切换组接得自然流畅、天衣无缝来实现的。导播要充分理解观众的心理，知道观众要看什么，看多长时间。导播要在研究观众心理逻辑的基础上，遵从镜头语言的组接规则，做到镜头之间的连接有契机、有章法，节奏适当，张弛有度，这样才能充分展现电视艺术的特殊魅力。

第十章　电视艺术片的创作

　　电视艺术片专指为某一特定主题而创作、以文艺的形式来表现的电视文艺作品，它常常以夹叙夹议、评论或文艺表演的形式来表现生活，其形态明显区别于电视晚会和文艺栏目等。电视艺术片有多种类型，其中音乐艺术片、文化艺术片、文学艺术片是常见的形式。

第一节　电视音乐艺术片的创作

　　电视音乐艺术片通常分为音乐专题片和音乐电视（MTV）两种形式。音乐专题片以音乐作品为载体，配以文学性的解说语言，以表达特定的思想主题、人类情感和生活哲理；音乐电视于20世纪80年代始于美国的无线电音乐频道，作为音乐节目的一种广告宣传而逐渐发展成一种独立的艺术形态，它通常以一首完整歌曲的长度为作品长度，伴以歌手的歌唱和表演，并以音乐、画面和镜头语言的节奏，给观众带来声画交汇的审美感受。电视音乐艺术片的创作主要有以下几种方式：

一、舞台记录式

　　舞台记录式以舞台演唱作为一种基本的表现形式，并通过导演在镜头、景别、角度、节奏上的综合艺术处理，使音乐作品从内容和形式上得到丰富和拓展，呈现出比舞台表演更为多样的时空变化和声画形态。这种以舞台表演为基础并展现出特定的现场演出效果的电视音乐片曾经深受广大观众的喜爱，如中央电视台黄一鹤导演拍摄的《小提琴协奏曲"梁山伯与祝英台"》就是此类作品。

二、画面拼接式

画面拼接式专指编导按照预先设计的作品构思，在歌曲呈现的过程中，采用"对位"或"错位"的组接方式，分段插入与歌曲内涵有密切联系的声画资料，以达到让观众全面深刻地欣赏歌曲内容的目的。这类作品有张也演唱的《走进新时代》、彭丽媛演唱的《我们是黄河泰山》等。

三、故事情节式

故事情节式专指编导根据歌曲所表达的基本内容和思想内涵进行故事设计和情节式展现。其画面有一定的情节脉络、人物关系、生活场景、情感意境的表现，通过一定的情节性表演和戏剧性处理，使观众通过片段式的故事情节或矛盾冲突来加深对歌曲内涵的理解，如满文军的《懂你》、孙悦的《祝你平安》等作品就属此类。

四、歌舞表演式

歌舞表演式特指一种以歌舞表演为主要形式的创作方法。歌舞在片中或起到一种烘托气氛的作用，或对歌曲的内容进行意象性的表达，使歌与舞相辅相成，达到升华主题的艺术效果，如宋祖英的《好日子》等。

五、特技包装式

特技包装式是指采用特技对歌曲中的歌手演唱、声画资料，以抠像、变速、调色、变光等方式进行拍摄或者艺术处理，使歌曲在声音、画面和节奏的呈现上产生出奇特、梦幻、绚丽等非现实的艺术效果，给人以特殊的审美感受。导演创作这类作品时，往往会在总体构思上就充分考虑到特技效果的具体安排等细节，以便在画面拍摄时为特技制作留有余地，电视音乐片《阿姐鼓》就属此类作品。

第二节　电视文化艺术片的创作

20世纪80—90年代，是电视文化艺术片的创作高潮时期，这种类型的电视艺术片往往采取夹叙夹议等多种艺术形式相结合的叙述方式，表现特定人物和表达特定的思想文化主题。

比如，电视舞蹈艺术片《杨丽萍的舞蹈艺术》将杨丽萍的舞蹈"雀之灵""雨丝""月光""火"四个片段作为表现主体，在展现舞蹈的过程中不断地穿插杨丽萍在不同时期和不同场景中刻苦排练的画面，通过适当的镜头和特技处理，再加上文采斐然的解说词和简短字幕，多层次、多侧面地展现了杨丽萍作为舞蹈家的成长历程，帮助观众更好地了解杨丽萍的艺术造诣和独具特色的舞蹈神韵。

贵州电视台创作的《刻刀下的黑与白》，是以介绍版画家董克俊的生活与创作为主要内容的人物专题片，片中讲述了人物青年时代如何身患重病、经过痛苦挣扎最后以艺术创作作为生命的皈依的故事。该片夹叙夹议，借助人物自述与解说词相互照应的讲述方式，将人物复杂的内心思考过程娓娓道来，细腻而真实地揭示了艺术与人性、生命之间的奇妙联系。

吉林电视台的《朝阳与夕阳的对话》，则以作曲家雷振邦和女儿雷蕾之间的对话为主线，采用内心独白和人物旁白交织的方式，将父女两代艺术家之间既有传承又有变革、既是同行又是亲人的多重身份形象地展露出来，使作品呈现出既新颖别致又优美抒情的艺术格调。

人物艺术片《方荣翔》是山东电视台创作的一部优秀作品。该片在主人公方荣翔逝世三年以后进行拍摄，导演利用了有限的声画资料进行编辑，采用人物内心独白和解说词相互映衬的方式，介绍了方荣翔这个京剧名家不平凡的人生之路。导演独具匠心地选择了镜头虚实与唱腔、镜头节奏各元素之间的巧妙搭配组合，形成了逐层递进、层层深入直至达到高潮的情绪渲染效果，充分表现了艺术家方荣翔"清清白白做人，认认真真演戏"的人生哲学和为艺术终生奋斗的高尚情操。

21世纪以后，电视技术的高速发展，特别是数字化技术的发展，给电视文艺专题片的创意带来了更多的可能。电视文艺专题片伴随着科技的高速发展而不断丰富其制作手法，在题材选择和艺术表现上有了更加突飞猛进的发展。

2003年8月3日晚，在北京天坛公园的祈年殿举行的北京奥运会会徽发布仪式晚会上，正式播放了由张艺谋导演的奥运会会徽宣传片。这部仅4分钟的短片共分为5个部分，从城市环境、体育建设、民情风俗、文化艺术等不同方面分别展现了北京人企盼奥运会的热切愿望和欣欣向荣的建设情况，表达了"新北京、新奥运"的创作理念。这部集中表达中国人祈盼奥运、赞颂奥运精神的精彩短片，以短小精悍、清新明快的时尚风格体现出21世纪电视文艺专题片的艺术特点。

人们习惯从艺术风格上把电视文艺专题片的创作分为纪实和非纪实两大类型。

（1）纪实类。

这类创作注重客观展现人物和故事的真实过程，以呈现事物的原态和人物的具体行为为表现方法，通过真实生动的细节和客观的过程进展来揭示事物的本质特征和艺术韵味。早期的《半个世纪的爱》《雕塑家刘焕章》《刻刀下的黑与白》《方荣翔》《苏园六纪》等片以及后来陈晋编导的《诗人毛泽东》《舌尖上的中国》等，均属此类。

《半个世纪的爱》是第四届（1989年度）"星光奖"获奖作品，北京电视台录制，编导郑鸣。该片采取纪实的手法，"编导采访了14对金婚夫妇：有身经百战、功劳显赫的将军；驰名国内外、研究成果卓著的科学家；学识渊博、著作等身的学者；多次获得国际奖牌、取得很高艺术成就的画家；经历大起大落生活遭遇的皇亲国戚；还有在土地上辛勤劳作一生的普通农民。这些人都已过古稀之年，初恋和新婚时都没有留下任何影像资料"。因此，编导选择了以他们的现实生活场景作为切入点，用采访和跟拍的手法，刻意表现他们的晚年生活，让他们借助各种可以引起联想的生活细节抚今追昔，启发观众去想象他们早年的生活。这种纪实风格给人一种真实的美感，可信而引人深思。

（2）非纪实类。

专指以展示多种艺术元素来介绍人物和事件，并表达出特定的主题思想和文化内涵的作品。这类作品不一定采用人物的真实生活情境，而是用采访、照片、表演式的情景再现，文字阐述和替代性的声画叙述等方法来表现内容。

如由山西电视台录制、成田导演的第三届（1988 年度）"星光奖"获奖作品《太阳之子》，是一部富于诗情与哲理的文艺专题片。全片由十首歌曲和诗朗诵构成，作者用歌曲表现煤矿工人的生活，用诗朗诵串联全片。在画面的拍摄上，力求用特殊的光影和色调，赋予画面强烈的造型美感：火红的朝阳、乌黑的煤块、头上闪着汗珠的男子汉……当代煤矿工人迎着朝阳由远而近，迎着镜头走来，逐渐充满整个画幅，呈现出粗犷、阳刚和崇高、雄伟的特殊美感。该片的音乐形象也独具个性，作者将豪迈的西北风和具有乡土气息的山西民歌融为一体，既使人感到亲切，又有一种现代气派，正是在这种富有时代节奏的音乐烘托下，人们看到了一群踩着时代节拍的矿工们崭新的风貌。

第三节　电视文学艺术片的创作

电视文学艺术片是指以文学的叙述方式制作的、具有文学性审美特征的电视文艺作品。它有两个层面的含义。一是指那些以文学作品为创作基础，具有文学性审美特征并经过电视化手段加工处理的电视作品。这类作品在创作中不仅保留了文学本体的修辞手法和语言表达的特点，还通过镜头、音乐、解说等电视化的处理，呈现出视听艺术特有的美感。如电视小说、散文、诗歌、报告文学等。二是指以电视纪录为基本手段，将有关文学作品以推介、朗诵、舞台表演等形式记录传达出来的电视作品。在这种记录或转播中，只需要按照原著将文学作品中的表演者或主持人拍摄下来，而不需要对文学作品的内容进行声音和画面的再创造，比如中央电视台的《读书时间》《子午书简》等文学类栏目。

电视文学艺术片也分为抒情类和叙事类两种类型。抒情类的文学艺术片以大自然和客观景物为描述对象，借以抒发创作者的主观情感，揭示某种主题，如《西湖四季》《荷塘月色》《走边城》等。叙事类的文学艺术片则是以讲述一件事情或一种生活状态为主要表现内容，从事件中得出对生活的感悟或阐释生活的哲理。如《小巷通向大街》《锁门》《朵朵》《木屐》等。

文学艺术片中还有一种直接根据经典文学作品拍摄的电视片，如欧·亨利的《最后一片叶子》、安徒生的《卖火柴的小女孩》、鲁迅的《故乡》《孔乙己》、朱自清的《背影》《匆匆》、杨朔的《荔枝蜜》、孙犁的《门锁》、史铁生的《我与地坛》等。

21 世纪以后，随着电视文艺栏目化、市场化和娱乐化的发展，体现导演个人创作风格和特点的电视艺术片在数量上出现了大幅度下滑的局面。

很多地方电视台关停了电视文学类栏目，中央电视台在 2000 年以后，为了赢得市场和观众也做了大幅度的探索和改进，比如加入一些明星访谈片段、制作包装更加精良，但是仍然无法从根本上改变电视文学艺术片孤芳自赏的局面，全国的最后一个电视文学的窗口——《电视诗歌散文》也不得不在 2006 年停播，成为电视文学艺术片走向边缘化的一个标志性事件。

第十一章 电视谈话类节目的创作

采访和谈话曾经是西方电视台普遍采用的一种节目形式，我国在电视节目中广泛使用访谈形式是社会人文环境越来越宽松的标志。随着《锵锵三人行》《对话》《鲁豫有约》《杨澜访谈录》等访谈类节目的成功，电视谈话类节目进入全面发展的时期，节目访谈的形式越来越多地渗透到各类电视节目当中。比如，以深度报道为特点的《焦点访谈》《新闻调查》等时政节目中加入现场采访和即兴评论，不仅加大了节目的信息量，而且强化了新闻的生动性和贴近性；在《今日说法》中，聘请法律专家进行访谈，增强了节目的专业性和权威感；文艺类栏目，如朱军主持的《艺术人生》和李静主持的《非常静距离》，通过主持人与嘉宾之间的深入交谈，使观众能够近距离地了解明星的心路历程，使电视文艺节目的内涵和外延得到拓展。

第一节 电视谈话类节目的定义

电视谈话类节目是以主持人（采访者）和嘉宾作为节目的主体，以相对集中的话题作为节目内容，并由主持人和嘉宾以交谈、问答或聊天的形式完成对整个节目的制作和演播的电视节目形式。

在现存的电视谈话类节目中有两种基本类型。一类是"谈话+资料+外景片+表演"，这类节目中的采访和访谈只是部分内容，话题相对轻松，形式较为活泼。由于适当地插入录像资料、外景采访等不同形式，谈话的空间得到扩展，叙述节奏得到调整，可以避免谈话的沉闷感。

另一类形式是由主持人和嘉宾的谈话构成全篇，表现形式相对单一，比如中央电视台体育频道 2005 年由刘建宏、白岩松、黄健翔主持的《三人聊斋》，凤凰卫视窦文涛等主持的《锵锵三人行》，阮次山主持的《新闻今日谈》以及陈文茜主持的《文茜小妹大》。此类谈话节目要求主持人本身就是某一方面的"名嘴"，他们的观察和评论决定了节目的品质。总之，不管是哪一类节目，只要是以谈话作为节目的主体形态，我们就将其统称为"电视谈话类节目"。

第二节 电视谈话类节目的看点

一、主持人

在一般性的谈话类节目中，被拍摄的元素主要分为三类：主持人、嘉宾和插播资料。而主要看点是主持人、嘉宾和话题内容。

在谈话类节目中，选择什么样的主持人取决于该节目在内容形式上的定位。严肃的新闻评论类谈话节目，访问者的身份最好是一些严肃媒体的资深记者或评论员，他们通常代表社会发声。2000 年中央电视台的《新闻调查》节目中采访了一批利用职权违法犯罪的党内腐败分子，通过他们现身说法，剖析党的高级干部走向犯罪的演变过程。记者张羽在一连串的追问之后，自然而然地对这些腐败分子流露出了鄙夷的神情。张羽是一位大家所熟悉的记者，他的身份和表现赢得了观众对他的信任，所以他代表公众的发问很容易获得观众的认同。

凤凰卫视王牌谈话节目《锵锵三人行》由主持人窦文涛、许子东、梁文道组成基本的主持人嘉宾团队，集幽默、智慧、时尚于一体，汇聚多地的精英名嘴，针对每日热门新闻事件进行谈论。该节目的特点是由主持人引发话题来引导嘉宾发表具有个人色彩的大胆言论，营造日常聊天的形态和谈笑风生的气氛。该栏目话题广泛、内容丰富、谈话形式不拘一格，因此主持人和嘉宾之间能够迸发真情，使谈话闪动着智慧的火花。在这个栏目中，主持人窦文涛的主导作用十分明显，他对于这个栏目品格和深度的把握起到了决定性的作用。

二、嘉宾（名人）

在以社会名流、明星作为嘉宾的谈话类节目中，主持人（采访者）往往处于陪衬的位置，这是为突出被采访者的独特学识和专长而设置的。主持人在谈话节目中的主要任务是让他们的访问对象成为观众注意的焦点，而让自己成为主动的听众。他们往往通过自己真诚的眼神、认真的倾听和不断延伸的发问来鼓励和支持他们的谈话对象，并尽可能巧妙地诱导他们进入事先安排好的话题。比如《实话实说》栏目的崔永元，就是用真诚的倾听和循循善诱的话题，使那些没有受过训练的谈话对象在他的注视下情不自禁地口若悬河，侃侃而谈。

通常在录制谈话节目之前，导演或者助理可能已经与访问对象做过简短的交谈，从访问对象那里获取了一些有关的信息，看看这些信息的价值如何。通过与访问对象的事前沟通，还可以对那些信息作去粗取精、去伪存真的选择。为了让谈话内容能够生动感人，还可以从与访问对象的初步接触中找到一些生动而富有感性特征的细节。如果导演将这些感性材料提供给采访者，那么谈话就容易生动而富有情趣。

凤凰卫视的《鲁豫有约》也是一档能够引导嘉宾深入谈话的节目，"说出你的故事"的栏目宗旨和陈鲁豫真诚而亲和的发问，总是能够激发嘉宾的谈话兴致。不言而喻，在一系列轻松交流的背后，凝聚着节目编导对嘉宾的深入采访和严谨的案头准备，浸透着主持人对访问对象的长期深入的了解，离不开主持人敏锐的观察力和机智的现场发挥。

三、话题

主持人或记者在进入正式访谈之前，应该将问题列出一个提纲。有经验的主持人会把这些提纲做成若干张小卡片，以便在节目录制过程中可以给自己一些提示。采访者和被采访者之间的谈话常常会在不同的情况下展开，初次见面的交谈者与老朋友之间的谈话会有明显的区别。如果是初次见面，主持人往往会从问候进入谈话，这种谈话一般会停留在事先准备好的内容之内，而更有深度的谈话节目则必须事先做好准备，对访问对象尽可能做一些调查和了解，并将谈话的大致走向做一个设计，准备好一些随时变更的话题。比如央视《三人聊斋》节目，参与谈话的三个人既是熟悉的同事和朋友，又是广大观众都非常喜爱的名人，因此谈话中可以有很多即兴发挥的部分，使谈话状态充满机趣，又随时可以将话题引向深入，对一些观众感兴趣的问题谈出富有个性的见解。这种节目看上去十分自然随意，显得轻松耐看，而为达到这种效果，编创人员需要有深入的采访和对话题的精心准备。

第三节　电视谈话类节目的制作

一、选择话题

编导们在准备访谈类节目的时候，应该根据栏目的类型来选择话题，选择那些受人们关注的话题，可以使节目更受欢迎。选择话题，首先是要了解当前社会关注的热点。其次是思考：这一期节目中最基本的兴奋点在哪里？在哪些方面可以吸引观众？它能够给予观众什么？是使他们增长见识，还是放松心情，或满足他们对明星逸闻趣事的好奇心？确定了这些内容的关键点之后，导演才可以着手进入相关技术和制作层面的工作，比如布景、资料、拍摄方式、编辑手段等。

二、选择主持人

导演要根据节目的特点选择合适的节目主持人。选择谈话类节目的主持人，要把对其智慧的考量放在首位；其次是其思维是否敏捷，是否有逻辑归纳的能力，还有语言是否生动、凝练、风趣。有的主持人具有广泛的交际圈，与许多被采访者熟识，这种主宾关系由于谈话人间相互了解，因此容易使话题深入下去，产生出一些即兴碰撞的火花，而这正是谈话节目产生机趣的重要条件。

导演选择的主持人要善于引导被采访人把谈话进行下去，还必须善于把握好话题的方向和分寸感。对于有些不适宜上电视的谈话内容，导演要事先告诉主持人和来宾，导演还要事先了解被采访对象有哪些不愿涉及的话题，提醒主持人尽量避免提及。还有很多名人不愿意在谈话中涉及他们的私生活，希望回避某段特殊经历等，导演如果希望谈话能够轻松和谐地进行，就应该要求主持人在录制中充分尊重被采访者的意见，避免讨论那些他们不愿涉及的内容。

三、把握政策法规

导演有时会遇到来宾要求在谈话中涉及广告性内容，比如为他的新歌专辑做宣传，或者要求在节目中播放某些与话题无关的资料等。那么，导演则必须在节目录制之前与嘉宾协商好具体内容，并对相关的文字或图像资料进行认真的审看，避免播放出不符合要求的内容。

我国对直播类的电视谈话节目还有一些更加严格的管理制度，导演需要及时学习和了解国家相关政策法规，避免在谈话节目中出现政治事故，特别是涉及民族宗教问题的谈话节目更要格外小心，要避免缺乏专业知识而造成不恰当的表述。这类问题有时可能引起重大的政治事件，历史上有很多因宗教问题引起战争的例子。

四、指导拍摄

通常情况下，对于采访者和被采访者的对话，采用两台以上的机器进行拍摄。专业常识告诉我们：处于摄像机右侧的物体将受到观众更多的注意，所以导演通常会把被采访者安排在摄像机的右侧。

在访谈节目中，通常采访的成功主要取决于采访对象的发挥状态，因此提问者要服从于采访对象。导演因此在镜头的分配上要以被采访者为主，主持人可以在离开被采访者的地方进行介绍，随着介绍的进展，摄像师再把镜头切换到采访对象。还有一种方法，可以让主持人在一旁介绍的同时，一边走到被采访者身边坐下，镜头在运动中自然地将被采访者框入画面。

在访谈的开始就拍摄采访对象的近景画面非常重要，通过这个画面，要让观众认识这个人物，了解他（她）的身份和职业。这种镜头还可以帮助观众亲近这个人物，为下面将要进行的谈话做好铺垫。观众对一个身份不明的人的谈话很难产生倾听的兴趣，主持人和被采访者的近景镜头，可以帮助观众建立一种信赖和主动参与的感觉。

当主持人和采访对象同坐在一个沙发上的时候，两个人的中景镜头应正好构成 3∶4 的画面比例（这个比例等同于一般电视机的屏幕比例）。如果这两个人坐得很开，摄像机的画框就不得不拉宽才能容纳他们，这样一来就破坏了电视机屏幕的正常比例。这种构图有两个明显的缺点：一是两个人的距离越大，人的面部在画面中所占的比例越小，观众会因此看不清他们的面部表情，同时也丧失了对他们的亲近感；二是这两个人的肩膀之间会自然形成一段距离，造成画面中最具价值的部分恰好是一堵白墙或者沙发靠背。因此，有经验的导演总是尽量让演员处于摄像机取景框的高宽比例之内。

在访谈节目中，摄像机的角度处于跟谈话人同一个水平面，会使观众更容易接受。如果谈话人是坐着的，那么摄像机就应该降低机位以保持和访谈者处于同一水平面（镜头与演员的眼睛齐平或低于视平线会比较好）。

在谈话类节目中，对谈话人应该更多地采用正面镜头，而尽可能少用侧面镜头。正面镜头会使谈话人的图像更富有感染力，而相比之下，侧面镜头是缺少感染力的。

第四节　电视谈话类节目的审美

一、名人效应

在谈话类节目中，名人很少处于辅助的位置，他们通常是最具吸引力的部分。名人的智慧、幽默、引人注目的外表和独具魅力的个性气质都是谈话类节目中最具号召力的元素，因此编导们通常把名人安排在镜头的右侧，摄像机也总是首先把焦点对准名人，然后再给主持人。但是也有例外：如果是由主持人介绍再引出名人，则另当别论。

在访谈过程中，摄像机会随着主持人和名人之间的内容重点的变化而适当地运动，在这种运动中应该尽可能抓住他们谈话时的表情，避免出现画外音。在理想的状态下，两人之间的对话应该至少有三台机器来同时拍摄：1 号机和 3 号机分别置于表演区两侧，拍摄两个人的近景或特写；2 号机置于观众席正中间，用来拍摄两个人的中景和全景。

二、生动的细节

在只有两台摄像机的情况下，导演应该利用一台摄像机侧重拍摄采访对象，另一台摄像机侧重拍摄主持人，用一个单人镜头和一个双人镜头进行对切。在这种格式中，主持人的地位会被削弱，如果主持人是一位名人的话，那么这个节目的卖点就被削弱了。因此，当两个人的镜头用过之后，导演应该再给主持人一个特写，以恢复主持人对观众的影响。在对话节目中，导演必须随时注意谈话人的动作趋向，善于捕捉谈话双方的微妙反应，力求抓住每一个生动的瞬间。

三、贴近的话题

谈话类节目还要随时把话题与现实事件联系起来。例如《非常静距离》节目在 2012 年 8 月 6 日对演员王珞丹进行专访时，恰逢王珞丹刚刚经历了宣传电影《搜索》期间在机场被围堵的事件，当时正被各种舆论缠绕误解的王珞丹很是郁闷，主持人李静便以这件事作为推进谈话的契机，让王珞丹讲述了事件的全过程，不仅满足了观众猎奇的心理，调动了观赏兴趣，还不着痕迹地给了当事人一个公开解释的机会，可谓一举两得。

四、有趣的人物关系

谈话类节目的一种特殊形式是由多人参与的话题讨论，常常会出现一正一反双方对峙的情景，或者一方是主持人，另一方是一些专家或嘉宾，场内的位置表现出他们相互间的关系。导演一般会安排目标一致的一方坐在一起，比如记者是提问的一方，专家则是回答的一方。导演应该从位置上把他们划分开，使观众一目了然。比如在《全球华语大专学生辩论会》的节目中，导演就安排主持人坐在中央，正方和反方分别坐在两边，形成鲜明的对垒格局。这时候，摄像机的位置应该设置在包括主持人、正反方辩论者的位置，比如：1 号机和 3 号机的摄像师可以根据谈话的进展和变化，有时候用小全景把谈话的一方包住，有时候则可以推上其中一个人的近景；2 号机则负责所有人的全景和主持人的近景。这样安排，仅用三个机位就可以把整场辩论会轻松完整地拍摄下来。

有的谈话类节目没有明显的阵营之分，导演就可以让主持人坐在嘉宾中间，让众多嘉宾形成均衡的格局，比如《三人聊斋》《锵锵三人行》等节目就是这种布局。

五、适当的布景

布景是一个节目的标志性符号，谈话类节目的布景应该遵循简洁、实用和突出风格的原则，布景要对节目主题、风格以及谈话气氛起到烘托的作用。比如读书节目，导演可以把背景布置成一个书房的环境；又如《朋友》栏目，导演可以把环境布置得像一个客厅，主持人和嘉宾都坐在软席沙发上，营造出一种轻松亲切的休闲氛围，烘托朋友之间自然和谐的关系。还有些谈话类节目始终贯穿相同的主题，比如环保节目《自然之友》《幸运地球村》等，布景就可以突出自然环保的主题，比如背景上布置森林、海洋、山峦、草原等的大幅照片，将谈话者映衬在大自然的背景中，也可以帮助观众感受谈话的氛围。

在谈话类节目中，现场往往有多台摄像机同时工作，在这种情况下，布景和灯光的布置要有利于隐藏摄像机。因此，有的美术师会在舞台两侧加上一些绘画布景，或者用薄纱式的布幔装饰成窗帘，不暴露摄像机的存在。

第十二章　电视游戏类节目的创作

　　电视游戏类节目专指以游戏的形式传达信息，制造冲突和悬念，使受众在观赏和参与的过程中能够获得愉悦、减轻压力、放松心情和增进知识的一类电视节目。英国传播学者大卫·麦克奎恩在其所著的《理解电视》一书中归纳了西方传播学学者们对游戏类节目所下的定义，他说这种活动"是用来消磨时间、保持体温、消除饥饿感和无聊感并将团体凝聚到一起，是将不同年龄、背景和社会地位的人们聚合到一起，分享一种共同体验，以创造共有的意义和统一的身份的活动"；"在那些时刻，参与者享有相同的时间和演播室里同样有利的位置，并且与主持人和'参与的'观众一起了解游戏的程式和规则。标准化的开场白和结束语、道具设置和夸张的参赛讲台、现场口号和观众的反应，全都是一种宗教仪式的暗示"。① 在游戏类节目进行过程中，主持人往往会根据一定的游戏规则即兴串联，或者也有明星和观众参与非正规的表演，以此构成节目需要的活跃气氛、构成悬念、制造高潮的戏剧性效果。这类节目以娱乐化、大众化、平民化见长，具有广泛的群众基础。

---

　　① ［英］大卫·麦克奎恩：《理解电视》，苗棣、赵长军、李黎丹译，华夏出版社 2005 年版，第72 页。

第一节 电视游戏类节目的发展

最早的电视游戏类节目源于英国。1936 年 11 月，英国的 BBC 电视机构在伦敦亚历山大宫第一次播送出了电视信号，此后的一年半时间，第一个电视游戏类节目开始在英国出现，这个节目名称叫做"拼写蜜蜂"。这个节目要求参赛者根据一定的游戏规则进行正确拼写单词的比赛，获胜者可以获得奖品①。从这个并不成功的节目中，策划人发现电视游戏类节目可以受到大众欢迎，而且成本低廉，群众参与兴趣很高，便于商业运作，因此开始推广。由于游戏类节目可以更多地带动广告收益，因此逐渐成为一些媒体的"品牌"节目，并逐渐走向常规化和系列化。

我国港台地区的电视游戏类节目十分普遍，有些游戏节目一做就是几十年。比如，台湾名嘴吴宗宪主持的《我猜我猜我猜猜猜》、胡瓜主持的《非常男女》和香港无线电视台的《百万富翁》等都是影响很大的名牌游戏类节目，节目的主持人也因此成为家喻户晓的明星。

20 世纪 80—90 年代，电视游戏类节目开始在全球风靡，中国内地的电视机构纷纷学习借鉴其他地区的游戏类节目制作模式，从英国、美国、日本等国家以及中国香港、台湾等地区引进大量的游戏类节目范式，或依法炮制，或稍加改造，掀起一阵阵游戏类节目制作潮流。

2004 年湖南卫视从《美国偶像》节目的制作模式上获得启发，开始制作大型"平民选秀"节目《超级女声》，这一活动在 2005 年得到蒙牛集团加盟赞助，并创造了中国电视游戏类节目产业化的营销"神话"。这一结果促进了内地"真人秀"娱乐节目的快速发展，由此也形成了游戏娱乐节目的第三次浪潮。

第二节 电视游戏类节目的特点

一、内容通俗易懂，易于传播

电视游戏类节目的受众群大致定位在高中以上文化程度的电视观众，由于这类节目节奏快，语言个性强，特别是即兴成分多，因而不能留给观众更多的思考时间。因此，这类节目的内容偏向大众化和日常生活化，主持人的叙述语言也充分体现出生活原态的特点。这就要求节目的内容通俗易懂，语言不能模糊艰涩，要力求避免书面化、概念化。节目内容的通俗化，能够争取更多文化程度不高的普通观众积极参与。

二、形式贴近生活，易于接受

制定规则是游戏类节目中一个重要的环节。游戏类节目的成败在很大程度上取决于规

---

① ［英］大卫·麦克奎恩:《理解电视》，苗棣、赵长军、李黎丹译，华夏出版社 2005 年版，第 67 页。

则的选择和制定。好的游戏类节目通常是规则简单明了，易于接受。比如《超级女声》，其规则就十分简单。除去报名、广告宣传等其他商业操作的因素，仅从《超级女声》的比赛规则，我们可以看到这一节目成功的奥妙：第一，"想唱就唱"的参赛标准，第一次解除了电视表演的"门槛"障碍，最大限度地激发了普通女性的参与热情；第二，"喜欢她就留下她"的选拔规则，首次把选择权交给观众，进一步激发了观众的参与热情；第三，将层层选拔的过程在电视上播出，给所有的参赛者提供了展示的舞台，使任何一个名不见经传的"普通人"都有可能一举成名，成为家喻户晓的"明星"。这种近乎天方夜谭式的造星运动，对很多人都形成了诱惑，也使这个"游戏"拥有了最为广大的参与者和关注者。也正是这种对易于接受的"游戏规则"的策划和选择，使《超级女声》成为2005年中国游戏节目的"神话"。

三、主持人影响节目风格

在节目样式确定之后，主持人就可以按照游戏规则随机把握现场动态，即兴串联、掌控全程。游戏类节目给主持人提供了充分的施展平台，便于主持人在受众中形成偶像效应。同样，由于主持人介入节目的随机性，主持人的个性和风格也就决定了节目的个性和风格。中央电视台《开心辞典》节目主持人王小丫、《幸运52》和《非常6+1》节目主持人李咏等，都以自己特有的气质深刻地影响了自己主持的节目。

四、高度模式化，便于与市场接轨

电视娱乐节目通常具有相对固定的模式和流程，比如各种竞赛类电视节目，通常都设有海选、初赛、复赛、决赛等多层选拔环节，这种分段式推进的节目形式为商业广告的加入提供了多层次和多元化的表现空间，可以容纳多种广告的自然加入。

电视娱乐节目离不开对明星、竞技、冲突、紧张的娱乐元素的使用，悬念不断的程序设计、百转千回的情节进展、高潮迭起的戏剧冲突、真情流露的明星表演等，始终不断地刺激着观众的观看欲望，使得这类节目常常受到最大范围和不同层次的受众追捧。受众面越广，越有利于节目中所携带的商业广告的传播，因此，高度模式化的电视游戏娱乐节目会成为最爱商家青睐的推广舞台。

第三节 电视游戏类节目的类型

一、智力竞赛节目

智力竞赛节目是我国最早接受的海外娱乐节目样式。这种节目以大量知识题为比赛内容，集智力问答、才艺竞赛、杂耍和聊天于一体，以知识性、竞技性、趣味性见长。这类节目一般在演播厅内录制，录制程序十分简单明了。这类节目的观赏性主要体现在对相关知识的问答和选手之间的智力比拼上，现场选手们的参与热情和相互挑战的紧张气氛形成了整台节目的多个看点。主办方为挑战成功的胜利者和观众提供的各种奖励，也是激励观众广泛参与节目一种动力。

20世纪70年代，英美等国出现了一批平民形式的游戏节目，如《家庭财富》《玩纸牌的游戏》等。到20世纪80年代，智力竞赛节目的发展更趋于个性化，出现了以两性关系为表现内容的节目《盲目的约会》，"虽然参赛者的反应已显得越来越有编排的痕迹，但是在看到匿名的参赛者选择没有任何附加条件的两性关系，以及随后极具羞辱性的仪式化交易过程的时候，观众大概会产生窥视的快感"①。

随着游戏类节目的不断发展，到20世纪90年代末，智力竞赛节目逐渐传入我国，以中央电视台《开心辞典》《幸运52》为代表；国内各省级电视台也纷纷推出自己的智力竞赛节目，如湖北卫视的《幸运智多星》、上海东方卫视的《挑战极限》等。这些本土化的竞赛节目，大多是以知识竞赛为主要内容，有些节目还穿插才艺表演和访谈内容，记分由主持人现场把握，比赛环境相对宽松。在有些平民化游戏类节目中，到智力和体力竞赛比拼的高潮处往往还添加了表演性的故事编排，增强了节目的观赏性和娱乐性。

竞赛类节目都必须充分地利用观众参与元素来吸引更多的观众收看，现场观众的欢呼、呐喊、鼓掌与比赛的紧张冲突共同形成了现场热烈的气氛，鼓舞了参赛者的士气，也成功地吸引着电视机前的观众收看。为了保持现场热烈的气氛，编导们要采取各种办法，比如开场前进行喜剧表演，对一些制造气氛的环节进行提示和排练，讲笑话热场等。现场导演常常会告诉观众："你就是今天的演员，因为你的脸也会反复出现在屏幕上。"

为了充分调动观众参与节目，编导们也会偶尔将答题机会提供给现场的观众并发给他们一些奖品，这种方法具有很大的号召力和凝聚力，总是能够有效地调动起现场观众参与的热情。

二、才艺竞赛节目

21世纪初，智力竞赛节目被更加丰富多彩的才艺比赛节目所淹没。2001年中央电视台推出了综艺型平民选秀节目《非常6+1》，将才艺培训和比赛角逐融为一体，这种全新样式的竞赛节目以其独特的形态赢得了观众广泛的支持，许多参加比赛的表演者一夜之间就成为家喻户晓的平民之星，该节目主持人李咏也更加红得发紫，成为身价倍增的偶像派电视主持人。

2004年5月，湖南卫视制片人夏青从"美国偶像"选拔赛的一条新闻中获得启发，创办了《超级女声》节目。经过一年的打磨，到2005年，《超级女声》迅速走红全国。她们的每一场比赛都成为人们街谈巷议的热门话题，最后的获胜者李宇春还成为当年美国的《时代》杂志封面人物。这档节目在成功的商业运作中创造了年收入逾亿元的经营业绩。

三、真人秀节目

"真人秀"又叫"真实电视"，泛指由制作者制定规则，由普通人参与并录制播出的

---

① ［英］大卫·麦克奎恩：《理解电视》，苗棣、赵长军、李黎丹译，华夏出版社2005年版，第63页。

电视竞赛游戏节目，是假定情境中的真实展现①。这里的所谓"假定情境"，是指真人秀节目大的框架是事先设定的，包括奖金的设定、环境的选择、参赛者的选取和游戏规则的制定等；所谓"真实展示"，则是指节目的具体进程和细节是真实的。

（一）我国真人秀节目的发展现状

随着我国电视娱乐节目的不断成熟，真人秀节目走过了短暂的模仿克隆国外节目的幼稚期以后，逐渐在本土化中摸索出了自主发展的规律，走出了一条有本国文化底蕴和群众基础的创作路子，出现了一些深受观众喜爱的优秀节目。

1. 《变形计》

该节目是湖南卫视 2006 年 9 月 4 日开播的一档平民真人秀节目，开始时安排在每周一22:00播出，从 2012 年 6 月 18 日起，《变形计》登陆中央电视台财经频道，于周一至周五的18:13至18:43首播。

这个节目被专家们称为"新生态纪录片"，主要的呈现形式是选择两个不同职业、不同经济状况和生活经历的人物，安排他们用七天时间换位"经历"对方的生活，体验截然不同的人生境遇。节目组同时全程每天 24 小时纪实跟拍，真实记录了当事人体验别样人生的奇特过程，传递出人们在特殊境遇中的心理矛盾和情感冲突。节目虽然是对真人真事的原始展现，但由于叙述的艺术性，使节目的内在冲突和悬念感、曲折性等戏剧性冲突能够贯穿始终，给观众较为强烈的吸引和震撼。《变形计》的节目设计产生于"换位思考"的做人理念，通过两个不同的人换位经历对方的生活，使人们看到人与人之间相互理解对社会和谐、友情和关爱的意义。《变形计》的主人公们通过亲历对方的生活，体验到了不同的人生，获得了对他人的理解。其主题开掘的意义非同一般。更为重要的是，该节目始终紧贴社会现实，从开播的第一天起，每季节目的主题定位都有所侧重——网恋、厌学、暴力、冷漠等，展示出较为丰富的思想内涵，尤其是对当下社会上存在的人与人之间不信任、不关心、不负责等"社会疾病"起到了警示、治疗的作用。

比如第五季中有一期节目的主人公是分别处于城乡不同生活环境的两位女孩。一位名叫李耐阅，14 岁，湖北荆州人，她的爸爸是一家大型企业的领导，家境优越，可是李耐阅却感到孤独，爸爸应酬太多，难得在家里吃顿饭，妈妈的溺爱却不能讨到女儿的欢心。李耐阅最亲密的伙伴是电脑，她每天与电脑相伴的时间超过 12 个小时，浏览得最多的是歌星网页，心中只有歌星偶像，她可以为自己心仪的歌星做出一些耸人听闻的举动。生活在优越的环境中，李耐阅却自残、暴躁，有冷暴力行为，甚至被学校劝退。

另一位主人公名叫罗珍，她是从众多同学中争取到与李耐阅换位生活的机会的，她渴望能到大城市里开开眼界、长长见识，经过许多周折，她终于带着乡间伙伴的祝福和羡慕，踏上了大城市的变形之旅。

城市顽皮的女孩李耐阅一到山区便露出一副窘相，她第一次经历山区艰苦的生活：骑毛驴，喂大黑猪，走山路。在艰苦、单调、乏味的乡村生活面前，她显得手足无措甚至一度十分绝望和失落。但也正是艰苦的生活，让李耐阅重新审视自我，开始一点点发现山里人的美丽和善良。而罗珍的变形之旅也给了大家很多惊喜，她经历了无数个第一次：第一

---

① 参见尹鸿、冉儒学、吴菁：《真人秀（Reality TV）节目课题研究报告》，2002 年 1 月。

次坐飞机，第一次用液化气灶，第一次到理发店洗头发……变形结束时，两位女孩回归原位，却仿佛经历了一次蜕变：李耐阅重归校园，变得开朗大方，与人为善；罗珍回家以后则更加热爱生活，她希望将来成为一名医生，为山里的人们治病。短短七天的真实记录展示了真人秀节目的独特魅力。

2. 《爸爸去哪儿》

《爸爸去哪儿》是湖南卫视于2013年10月11日推出的一档以明星爸爸带着孩子体验乡村生活为主要内容的真人秀节目。该节目每期由五位明星爸爸带着自己的孩子进行48小时的乡村体验，很少与孩子们单独相处的爸爸们这次要单独肩负起照顾孩子起居的责任。为了增加节目看点，节目组不仅安排了一系列由父子（女）共同完成的任务，还有意设置了多处"陷阱"，使父子（女）俩表现出许多意想不到的状况，他们和孩子在陌生环境中克服困难、克服各种障碍的经历，就显得悬念重重、充满变数，使观众增加观赏的兴趣。

（二）真人秀节目的艺术特点

真人秀节目借鉴了纪录片、电视剧和竞赛节目的一些要素，它是一种综合性的娱乐节目。其创作方法是：平民百姓的真实参与，纪录片式的跟踪拍摄和细节展现，电视剧式的悬念、冲突和环境选择，加上竞赛节目的激烈竞争和淘汰方式。正是以上的创作方法形成了真人秀节目独有的艺术特点：

1. 展示真实生动的细节

在真人秀节目中，人物的言行、个性及品质等都要借助细节来表现，由于细节真实性的要求，真人秀节目主要采用纪录片式的手段拍摄。西方的一些真人秀节目如《阁楼故事》《老大哥》等，在各个房间里（包括浴室和厕所）都有摄像机全天24小时跟踪纪录。我国的《走入香格里拉》《变形计》《爸爸去哪儿》等节目也是由拍摄队采用多部摄像机进行全程跟踪拍摄。这就要求摄像师能够及时捕捉参赛者各种真实生动的细节。真人秀节目的摄像师应该具有纪录片的摄像资历，他们能够用敏锐的眼光和丰富的经验及时地捕捉细节，发现故事。因此，展现丰富生动的细节是真人秀节目的一个重要特点。

2. 类情节化的叙事形态

真人秀节目的参与者往往并不是影视明星，也不是歌星大腕，而多是一些名不见经传的普通人。那么，真人秀节目靠什么来吸引观众呢？从大量创造过收视奇迹的优秀节目当中，我们不难发现，这些节目一方面具有真实的人情人性的展露，另一方面也有编导们精心的策划和制作，其中不乏匠心独运的奇思妙想和富有价值的艺术创造。绝大多数的真人秀节目都有"选秀"活动的基础，编导人员可以通过对参赛者的观察了解和精心挑选，从中发现大量具有表演潜质的人才。同时编导们对参赛者的考察和对环境的选择，也为节目的艺术表现打好了基础。比如，将一群不同职业、年龄和性格的人长时间地关在一起，他们之间的性格冲突不就是"戏剧"吗（如《老大哥》）？让一群衣食无忧的人去经历以草根树皮充饥的困境，让一群习惯于被信息包围的人几个月与世隔绝，人与环境的巨大落差所引发的冲突不就是"故事"吗（如《变形计》）？此外，在各种残酷的激烈争夺中，人的心理经历着获胜的喜悦、失败的沮丧，往往能够得到淋漓尽致地展现。真人秀节目正是通过展现不同的人在异常环境中的不同表现，来揭示人性的多样性和复杂性，挖掘其中的戏剧性和故事性，再加上类似情节剧的叙述技巧和气氛渲染，使这类节目具备了如同影视剧一般的丰富性和曲折性，也就有了吸引观众的观赏性。因此，在真人秀节目中，我们往往能够看到人性的丰富变化和人情的真实流露，这类"游戏人生"的故事当中具有柳暗花明的曲折和峰回路转的惊喜，形成了独特的类情节化的叙事特点，可谓"不是戏剧，胜似戏剧"，这也是真人秀节目走红的重要原因。

3. 奖惩分明的游戏规则

几乎所有的真人秀节目都是采用层层淘汰的方式，或由内部投票表决，或由观众投票决定，具有奖惩分明的游戏规则。大多数的真人秀节目都会设计一个"欲望客体"，那就是奖金或奖品，这几乎是一个必不可少的环节。这个"欲望客体"能够充分地调动起参赛者的主观能动性和创造性，从而增强节目的可视性。在真人秀节目中，所有的竞争和淘汰环节都是围绕奖金进行的，选手们对奖金的争夺始终伴随着节目的进展，直至胜出者获得大奖而告终。根据文化背景和生活水平的差异，各国的真人秀节目的奖励设计有所不同，西方发达国家大都是以巨额奖金作为"诱饵"，如《幸存者》的获胜者可以获得100万美元的奖励。而中国则具有自己的特色：有的节目以帮助参赛者完成一个对家人的心愿作为奖励，如《开心词典》；有的节目以帮助参赛者完成一项公益行动作为奖励，比如《走入香格里拉》的获胜者可以获得一笔"捐助希望工程"的款项等。总之，不管节目的内容形式如何不同，但是围绕奖惩而进行比赛的特点是相同的，这也是真人秀节目与纪录片以及其他娱乐节目的区别。

4. 戏剧化的剪辑方式

真人秀节目大部分十分注重后期剪辑和制作，通过对一部分现场采访、主持人的叙述和参赛者表现的重新编排，改变了叙述的时间顺序，突出了比赛的悬念，强化了矛盾冲突，渲染了紧张气氛，突出了生动的细节，使原本真实的比赛过程在一定程度上具有了戏剧化的结构和手段，使节目更具有观赏性。有些节目还在后期制作中适当地加入了特技、背景音乐、环境声响和心理音效等，很大程度上增加了节目的艺术感染力。

5. 平民化的互动平台

与其他节目相比，真人秀节目的另一个重要特点是观众的广泛参与。在今天各种媒体激烈竞争的情况下，一个媒体想争夺更大的市场，唯一的办法就是尽可能拓展自己的生存空间，同时还要不失时机地加强与其他媒体的合作。如今，各种媒体间的联合作战已经成为真人秀节目的发展趋势，尤其是在开发电信与互联网的联系方面，真人秀节目更是屡出奇招并从中获益。

目前各国的真人秀节目在互动环节的设计方面已经形成了大致相同的运作模式：

（1）利用媒体加强造势。

国内外的多数真人秀节目都采用了多媒体征集节目自愿者的方式对节目进行宣传。比如《走入香格里拉》组委会就通过全国各地的280种报纸、杂志，123家网站和20多家电视台发布推广广告并征集志愿者，他们以此征集了23万名自愿者。

再如，2005年湖南卫视的《超级女声》节目比赛，在传统媒体造势的基础上，由于蒙牛集团的加盟，又加上了"蒙牛"产品在全国各地的投放宣传，使得这个节目的比赛活动渗透到了社会的各个角落。

（2）采用全媒体传播方式。

网络以其便利、快速而深受观众欢迎。大多数真人秀节目不仅通过电视台播出，而且把节目放到网络上实时播出。《非常 6+1》《超级女声》《加油，好男儿》《重走长征路》等真人秀节目都在网络上有自己的播出平台，观众可以登录网站，通过网络收看节目。今天，许多真人秀节目通过电视、报纸和网络形成了多媒体、大规模的立体传播。观众可以通过文字、声音和图像等多种渠道获得信息，并通过群体传播、国际传播等传播方式来分享信息，这也是真人秀节目形成热潮的重要原因之一。

（3）积极调动观众参与节目。

在真人秀节目中，观众不仅是接受者和旁观者，而且是参与者，他们的投票具有决定性的作用，甚至可以改变节目的整个进程。《走入香格里拉》节目除了野外竞技和组委会打分的评选方式，还可以由观众通过 168 热线投票参选其中的第一人缘奖、第一勇气奖、第一村长、第一体能奖和第一智慧奖。在《超级女声》和《加油，好男儿》等节目中，淘汰的程序始终由观众和评委共同把握，最终由观众通过短信等方式选出自己最喜爱的人选。

传播学认为，传播是一种相互的行为，单向传播只能导致传播的失败或形成半传播。如今的电视也开始认识到这一点。不少节目经常邀请普通人做嘉宾或现场观众，并通过收视调查了解节目的收视情况。而真人秀节目中观众的参与程度是目前为止电视节目中最高的。采取多种形式吸引观众参与节目的做法，不仅满足了观众的需要，符合当今的传播理念，也加强了节目与观众的互动性，从而有效地提高了节目的收视率。

第四节　电视游戏类节目的制作

一、方案策划与写作

电视进入屏幕营销时代以后，节目策划决定成败的观念已经被普遍认同。实践证明，绝大多数的成功案例，都是从独具匠心的策划工作开始的。策划工作的主要程序有：（1）选择形式（划分受众群）；（2）设置程序和环节（制定游戏规则）；（3）设定主持人；（4）形成文案（制订拍摄计划）；（5）制作样片和市场信息反馈。

由于游戏类节目形式的高度模式化，因此其文案写作的主要任务是：梳理游戏环节；重申比赛规则；为主持人提供某些背景材料；设计戏剧化情景。

二、节目的录制

（一）工作程序

游戏类节目的录制方法往往不同于录制传统的电视文艺节目，其特点在于：第一，游戏类节目通常没有固定的台本，节目的进展是随机进行的，许多节目只有提纲或者问题，主持人也只能根据游戏的进展即兴发挥；第二，由于游戏的结果不可预料，一些现场直播的游戏节目，就只能由主持人掌握全局，导演也不可能事先分好镜头，所以拍摄人员必须具有临场发挥的专业素质，他们必须自己决定选择哪些内容和画面；第三，游戏类节目不能事先排练，特别是真人秀节目，被摄对象都是即兴产生情绪反应，因此导播、摄像、音响、灯光等工作人员必须根据临场发生的情况随时做出判断和处理；第四，有些游戏类节目不可能在演播厅录制，录制工作只能在大街、酒店、商场、海边、深山等录制条件较差的场地进行，有时会需要特殊的录制设备，也更需要工作人员善于利用外在条件来进行拍摄。总之，在游戏类节目录制之前，工作人员需要更多地想象可能发生的一切情况，尽可能在心理上做好相应的准备。如果是外景地拍摄，那么导演、摄像、主持、音响、化妆、剧务等各个环节的人员必须更加精心地做好工作预案，才能确保录制过程顺利进行。对于一些包含生存考验内容的真人秀游戏类节目，创作人员更要在严酷的生存环境中设计好若干个确保安全的应急预案，以免出现安全事故。

（二）后期制作

电视游戏类节目的后期剪辑是相当重要的一个制作环节，即使是在演播厅录制的节目，往往也需要进行大量的后期包装，才能实现节目所需要的艺术效果。还有一些游戏类节目由于拍摄地点分散，素材内容十分庞杂，为了保证成品节目的艺术效果，编导通常要做精心的后期剪辑，有时甚至还需要重新编排故事，或者加上特技效果，以此来增强节目的趣味性和观赏性。因此，游戏类节目的后期制作包装是一个艺术创造的工程，需要具有专业素质的剪辑人员进行工作。游戏类节目的后期制作过程与其他电视节目基本相同，其大致顺序是：

1. 整理素材

编导在进入后期制作时的第一个工作，就是要把所有的素材重新看一遍，对需要的画面做好登记。许多电视游戏类节目的前期拍摄没有场记单，这是因为游戏类节目的内容通常是对现场游戏过程的实录，很难对一个个的镜头做好场记单。因此后期制作一定要重新梳理素材和登记镜头内容，为剪辑做好准备。现在多半采取非线性编辑设备进行剪辑，可以一边上载素材，一边选择好所需的内容进行登记。

2. 分段初剪

游戏类节目往往是由一个个不同环节串联而成的，为了便于修改，导演可以先对素材进行分段剪辑。每段内容剪好以后，组接全片就比较容易。如果感觉其中哪一段不够好，也可以轻松地调出进行修改，而不至于将整个节目推倒重来。

3. 配音及包装

完成了以上两道程序以后，就可以进入配音和加字幕的环节，在配音和加字幕以前，一定要最后审定配音稿和字幕稿，在确保没有任何错误的情况下，才能开始配音。在电视作品中，声音的造型作用是不容忽视的，同样，在电视游戏类节目的制作中，声音编配环节对于体现节目质量、保证良好的播出效果至关重要，其中涉及的声音抒情、表意和渲染气氛的作用，因为前面已经专章讲述，此不赘述。

4. 下载成片

当全片已经全部制作完成的时候，编导就需要对这期节目进行下载送审了。在下载成片之前，编导必须对全片进行最后一道审查，应该在确信没有任何差错的情况下进行正式下载。

附 录 电视文艺作品经典案例

案例一：中央电视台《春节联欢晚会》

节目版权：中央电视台
节目名称：中央电视台《春节联欢晚会》
首播时间：每年除夕 20:00
首播频道：CCTV-1
开播日期：1983 年
节目时长：4 小时 15 分~4 小时 30 分

一、节目概述

中央电视台《春节联欢晚会》（以下简称"央视春晚"）的电视播出模式始于 20 世纪 80 年代。从 1983 年第一届"央视春晚"开播至今，每年农历除夕之夜，观看中央电视台《春节联欢晚会》已经成为中国春节新的年俗，也是电视收视生态中独有的文化现象。除此之外，收视群体主动了解"央视春晚"的排演动态，观看和实时评论其演员和节目，也是近年来特有的文化现象。从节目本身来看，"央视春晚"在艺术上不断开拓创新，强化自身特点，巩固其特有的环节与形式，呈现出内涵丰富的文化性、民俗性、综艺性和风格化的审美特征，值得深入探讨和总结。

（一）中央电视台《春节联欢晚会》初创特色

1983 年的"央视春晚"被公认为中央电视台的第一台春节联欢晚会，也是我国电视综艺节目的开端和萌芽。相较于各种传统的舞台文艺晚会，1983 年"央视春晚"在编导思想上突出电视特点，打破舞台框架，集中优质资源，精选高水平的节目，建造观众互动平台，在实施电视文艺晚会的多个层面上做出了创新和探索，并影响至今。

1. 主持人的确立

1983 年的电视台刚刚走出"文革"阴影，正经历着拨乱反正后的复兴。中央电视台每天在《新闻联播》中与观众见面的新闻播音员是观众最熟悉的面孔。由于中央电视台当时没有固定的电视文艺节目主持人，因此，1983 年的"央视春晚"特意邀请了电影演员刘晓庆，相声演员马季、姜昆，话剧演员王景愚担纲主持春节联欢晚会。这个选择既区别于传统文艺晚会上的报幕员角色，也有别于今天的"央视春晚"主要由本台主持人当家主持的模式。晚会为了突出中央电视台主办者的主体地位，特意在节目开头安排了中央电视台的新闻主播赵忠祥致开幕词。在晚会上，这四位在观众中颇具号召力的知名演员分别模拟来自不同战线的观众代表，带来了各行各业的节日祝贺节目。这种类似小品表演的串联形式给晚会增添了轻松愉悦的真实感。编导们对晚会上的节目虽是精心安排，但也有很多随机的成分，比如观众可以通过电话热线点播自己喜爱的节目，演员则可以根据观众的点播随时增加节目，而且这一过程由主持人现场处理，灵活串联。这种主持方式在当时的晚会上显得颇为新鲜、别致，主持人一改舞台报幕的刻板与僵化，明显地增加了晚会的亲和力和现场感，突出了除夕之夜、主宾同欢的节日气氛，也突出了电视晚会的兼容性、综合性等特点。整台晚会在轻松、自然、热烈、随性的气氛中顺利进展，使观众感到新鲜、亲切、真实、生动，留下了深刻而美好的印象。

2. 观众参与的环节

1983 年的"央视春晚"节目内容丰富，形式活泼。特别值得肯定的是编导们自觉注意到了电视与观众的互动环节。晚会一开始，主持人便向观众宣布了演出现场的热线电话，并告知观众可通过热线电话"另行点播"晚会上所有表演者的节目。所以，当年的"央视春晚"有演员表演多个节目的安排，也有演员本来在台下观看，却因观众临时"点播"而多次上台表演的情况出现。由于观众点播的随意性，我们还可以看到临时调整节目顺序的突发状况。这些看似随意和具有风险的"即兴"安排，不仅没有弱化演出效果，反而是开拓了电视晚会与观众加强互动的空间，尤其是热线电话的开通，使电视机前的观众对"央视春晚"的真实性增加了信任感，主创者用心听取并采纳观众意见的真诚和贴心使这场晚会显得别开生面。观众体会到的春晚参与者的兴奋感，更增添了观赏热情。很多观众积极拨打电话，热心地参与节目点播，也有观众十分关注是否有别的观众点播了自己喜爱的节目。广大受众的注意力就在一种看似不经意的安排中被充分调动起来，而这种特殊的真实互动所产生的新鲜感，正是舞台文艺节目无法提供的，大大增加了电视文艺晚会的特殊魅力。

最大限度地满足观众，以多种形式加强互动等贴近观众的做法，后来几乎成为"央视春晚"的一个创作要素。随着社会的进一步开放和科技的快速发展，"央视春晚"的互动技术含量越来越高，手段越来越多，从最早的热线电话、海外电报、短信拜年，到今天的网络平台和微博微信，"央视春晚"节目中的互动方式越来越呈现出快捷、便利、多样、随机的特点。2014年冯小刚导演的"央视春晚"更是集中体现了互动性的特点，他通过节目中的先导片、艺术片等形式，将明星与观众的感受融合到一起，显得格外亲切、真实和感人。

3. 明星荟萃

1983年并没有"明星大腕"这一词汇，但是从"央视春晚"的节目编排中不难发现，电视台的主创人员充分考虑到了观众的兴趣，歌舞、小品、相声、戏曲等节目，都由观众熟知并喜爱的演员参与表演，一些特别受欢迎的演员，如侯宝林、李谷一、胡松华、姜昆、李文华、刘晓庆、斯琴高娃、严顺开等著名艺术家，还可以在晚会中多次出场进行表演。这既是当时条件下文艺节目资源相对匮乏的一种无奈选择，更是晚会编导力图满足观众对"春晚"需求的一种安排，同时也表达出主流媒体对优秀演员艺术地位的一种肯定和宣传。

4. 现场直播

20世纪80年代，人们对电视直播的形式并不感到陌生，确切地说，当时的电视文艺创作者对文艺节目的直播习以为常。但是说到第一台"央视春晚"的直播，则真是电视编创人员的一种大胆尝试。在当时的技术条件下，"央视春晚"算得上是一台节目形式多样、参与人数众多、表演环节复杂的文艺晚会，在电视技术设备发展的初期，直播如"春晚"一样庞杂的综艺晚会还是具有很多风险的，况且当时几乎没有任何经验可资借鉴。在当时政治环境相对封闭的社会背景下，"春晚"的直播还意味着要面临政治上的风险。因此，我们从当时的资料上可以看到，在1983年的"央视春晚"上，有些现场表演的画面甚至出现了个别纷乱的镜头。但对于当时的观众来说，直播给予人们的新鲜感和兴奋点是更重要的，个别镜头的错误瑕不掩瑜，现场直播使人们直接同步地观看到演播现场发生的一切，这是只有电视可以带给人们的身临其境的感受。现场的热烈气氛通过电波直接传达给了所有电视机前的观众，几亿人同乐的兴奋和刺激是一种全新的观赏体验，也更直接地吸引了观众对现场表演的高度关注。电视直播给"央视春晚"所带来的收视感受让这一电视文艺形式延续至今，成为中国电视文艺晚会的一个品牌。

（二）"央视春晚"的编创特点

1. 反映时代主题、营造节日气氛

反映时代主题、营造节日气氛是历届"央视春晚"编导创意的出发点和指导思想。"央视春晚"节目定位于民俗性、庆典性和仪式性，晚会的主题要求历史性和时代性相结合。历届晚会都提出了"团结""和谐""喜庆""奋进""欢乐""向上"等既能体现中华民族传统文化的内涵，又能表达时代精神和社会进步的主题思想，要求晚会能够传承历史文化、表达时代精神，倡导民族团结、鼓舞人民士气，总之，要有利于人类进步和国家发展，有利于民族团结、社会稳定和家庭和睦。晚会主题确定以后，编导们要围绕着特定时期的时代主题和社会热点来选择、编排和创作节目。使晚会的节目内容反映出时代的声音，体现出民族文化的内涵，并且具有新形式和新特色，是历届"央视春晚"导演的艺术追求和基本的创作法则。每年"春晚"进入策划阶段，主创者们都会通过各种调研活动，来充分了解最新的社会思想文化信息，从社会生活的各个方面直至广大群众所关心的点点滴滴，比如这一年最受瞩目的事件、最热门的话题、最流行的俗语、最受欢迎的明星、受到追捧的"草根"新秀以及最时尚的流行风潮……总之，一切代表时代文明进步的思想观念、社会热点和观众关注的焦点都会被纳入"央视春晚"的创作视线。

为了营造浓郁辉煌的节日氛围，历届"央视春晚"都十分注重对节目的包装，其中的舞美和灯光设计都是采用当年国际上最先进的技术，体现国家级的综合实力。比如从2006年开始使用全新的 LED 舞美灯光效果，2009年采用舞台激光作为节目背景，2011年采用360度全方位的 LED 灯光彩幕舞台，2014年采用电影特技团队对节目进行立体的、全方位的电影特技包装。所有这些都能反映出"央视春晚"为了使节目体现出鲜明的时代特征所采取的创新手段，也能表达出"央视春晚"作为国内主流媒体的艺术审美品格。

2. 传承民族文化、注重思想内涵

传承优秀的民族文化，是30多年来"央视春晚"创作的核心理念。春节是中华民族特有的传统节日，理所当然地要成为弘扬民族文化的阵地和舞台。中华民族的文化传统内涵丰富、外延广阔，在浩如烟海的内容和形式中，"央视春晚"着重体现了两大特点：一是内容和形式为群众喜闻乐见，节目创作立意高远、构思巧妙、表演精湛，能够体现中华民族文化艺术的传承与创新；二是节目注重表达民族大团结的思想主题，充分展示中华大家庭中56个民族的灿烂文化和艺术魅力。"央视春晚"一方面要成为展示本民族内涵丰富、品位高雅、技艺精湛的优秀艺术和演员的舞台，另一方面也要成为拓展观众欣赏视野，展现时代风尚和进行海内外艺术交流的窗口，整台晚会形成底蕴深厚、品格高雅、精彩纷呈的文化氛围。

"央视春晚"在30多年与观众"打交道"的过程中，积累了节目之外的各种传播经验，节目编导不仅追求节目表演内容和形式的完美结合，同时也十分注重对节目外部其他元素的精心设计和巧妙运用。比如，舞蹈类节目除了选择优秀演员之外，还注重利用群舞的色彩流动和造型美感来烘托和渲染节日氛围；语言类节目除了注重对节目的文学性、趣味性和可视性等艺术元素进行把握之外，还一定要反映当年的社会热点，尤其注重对人物语言的可传播性进行提炼。在节目的编排上，编导要考虑到针对不同年龄层观众的兴趣爱好，注意在选择、创作和编排节目上满足不同年龄、不同层次观众的需求；在对主持人的选择上，不仅注重主持人的明星效应，还特别注重不同主持风格的搭配，使串联风格熔端庄、优雅、诙谐、风趣于一炉，亦庄亦谐，相映成趣。随着时代进步和社会审美的变化，"央视春晚"在主持人的发型、服饰、化妆等造型方面也是精心雕琢，使主持人显得大气端庄，时尚别致，常常能够引领审美潮流。这些因素不同程度地影响着每一届"春晚"，日积月累，形成品牌效应。

3. 形式丰富多彩、整体和谐统一

综艺晚会，尤其是像"央视春晚"这样时间长、节目多、演员杂的大型综艺晚会，其节目编排有自身的规律和法则。

编导首先要考虑节目在主题内容上的逻辑联系；其次要参照节目表演形式的变化进行搭配，合理安排节目的节奏以及演员换场的布局。好的编排可以强化整台晚会的主题表达和气氛渲染，可以强化影像转播的视觉效果，提升节目的观赏质量，使观众获得美轮美奂的审美体验。

纵观历届"央视春晚",都以音乐舞蹈、戏曲曲艺、杂技小品等为主要节目类型。众多的节目样式和各路演员形成一个和谐统一的艺术整体,完成一台具有严密的逻辑联系和紧凑的表演节奏、内容丰富而主线清晰的晚会,离不开编导们对节目的精心串联和编排。节目的编排艺术在"央视春晚"的成功中起到了"四两拨千斤"的重要作用。精心而恰当的编排艺术可以使长达四五个小时的"央视春晚"张弛有度、生动流畅。尽管"春晚"上的节目无疑是优中选优、个个精彩,但是如果撇开主持人串联、节目搭配、舞美视频、镜头处理等综合因素的介入,单看节目的舞台表演,其审美效果则远不如经过电视处理的节目好。好的编排使各个节目仿佛都被分派了不同的任务而各守其责、各司其职:有的给人美的享受,有的烘托节日氛围,有的令人捧腹开怀,有的使人动情落泪,有的让人惊讶赞叹,有的使人凝神遐想。总之,"央视春晚"上对节目的编排,对观赏效果的提升作用是毋庸置疑的。

4. "造星"——"央视春晚"的明星产业链

围绕着"央视春晚"这一文化品牌,已经形成了一个巨大的"造星"产业链。从杨丽萍、宋祖英、赵本山、潘长江、刘谦这一系列艺术名家到小沈阳、吉祥三宝、"西单女孩"任月丽等"草根"明星,他们使"央视春晚"多姿多彩、鲜活生动,而"央视春晚"也使他们熠熠生辉。电视的大众传媒属性和时代的快速发展决定了电视文艺舞台本身就具有"造星"的特别功能,而观众审美趣味的不断变化也要求电视台不断地推出新人新作。"央视春晚"的编创者们正在积极探索如何使春晚的品牌效应进一步获得延伸,他们提出了"开门办春晚""社会办春晚"的思想,邀请地方媒体的优秀节目频频登上"央视春晚"舞台。他们还围绕"春晚"开办了《我要上春晚》《星光大道》等选秀文艺栏目,不断地培养和发掘新人,形成了以"央视春晚"为龙头的"造星"产业链。

随着"央视春晚"的走向成熟,其模式化的诟病也开始显现。近年来,观众中越来越多地出现了对"央视春晚"的质疑和批评,但是"央视春晚"这个新年俗的标志性产物还是成为人们不可或缺的春节文化大餐。从每年春节前后各大媒体对"央视春晚"台前幕后的各种话题的"围追堵截"和"狂轰滥炸"式的报道态势就可以看出人们对它的关注和追捧。"央视春晚"已经成功地将其鲜明的风格化特征深深地植入了观众心中,尽管它已经走过了30多年,模式化和"老套"的诟病在所难免,尽管近年来的"央视春晚"总有人"吐槽",但是它仍然具有不可取代的独特魅力。

经过了30多年历练的"央视春晚"所承载的远远不只是一台晚会、一系列艺术家和一个电视台的节目记忆,它已经通过一系列的"春晚"内容和艺术的符号,积淀了一个民族30多年来的集体文化记忆,"央视春晚"的经典性和文化价值也就在于此。

二、模本分析:2014年中央电视台《春节联欢晚会》

节目版权:中央电视台

总导演:冯小刚

副总导演:赵本山、沈晨、赵麟

执行总导演:吕逸涛

艺术顾问:阎肃、冯骥才、刘恒、印青、张国立

策划：张和平、赵宝刚、沈腾、彭大魔

美术总设计：陈岩

灯光总设计：沙晓岚

制片主任：牟星

2014 年中央电视台的春节联欢晚会，是于 2014 年 1 月 30 日晚 8 点，即农历除夕夜举办的马年春节联欢晚会。这是一台中央电视台 30 年多来第一次把总导演的"席位"拿出来对社会公开招聘的"春晚"。经过复杂的筛选程序，确定由著名电影导演冯小刚担任总导演，更使这台晚会在登台亮相之前就备受社会关注，充满神秘感，而在播出之后又饱受争议，成为"央视春晚"历史上的一个非常特殊的案例。

2014 年"央视春晚"

（一）对传统模式的继承

连续举办了 30 年的"央视春晚"已经形成了很多固有的模式和概念，比如晚会要有鲜明的时代主题，内容要反映时代特点和社会热点，要综合各种艺术表演形式；要有固定的节目时长和主持人群体，晚会要体现民俗文化特点，气氛要热烈、喜庆、团结、和谐，等等。2014 年的"央视春晚"在总体设计上无疑是要继承其传统模式，在原有格局的基础上进行创新和改造，可谓"带着镣铐跳舞"。正如冯小刚导演后来在微博上发言所说的："我对'春晚'的改造不到 10%，而'春晚'对我的改造则是 100%。"可见，任何一届新的"央视春晚"都必须首先继承传统，所有的创新和改造都不是随意和无所顾忌的，都要受到"央视春晚"这个特定的晚会形式的限制。

（二）冯小刚的改革与创新

2013 年 6 月 8 日，中宣部领导到中央电视台调研春节联欢晚会筹备工作时强调，要以改革创新精神办"春晚"，探索新思路、开门办"春晚"，把春节联欢晚会真正办成全民大联欢的盛会，领时代新风尚，传递社会正能量。

为办好这届"春晚"，国家新闻出版广电总局要求各省级电视台选送节目供 2014 年"央视春晚"挑选，并规定凡是被选中参加终审的节目，在 2014 年"央视春晚"播出之前，各地不得自行播出。正是在这样一种极其特殊的背景下，冯小刚导演团队走马上任。那么，这届"春晚"有哪些变化和改革呢？

1. 名家汇聚的策划、创作班子

总导演冯小刚组成了与以往不同的"春晚"策划、创作和顾问团队，在保留原有的"春晚"策划班子中部分成员的基础上，新的策划班子加入了著名作家冯骥才、刘恒，著名导演张和平、赵宝刚，著名演员张国立、赵本山等新面孔。这个策划班子中减少了部分多年参与"央视春晚"策划，对"央视春晚"创作套路十分熟悉的演职人员，而增加了擅长影视剧和文学创作的作家、导演等。这些人由于长期与冯小刚导演密切合作，熟悉冯氏创作习惯，为彼此之间的默契配合提供了基础，也为这届春晚尽可能地在创作思路上丢掉包袱、突破传统、锐意创新提供了一定的条件。2013年7月12日下午，央视举行2014年"央视春晚"发布会，刚刚走马上任的总导演冯小刚首次发表"施政纲领"，他表示2014年马年春节晚会要着力避免虚假、空洞，做到"真诚、温暖、振奋、好玩"。

2. 摒弃华丽的舞美设计路线，追求温馨、传统的舞美设计风格

采用最先进的高科技灯光、舞美对舞台进行包装，达到豪华辉煌、美轮美奂的效果，是很多导演的追求。

在节俭办晚会的相关精神指导下，2014年"春晚"的舞台设计与前几届追求豪华、辉煌的思路大不相同，冯导演的舞台创新，就是在舞台包装上采用了一些电影手法，不盲目追求所谓高科技的概念和形式。晚会上LED屏数量大幅度缩减，观众席也都追求朴素简洁的风格，吊顶上挂起了传统的大红灯笼，体现出浓浓的年味儿。T字形的舞台不见了，舞台回到了多年不见的半圆形结构，与观众席的呼应更为紧密。一些中国传统的文化元素也在舞美设计中加以体现，比如用灯珠构成的中国结、剪纸等；舞台上空由"星星灯"构成的骏马图案，通过光影变幻，在晚会节目中呈现出多样的造型，有时候像民间剪纸，有时候又像中国结。还有一个创新点是：在整个舞台的半空中，出现五个LED屏幕方块构成的移动彩幕，它们会根据节目的需要，与主舞台遥相呼应，延展了表演空间。总之，这台晚会的舞美既实现了导演组"节俭"的初衷，又满足了体现温馨、亲民的风格的要求，简洁而不失喜庆和大气。

（三）节目力求真诚、温暖、振奋、好看

1. 主题的艺术化呈现

2014年"央视春晚"将主题确定为"春、夏、秋、冬"，这一主题寓意十分丰富：春夏秋冬的季节变化十分贴近人们的生活体验，可以隐喻人生的不同阶段，折射生活的各种面貌，表达情感的不同色彩，象征节目的不同段落，使人产生丰富的联想。主题的确立为晚会的段落划分和节目的风格变化提供了创作的依据，而在晚会的各段落之间又穿插了内涵丰富的艺术短片作为间隔，更体现出晚会的民族文化底蕴，留给观众较大的艺术想象空间。这一主题在晚会中还用了一个独特的艺术形象来表现，就是小彩旗从头到尾地旋转，正如主持人所说："她这个转圈是有含义的，她是时间的使者，她用旋转演绎时光的流转和四季的轮回，当新年钟声敲响的时候，小彩旗就停下来和我们一起迎春接福了。"

根据这一主题，晚会一开始便用了4分钟的艺术短片展示出浓浓的春意。在人们熟悉的《春节序曲》音乐声中，2014年"央视春晚"拉开了序幕，普通百姓、各行各业的职工和大腕明星们关于"春晚是什么"的一连串回答，生动、新鲜又有趣，撩拨起人们的观赏兴趣：

　　（百姓）春晚就是喜庆，就是热闹。春晚就是红火，吉祥。春晚就是团圆。（厨师们）春晚就是吃，就是喝，春晚就是"舌尖上的中国"。（成龙）春晚啊，就是全世界华人的年夜饭，花开富贵，龙马精神。（姚明）春晚就像贴春联、放鞭炮，一年必须热闹一次。（冯骥才）三十年了，中国人离不开春晚了，它已经成为我们的新民俗了。（陈道明）春晚啊，有它不多，没它不少，其实啊，就是老百姓年夜的一个伴随吧。（李雪健）说到春晚啊，我觉得刚开始那些个年啊，两字——亲切；往后呢，

还是两字——场面。（南方人）春晚呀，北方的笑话听不懂啦，哈哈哈。（打工族）春晚就是歌，这一年啊，就今儿能够踏踏实实看回电视。（学者）春晚？从来不看，俗气。（学者妻）不看你怎么知道俗气呀，（对观众）别理他啊，矫情。今年春晚有老毕吗？（马云）对春晚的批评，就意味着对春晚的关注，一边挑着毛病，一边还看着，这恰恰说明它的重要性。（海外华人）春晚，我们在海外的华人看春晚就是思乡；我们不像国内观众那么挑剔，有什么节目我们都喜欢看。（老夫妻）春晚，就是哄她开心，人老了就像个孩子一样。（葛优）春晚？就是春节的晚上吧，我知道是晚会，年年都看。电影还能凑合演，小品可不敢，太难了。（姚晨）春晚啊，春晚就是站什么山，唱什么歌。（吴秀波）春晚我去过，要在同一时间娱乐所有的人，这事儿有点难。（老干部）春晚不能仅仅是娱乐，还要有教育意义。（儿子）哎哟爸，这都忙活一年了，春晚就图一乐，您就别再给我们上课了。（老干部拍椅子）受受教育有什么不好？（张嘉译）您别着急，也别上火，这春晚嘛，就是得面面俱到，都得照顾着。（青年人）看春晚？您知道我最大的乐趣是什么？（群喊）"吐槽"哇！（范伟）春晚啊，承蒙观众的喜欢，谢谢啊。今年呐，该翻篇儿了，在家当观众了。（林丹）春晚是每年快乐的习惯，更是每年一次的期待。（四川人）啥子？春晚哦，电视台的记者在问，春晚是啥子？（群答）是快乐嘞！（民警）春晚，就是大家看节目，我们保平安。（医生）春晚就是迎接新生命。（边防战士）春晚就是战备值班。（消防员）春晚就是严阵以待！（礼花绽放，字幕渐显：春晚，是想你的 365 天。）

——整理自艺术片《春晚是什么》

2. 节目的巧妙构思

晚会有了别致的开场，要使情绪很好地延续，就需要精彩的节目来支撑。2014 年"央视春晚"在节目的构思上可谓颇具匠心。有很多立意好、形式新、表演精彩的节目留在了我们的记忆之中。先导片之后紧接着的一首《想你的 365 天》，是老歌新唱，李玟、张靓颖、林志炫、沙宝亮等明星歌手同台演绎，后面群舞静静地衬托，既有内在深沉的演唱，又有辉煌大气、温馨深情的舞蹈相衬，场面宏大而不闹腾，情感充沛，气氛热烈，打动人心。

一些新的节目形式和表演搭配也给人留下了深刻印象，比如匈牙利舞蹈团表演的《中国元素》、奇特的《侧躺剧》、法国女明星苏菲·玛索与刘欢演唱的《玫瑰人生》、台湾演员刘成表演的腹语节目《空空拜年》、人气暴涨的韩国明星李敏镐与台湾歌手庾澄庆合唱的《情非得已》、创意武术《剑心书韵》等。这些节目不仅星光闪耀，而且创意十足，令人目不暇接。黄渤演唱的《我的要求不算高》，唱出了广大人民对未来生活的梦想，歌词十分贴近生活，唱出了百姓的心声，表演形式简洁、干净，突出了对歌词内容的传达。

通常而言，"春晚"上戏曲节目虽不能缺席，但很难给观众留下深刻的印象。而 2014 年"春晚"的京剧节目《同光十三绝》从展现京剧流派和名家切入，加上晚辈精英的精彩表演，不仅显得底蕴深厚，还展现了中国传统艺术人才辈出的灿烂前景，显得十分出挑，令人难以忘怀。

3. 经典的怀旧段落

2014 年的"央视春晚"体现了对经典的怀旧和推崇，歌曲《英雄赞歌》《万泉河水》和舞蹈《红色娘子军》的段落，让 20 世纪五六十年代的观众再次回顾了自己的青春岁月，让青年观众看到了艺术精品的不朽价值。尤其是在串联形式上，编导体现出了细腻的构思和呈现技巧：歌曲《英雄赞歌》的领唱者竟然是一个与电影《英雄儿女》中女主人公同名的演员；"合唱"这种表演形式在"春晚"当中是不多见的，但是由于晚会串联词的恰当渲染和镜头画面的完美处理，《英雄赞歌》中的合唱表演与整台晚会的氛围和谐统一，没有丝毫的游移感和间离感。

在文艺晚会上表彰英雄模范人物，很容易概念化和程式化，常常是导演们比较头疼的部分，而 2014 年"春晚"选择了著名歌手韩磊演唱一曲《老阿姨》，化解了这个难题。歌曲中展示全国道德模范的一组照片，拉近了模范人物与观众的距离，增加了人们的认同感。

"春晚"中有一个特殊的环节，就是"零点报时"，这是一个很容易落入俗套的环节，到了报时阶段，晚会高潮已过，许多观众已经进入审美疲劳状态，稍不留意这个环节就会出现问题。2014 年"央视春晚"为这个环节做了精心铺垫：先是一首《天佑中华》调动起人们的感情，再由主持人用一连串以"马"字命题的吉祥话，给观众送上贴心的祝福，联络起观众的情感。这样，零点钟声就变成了迎接福气的重要节点，观众怎能不等？零点钟声迎来的是欢乐的歌舞，开启的是幸福的大门。

4. 质朴、风趣的串联风格

选择著名影视演员张国立加入"央视春晚"主持人团队，使晚会串联增加了一些个性化色彩，串词中也强化了贴近、真诚、随意、亲和的艺术感染力。张国立是一个富有表演和晚会主持经验的优秀演员，他塑造的众多影视剧人物形象，使得他的身上附着了一种普通人的符号化气质，他的出现对传统央视主持人阵容很容易表现出来的正统主持模式起到了柔化和消解的作用。他可以以讲自身经历的口吻说故事、说情感、说意见，显得真实自然，没有主持腔。连和他一起搭档的朱军、董卿和李思思，都显得随和、真切了许多。

比如晚会开场的一段串词是这样说的：

> 主持人合：（边走边说）过年好！
> 董卿：祝大家，福字天来喜匆匆，
> 朱军：路行大道三元中，
> ……
> 李思思：喜花笑迎满堂红！
> 张国立：好，几位老主持人的定场诗说得真是太好了。现在该我这新主持了啊，嘿嘿，我很紧张，练了很长时间。朱军啊，你听听是不是这么回事儿啊。
> 朱军：你来呀。
> 张国立：来着啊，这里是 2014 年中央电视台春节联欢晚会的直播现场，在此辞旧迎新之际，我们向全国各族人民，向台湾同胞、港澳同胞、海外侨胞，向全世界的中华儿女拜年了！（忽然觉得不对）哎，别着急别着急，不对不对。

朱军：怎么啦？

张国立：这时候你们应该跟我一块喊着拜年啦呀。

董卿：哈哈哈，你说的是很好，但是还没说全呢。

张国立：我练了这么长时间还没说全呢？

朱军：没全。应该这样——在这里我们还要向中国人民解放军全体指战员……

张国立：对对对……

董卿：（打断张国立）向武警部队官兵，

李思思：（紧接）向公安民警，

……

朱军：（提高嗓门）我们给您——

主持人合：拜年了！

这种编排打破了过去那种格式化的开场套路，使冗长的问候语显得更加贴近、亲和，其内容的表达也更加清晰、层次分明。

5. 减少老面孔，给新星表现的舞台

2014年"央视春晚"在演员安排上充分体现了"开门办春晚"的指导思想，晚会中演员构成发生了明显的变化：一些多年参加"春晚"的熟悉面孔不见了，许多在各种选秀舞台上崭露头角的"草根"型演员出现了。大量涌现的新人新作使2014年"春晚"增添了青春气息和新鲜感。

6. 节目的编排艺术

在节目编排方面，2014年"央视春晚"继承了历届"春晚"的优良传统，将节目分为六个段落依次展现，并由此组成了逻辑清晰的叙述框架，见下表：

时间	第一段 20:00—20:10	第二段 20:11—20:40	第三段 20:40—21:30	第四段 21:30—22:40	第五段 22:40—24:00	第六段 24:00—24:40
收视取向	开场收视特征	热点收视特征	家庭收视特征	大众收视特征	青年收视特征	结尾收视特征
审美线	导入、点题	世俗风情	文化风情	艺术风情	流行风情	中国风情
主题线	春节主题	现实主题	怀旧主题	歌颂主题	展望主题	祝福主题
戏剧线	情景表演	煽情表演	经典表演	趣味表演	时尚表演	艺术表演
仪式线	喜庆、欢聚	回顾、总结	励志、奋进	歌颂、感恩	寄语未来	祝福祖国

晚会节目分为六大段落：每一段围绕相应的主题展开。

第一段（序幕）：先导片《春晚是什么》；开场歌曲《想你的365天》。

第二段（现实主题）：歌舞《欢歌》、歌曲《群发的我不回》、小品《扰民了你》、舞蹈《万马奔腾》；歌曲《时间去哪儿了》、歌曲《我的要求不算高》、小品《扶不扶》、歌曲《倍儿爽》、武术《剑心书韵》、歌曲《最好的夜晚》、腹语《空空拜年》、歌曲《张灯结彩》。

第三段（怀旧主题）：歌舞《英雄组歌》，包括《练兵舞》（选自芭蕾舞剧《红色娘子军》）、歌曲《万泉河水》、歌曲《英雄赞歌》、歌曲《光荣与梦想》。

第四段（歌颂主题）：创意舞蹈《符号中国》、歌曲《玫瑰人生》、相声《说你什么好》、舞蹈《小马欢腾》、京剧《同光十三绝》、小品《我就这么个人》、歌曲《情非得已》、创意形体秀《魔幻三兄弟》、魔术《团圆饭》、歌曲《答案》、小品《人到礼到》、杂技《梦蝶》、歌曲《老阿姨》。

第五段（展望主题）：创意器乐《野蜂飞舞》、歌曲《我的中国梦》、歌曲《天下黄河九十九道湾》、歌曲《套马杆》、歌曲《卷珠帘》、歌曲《站在高岗上》、歌曲《在那遥远的地方》、歌曲《康定情歌》、歌曲《青春舞曲》。

第六段（尾声）：歌曲《天耀中华》、曲韵串串烧《年味儿》、歌曲《难忘今宵》。

从节目的整体编排上我们不难看出，2014 年"央视春晚"的节目创作设计上确实体现了冯小刚导演提出的"真诚、温暖、振奋、好玩"的亲民特点。很多新创作的节目都力图表达老百姓的真情实感，如《群发的我不回》《倍儿爽》《时间去哪儿了》《目标》《张灯结彩》等歌曲，不仅唱出了百姓心声和社会热点，而且歌词都十分生动、质朴，生活气息浓厚；小品、相声、快板等语言类节目《扰民了你》《扶不扶》《我就这么个人》《年味儿》等，有的直面社会的热门话题，切中时弊，有的贴近生活，表达了普通百姓的理想追求。可贵的是，有些节目，如《扶不扶》《我就这么个人》，还摆脱了一味歌功颂德的老套，将多年不见的辛辣讽刺与恰如其分的赞扬歌颂和谐地融合到一起，显得真切、自然、鲜活、独特。

舞蹈节目也顺利地完成了渲染主题、营造气氛、表现美感等多种功能，如《万马奔腾》《欢歌》《最好的夜晚》《百花争艳》等作品，都体现了中华民族舞蹈艺术的博大精深和美妙绝伦。

（四）成功中的遗憾

不管从策划、创意还是最后的节目呈现上来说，2014 年"央视春晚"都应该是一台成功的晚会。有些网友批评晚会中个别节目在表演上有疏漏、段落形式重复以及存在假唱等问题，但瑕不掩瑜，从整体上看，这些问题不应该影响到观众对晚会的整体评价，也并不损害"央视春晚"惯有的品牌价值。

案例二：河南卫视《梨园春》

节目类型：综艺选秀

开播日期：1994 年

首播时间：每周日 19：35

案例分析：《梨园春》2014 年 4 月 13 日

节目时长：70 分钟

一、节目概况

（一）《梨园春》的发展历程

《梨园春》节目现场

　　《梨园春》是河南电视台在 1994 年开播的一个以河南地方戏为主要内容，汇集全国各地不同戏曲剧种，以戏迷擂台赛方式呈现的一档戏曲综艺栏目。最初的《梨园春》以戏曲晚会的形式播出，1999 年改版后，除戏迷擂台赛和名家名段欣赏外，还增设了戏曲小品或相声、戏曲 MTV 等节目形式。其中，戏迷擂台赛环节的设置使节目具备了参与性和竞争性的特点，使《梨园春》迅速在中原地区走红。随着栏目影响力的持续扩大，栏目组策划了一些省外演出，2000 年 5 月赴新疆慰问演出获得圆满成功；2001 年 5 月在北京举办持续 8 天的"梨园春北京戏曲周"，轰动京城，受到中央领导的高度评价和首都观众的热烈欢迎；2002 年 8 月，栏目组赴台湾进行了两场现场直播演出，开创了河南电视史上跨海直播的先河。

　　2004 年，《梨园春》继续实践改革步伐，在主题性大型晚会上下功夫，全年先后组织近 20 期特色鲜明的主题晚会。每一场特别节目的推出，都为《梨园春》赢得了较高的收视率。

　　从 2005 年开始，《梨园春》开始用全国视角办栏目，年初便以"擂响中国——首届梨园春杯全国戏迷擂台赛"为切入点，拉开了走"全国路线"的序幕。此次大型赛事，连续 7 天在河南卫视进行现场直播，创造了《梨园春》擂台赛有史以来的四个之最，即参与人数最多、参与范围最广、参与剧种最丰富、赛事历时最长。同时，也开启了河南电视台首次使用数字转播车对两个演播室同时进行现场直播的先河。2005 年 3 月、4 月，《梨园春》栏目开展了"唱响中华戏曲魂"系列活动，先后与山西电视台、天津电视台、辽宁电视台、河北电视台、安徽电视台联办，共同制作了 10 期节目，促进了全国电视戏曲栏目的沟通交流，打破了地方戏曲传播的地域性局限，也使《梨园春》在全国的影响进一步扩大。

　　2006 年 3 月，由河南省委宣传部与中国剧协共同主办、《梨园春》承办的大型全国性专业戏曲比赛"擂响中国——《梨园春》专业戏曲演员擂台展演"活动开启；同年 5 月，继续推出全国少儿擂台赛活动及《梨园春》卡通形象颁奖晚会。2006 年 9 月 17 日，《梨园飞歌》大型戏曲交响音乐会在澳大利亚悉尼歌剧院举办，作为 2006 年"中华文化澳洲行"活动的重要组成部分，该晚会实现了中国电视戏曲栏目带领优秀传统艺术走进世界顶级音乐殿堂的历史性跨越，当晚的演出通过河南卫视和悉尼当地电视台进行了现场直播。此次赴澳大利亚演出，是《梨园春》栏目第一次走出国门，第一次将豫剧搬上世界舞台；第一次采用交响演唱会的形式演绎传统戏曲；通过中澳两国的电视技术合作，第一次实现跨洋直播。这不仅是《梨园春》对外宣传河南的又一重大举措，也是该栏目发展史上的又一座里程碑。

2007 年春节，应委内瑞拉国家文化部、中国驻委内瑞拉大使馆、中国驻巴西里约领事馆的邀请，《梨园春》开始了为期 13 天的南美巡演。三场精彩的演出为南美观众及华人华侨带去了中国最优秀的民族艺术和最真挚的问候，受到了热烈的欢迎和好评，并在当地掀起了强劲的"中国热""河南热"，为当地人民了解河南、了解中国搭建起一座文化桥梁。

2011 年，《梨园春》节目内容再次全面升级。常规节目从周播改为主题季播的形式，16 期为一个播出季，一年推出两季，每季产生 5 强，两季共产生 10 强，进入年终半决赛（四场），再选出 6 强进入年终的"春晚"总决赛。

在全国同类栏目普遍处于低潮的环境中，《梨园春》摸索出一条现代电视手段和传统戏曲有机结合的道路，使栏目收视率不断攀升。改版第一年，其平均收视率稳步上升到河南卫视播出节目的第一位，达 14.26%；2000 年至今，其平均收视率保持在 18.6%，最高达 35.7%，受到领导、专家和观众的普遍好评，成为河南卫视的一个名牌栏目，同时也是中国生命力最强的电视节目之一。《梨园春》获奖无数，囊括"星光奖""金鹰奖""兰花奖"等国家级电视大奖，荣膺由美国《哥伦比亚新闻评论》（中文版）评选的媒体行业"中国标杆品牌"称号。

（二）《梨园春》内容形式的特点

《梨园春》在内容形式上最大的特点，就是娱乐性、参与性、互动性。《梨园春》主创人员抓住两个因素，一个是大众文化，另一个是观众的参与和互动。他们采用擂台赛、现场直播、场内场外打分、设大奖、热线电话等一系列手段，充分调动和刺激观众的欣赏热情和参与热情。

在栏目板块设置方面，有《戏迷擂台赛》《擂台紧急风》《好戏天天看》。在编曲和配乐方面，增加大型管弦乐队和电声乐队，并在此基础上进行新的探索，将豫剧与民乐、交响乐结合起来，如编排《梨园春》版《红灯记》、举办豫剧交响音乐会《梨园飞歌》等。在戏曲形式创新方面，面向全国启动栏目卡通形象设计大奖赛，在全国范围内征集戏曲动漫作品，为戏曲小品、戏歌、戏曲 MTV 等多种新兴艺术形式构筑平台。

二、《梨园春》成功因素分析

（一）成功的栏目受众定位

《梨园春》打破了戏曲节目收视主力通常为 65 岁以上、小学学历以下的观众的常态，争取了各年龄层和学历层的观众，其中 15～34 岁、45 岁以上，大专及以上学历人群的收视率也很高。除了本省受众，还有外省和境外的受众群体。《梨园春》首先用名家名段欣赏、戏曲小品、专业演员擂台赛、地方戏片段展演等锁定了受戏曲文化滋养的老一代戏曲观众；同时，用戏迷擂台赛、戏曲歌以及综艺化的戏曲节目形式吸引了青年以及少儿观众的关注，从而使《梨园春》的受众定位囊括了所有年龄段的观众。

（二）栏目的品牌建设及相关延伸

1. 创办子栏目

2005 年 8 月，《梨园春》推出以擂台赛为主要内容的子栏目《擂台紧急风》，栏目以广场文艺为主，为戏迷开拓了更宽阔的展示平台，同时为栏目输送高质量的戏迷擂手。

2008年9月，《梨园春》又推出《好戏天天看》这一子栏目，该栏目以"细数梨园春十年点滴，翻阅500期精彩瞬间；重温台前熟悉的旋律，品味幕后温馨的故事"为思路，把《梨园春》的经典节目进行重新包装，把节目之外的信息和故事通过全新的编辑思路立体丰富地表现出来。

2. 戏迷团与戏迷俱乐部

《梨园春》还利用品牌影响力创立了梨园春艺术团、河南梨苑明星艺术团和遍布多地的梨园春戏迷俱乐部，这些团体的活动在电视荧屏之外进一步扩大了《梨园春》的影响力，推动了栏目的进一步发展。

3. 进军商业演出

《梨园春》还利用自身的资源优势，逐步进军商业演出。栏目进军商业演出的标志事件之一，是《盛世梨园》项目的推出。作为《梨园春》的市场版，《梨园春》栏目组参与制作的《盛世梨园》于2009年5月19日正式进驻8号演播厅，全面进行票务销售和商业运作。《盛世梨园》是电视荧屏与戏曲舞台之间一个全新的结合模式，也是传统戏曲与剧场经营的一种全新探索。

4. 品牌延伸

《梨园春》还将以往的节目和活动制作成音像制品发行，出版《梨园春》杂志书刊，制作出售戏曲工艺品、纪念品等，以《梨园春》的名义创建一所专门培养戏曲人才的专修学院，为整个戏曲市场提供人力资源。该栏目还为其擂主量身定做剧本，让他们在真正意义上实现演出的愿望，并以此为卖点寻求商机。这些品牌延伸都契合了栏目弘扬河南戏曲文化的核心价值，使栏目的品牌资源进一步丰富，并进一步确立了其在全国戏曲栏目中的品牌优势。

5. 其他延伸

《梨园春》经过改版获得一定影响力后，许多企业开始找上门来为栏目提供赞助。除了企业赞助这种形式外，《梨园春》栏目开始寻求其他与企业合作的方式，试图发现新的经济增长点，增强栏目在资金方面的"造血功能"，为栏目的可持续发展提供保障。《梨园春》通过与企业合作，先后推出了梨园春酒、梨园春矿泉水、梨园春方便面等产品，还联合德克士食品有限公司开办了德克士梨园餐厅，通过"品梨园春酒，唱人生大戏""看梨园春好戏，喝梨园春好水"等广告语和主持人的现场宣传，为这些产品打开了销路，也为栏目带来了较为稳定的现金流，实现了栏目与企业的双赢。

（三）延伸舞台：拓宽栏目地域

《梨园春》的舞台是一个无限延伸的舞台。几年来，《梨园春》先后30余次走出演播室，走向基层，走向农村、企业、军营，面对面和群众交流，为群众演出，有近百万人现场观看过《梨园春》的节目。2001年5月，在北京举办了"梨园春北京戏曲周"活动，轰动京城。2002年8月，《梨园春》赴台演出，首次实现了跨海电视直播。2006年6—9月，栏目在澳大利亚举办了"谁能在悉尼歌剧院里唱戏"的"平民悉尼演唱会"。这是中国的戏曲栏目首次跨出国门，在国际场所高调演出，并在技术上实现了跨洲的现场直播。当全球华人通过电视媒介跨洋观看这场传统戏曲晚会的时候，《梨园春》的电视品牌真正走到了世界的舞台上。2007年2月，《梨园春》又一次跨出国门——《梨园飞歌》南美交流巡演正式开始。此次活动作为河南电视台 2007 年开年之作，在策划时大胆创新，在节目细节处理上情趣盎然，突出了节目互动性强的特点，再一次提升了栏目的知名度和国际影响力。

（四）联办节目：彰显大视野

除了用各种活动塑造栏目形象之外，《梨园春》还通过与其他省市电视台联办，向河南省以外的观众奉献精彩的节目，彰显出栏目"心怀河南，放眼全国"的大视野，塑造了栏目致力弘扬河南地方戏曲文化、兼容其他剧种的大气的品牌形象。2005 年 3 月、4 月，《梨园春》开展了"唱响中华戏曲魂"系列活动，先后与山西电视台、天津电视台、辽宁电视台、河北电视台、安徽电视台联合制作了 10 期节目。联办节目的方式，促进了全国电视戏曲栏目的沟通交流，打破了地方戏曲传播的地域性局限，为各个地方剧种、各种戏曲风格流派打造了更广阔的戏曲平台，形成了戏曲资源共享，也使《梨园春》在全国范围内进一步扩大影响，朝着"成为全国电视戏曲栏目的大本营、文化交流的大舞台"的目标迈出了关键一步。

三、案例分析：《梨园春》2014 年 4 月 13 日节目片段实录

【片头+字幕："梨园春 名师高徒 2014 年 4 月 13 日 决赛第一场"+片花】

评委小香玉：今天是"名师高徒"决赛的第一场。

评委范军：老师们、徒弟们都跟上满了弦一样。

【字幕：赛前紧张彩排中】

选手：这可是咱俩第一次演感情戏。

选手：这地这么滑，我晚上三个翻身了。

【字幕：名师与高徒都面临着巨大挑战】

选手：高靴我估计有三十年没穿过了。

选手：脱去龙袍换旦衣，我这是大姑娘上轿头一回。

【字幕：让我们期待"名师高徒"今晚的表现】

【梨园春 Logo+字幕：河南电视台 1500 平方米演播厅《名师高徒》录制现场】

选手：我相信今天晚上不仅是精彩，而且是惊叹。

【字幕：《名师高徒》化妆间】

评委赵炎：在这场决赛中我期待的就是更大的精彩。

评委周炜：我期待 5 个第一。

【师徒选手成对出场：王希玲和张海龙 陈静和魏凤琴 胡希华和田冠军 虎美玲和袁娜 刘忠河和刘星河（景富仓）】

【评委入场，观众欢呼、鼓掌】

画外音：五、四、三、二、一，走！

画外音：有请主持人庞晓戈、关枫！

【观众欢呼、鼓掌】

关枫：亲爱的观众朋友们，大家——

庞晓戈、关枫：晚上好！

关枫：朋友们，您现在收看的是由福森药业冠名播出的《梨园春》20 年开年赛季"名师高徒"决赛第一场，我们也要特别感谢金星新一代对我们节目的大力支持。

庞晓戈：我们要欢迎来自四面八方的热心观众，来为我们的"名师高徒"呐喊助威。我们欢迎来自中国驰名商标金沂蒙生态肥全国各地的经销商朋友们，大家好！安阳三叉神经医院的朋友们，你们好！跳出好味道大桥鸡精的朋友们，焦作市地丰肥业云通复合肥全国各地经销商朋友们，欢迎所有的热心观众，欢迎大家！

关枫：我们同样要把最热烈的掌声送给担任我们决赛的四位评审，欢迎你们！

庞晓戈：亲爱的朋友们，我们的"名师高徒"经过五场晋级赛之后，一共有 10 位名师的高徒冲进了决赛。在今晚的第一场决赛当中，我们将会产生一位金奖和四位最具人气奖，接下来就让我们通过一个短片，认识今晚出场的第一组名师高徒。

【短片：介绍胡希华和他的徒弟田冠军】

胡希华：我一开始给冠军选的唱段是《李豁子的婚事》，公堂的一段唱段。结果经过排练，冠军有他自己的想法。

田冠军：李豁子这个人物性格不好把握，这个戏我一直没演过，也不敢轻易去尝试。

胡希华：冠军一般演的都是娃娃丑，他对李豁子这个人物，他怕把握不准。

田冠军：选唱段的时候我有所顾忌，考虑到老师配戏这方面，不想叫老师太难做。

胡希华：我就给冠军说，你放下包袱，你选的唱段，只要你感觉合适，至于老师给你配戏，我加班加点学。

田冠军：这次我们师徒二人呢，要来一个大的突破。大家都瞧好吧！

胡希华：没事，主要是个展现，心态放平和。好吧，走。

田冠军：好，走。

【胡希华和田冠军表演曲剧《卷席筒》选场】

（观众、评委鼓掌）

庞晓戈：胡老师，您还记得您上一次穿这厚底靴是什么时候吗？

胡希华：这个啊，大概是 20 年前了。

庞晓戈：20 年没穿这厚底靴了。

胡希华：因为行当不一样。

庞晓戈：还能适应吗？

胡希华：还行吧。为了给冠军配戏，我穿着高靴练了好几天了。特别是这个搓步难度很大，练得我腿都是疼的。（观众鼓掌）

周炜：刚才你看小仓娃前面唱的时候，其实我更多关注老师在后面配戏的感觉，每一个眼神，每一个动作，每一个细微之处都没有放过，就是老师配得是这么认真，就这一点让我心里觉得暖暖的那种感觉。所以一切这种比赛那种紧张的感觉全都不在了，让我们更多地感到师徒情深这样的一种感觉。

庞晓戈：为什么到了决赛了，这徒弟没有选择您的戏？

胡希华：这个《卷席筒》啊，也是我们曲剧舞台上的一个常演不衰的戏，并且也是丑角的戏。海连池老师我们两个关系不错，从前这个文艺圈里有一种说法叫"一个槽上拴不住俩叫驴"，但是我跟海老师曾经达成过一个默契，就是说他的徒弟也是我的徒弟，

我的徒弟也是他的徒弟，总而言之都是曲剧的学生。（观众、评委鼓掌）

赵炎：我真的感动，我们希华老师刚才说的这一番话，打破门户之见，打破派别之分，只有这样一种交融，只有这样一种突破，才有可能更有益于我们曲剧的蓬勃发展。（观众鼓掌）

庞晓戈：说起这个师徒俩的缘分，前面节目中我们给大家讲到了，由来已久的这个缘分，还有一点大家不知道的，也算是一种巧合，胡希华老师当年的开科戏启蒙戏，唱的什么呢？花脸，铜锤花脸。

胡希华：对。

庞晓戈：田冠军在这个舞台上演的这个花脸戏，大家也不陌生，两个人都有这样一种花脸的情结，今天大家来值了。花脸戏来两句！

胡希华：我估计都是 50 年前的事了，因为这个学生时期给我排的第一个戏是《二进宫》，演的是徐延昭，唱两句……我都忘了。（唱）鼓打五更月昏黄，明星朗朗出东方。不中了不中了，嗓子已经不适应了。（观众鼓掌）

范军：这怎么听还是李豁子啊！另外一个我说冠军，冠军这个演员好啊，朋友们，规规矩矩，老老实实，本本分分，你看他唱戏，不骄不躁，他虽然唱丑，他是唱人物的，他是走内心的，他把小仓娃——咱河南这个孩儿刻画得憨态可掬，淋漓尽致，我觉得啊，既有胡派的风采，又继承了海派的朴实，四个字——"人才难得"啊，朋友们！（观众鼓掌）

庞晓戈：喜欢这一组名师高徒表演的，大家请打分！

【得分柱显示：390 分】

庞晓戈：胡希华老师的高徒田冠军，观众给出的分数是 390 分！（观众鼓掌）

【演出后台】

胡希华：应该说不管是情绪、表演，这些方面都不错，都很到位。其实我很紧张啊，我那几句词在我脑子里搅过来搅过去的。（师徒俩拥抱）

【片头+现场观众鼓掌】

关枫：欢迎大家回到由福森药业冠名播出的《梨园春》20 年开年赛季，"名师高徒"决赛第一场的比赛现场，我们也要特别感谢金星新一代对我们节目的大力支持。

【短片：介绍陈静和她的徒弟魏凤琴】

陈静：这一次到决赛了，俺娘俩商量了一下，还是要拿一段比较精彩的戏。最后我给她选了一段《杨门女将》。一个是她的嗓子比较适合，很宽厚，唱段也很好，扮相也不错，我就给她定了这一段戏。

魏凤琴：我也考虑到《杨门女将》，选用这一折了。就是考虑到老师 70 多岁了，还要给我配戏，我心里想想真不是滋味。

陈静：我说孩子不要紧，为了你能够表现得更好，我这个老太太豁出去了。

魏凤琴：俺老师为了我，为了越调，重新披挂，我一定不让老师失望，为越调争光，为老师争光。

陈静：咱一块加油努力啊！好，走！

【陈静和魏凤琴表演《杨门女将》选场】

（观众、评委鼓掌）

关枫：大家说陈静老师威武吗？（观众欢呼、鼓掌）

陈静：谢谢，谢谢大家！

关枫：师徒二人和这出戏都很有缘分，1977年魏凤琴14岁的时候，演的第一出戏就是《杨门女将》，演的就是今天陈静老师演的这个杨八姐。怎么也没有想到，三四十年之后在"名师高徒"中，71岁的恩师为自己配戏，又演了杨八姐。

魏凤琴：俺陈老师前一段她的青光眼非常严重，才做了这个手术，没有恢复好，这一段时间天天给我们弟子排戏，排完戏以后就头痛得受不了，回去就输水，70多岁的人了，她还得扎靠勒头，这个头一包啊，她这个眼睛就像爆出来一样疼，我说老师，我换一个段子吧，别叫我唱这一段了。

陈静：哎，乖乖，咱不能换段子，因为啥呢？这个段子很适合你。这一次老师给你配个绿叶，人家俗话说嘛，红花还得绿叶配，老师这个绿叶给你配得支楞楞的，把你这朵红花衬得更漂亮、更美丽。（评委、观众鼓掌）反正不就是这么一回事了，就是疼点，受点罪，只要把你伺候得劲儿，俺就中。

关枫：你说怎么能，71岁的人，这个青光眼特别的疼，一使劲一操心，整个头都是疼的，你让老人怎么不难受啊！

陈静：反正这个扎靠勒头是不舒服，您没有病您也不舒服，您不相信您试试，这身上捆的都是绳子，上下都有一二十斤，反正我想了，只要死不了，给它豁出去了！（观众鼓掌）

关枫：特别感动，今天中午的时候跟她说，我说陈老师，下午不用来那么早，中午多休息一会儿。老人今天下午3点钟第一个到的演播厅，试服装，走台口，化妆。刚才香玉老师也说，不行陈老师把这个头盔松一松，还有一点时间，陈老师说不行，我得先适应适应。我能看出来，老师已经难受得不想说话了，但是一直坚持到现在。所以让我们更深刻地明白，什么叫恩师，什么叫做诲人不倦，什么叫做呕心沥血，我们向陈老师致敬。（观众、评委鼓掌）

陈静：谢谢，谢谢！

范军：老师今天晚上，刚才说，她的老伴在后台，说让老师吃个饼吧，老师说不敢吃不敢吃，我吃了怕吐出来。你不知道这个勒头，你不要笑，台上一分钟，台下十年功，朋友，这可不是容易的！71岁了，这要是咱娘，你别说你20多斤给她勒到头上，你就是给她带个帽子紧点儿，你心疼不心疼？所以说我说老师多么无私啊！老师，身体健康，硬硬朗朗！

陈静：谢谢！（观众鼓掌）我得说个最关键的问题，我得给俺的学生拉拉票，我下面给大家打一套把子，我要打得好了，您大家都给俺的徒弟加分！呵呵……

观众：好！

小香玉：陈老师，您打把子得找人配，我跟周炜咱俩，他给我加油，我给您配好不好？

周炜：我给你加油！（观众鼓掌）

小香玉：把子不是我的强项，真的是打把子也不是一件简单的事儿，另外就是扮上，这样打扮打把子，我都没演过这样的戏。

陈静：我跟你说着，因为你是内行，我一说一二三，过河你都懂的，咱就弄一点叫大家看看，啊？

小香玉：中！俺弄一点！（观众、评委鼓掌）

【陈静和小香玉表演打把子】

（观众喝彩）

小香玉：周炜你赶快上来，你赶快上来啊！

周炜：干啥呀！

陈静：快点儿啊，加分的关键时候！

周炜：我不会啊！

小香玉：你不会，你刚才看了没有？

赵炎：周炜打把子没有打过吧？

周炜：我打摆子还行。

赵炎：嗯，对了，我看着打摆子还中。

小香玉：打摆子还中。

周炜：你教我啊！

小香玉：我教你，来吧！

赵炎：听口令！

【小香玉教周炜打把子】

周炜：（叫饶）停停停！（小香玉亮相，观众鼓掌、喝彩）来将报名！

小香玉：小将报姓！

周炜：你少爷杨宗保！

小香玉：你奶奶佘太君！（众笑）

周炜：这还占上便宜了这还！希望能给观众朋友们忽悠忽悠，给我们这一对"名师高徒"多加点分！好不好？

观众：好！（鼓掌）

关枫：谢谢，谢谢！喜欢陈静老师和魏凤琴这一对"名师高徒"表演的现场观众，请做好准备，为她们打分吧！

【得分柱显示：389分】

关枫：现场观众为魏凤琴打了389分！（观众欢呼、鼓掌）陈老师一直捂着这个胸，应该是很不舒服了，我们先让陈老师下去休息一下，我们再听赵炎老师有什么点评，好吗？

观众：好！（陈静鞠躬，在观众、评委的掌声中下场）

【后台】

陈静：真难受，我真坚持不了了！20多年了，这回上刑了，这回。啊哟我的天哪，可下来了，可下来了。猛一下受不了，真受不了。不扎紧吧，我害怕靠旗乱动，扎紧吧，真受不了。

【现场】

赵炎：我感动于艺术家他们的艺术魅力，我觉得感动之余我还得感谢，感谢我们选手的出色的表演，感谢我们的名师甘当绿叶，感谢我们《梨园春》搭建了这么一个平台，感谢我们热情的观众给予我们戏曲的支持！（观众鼓掌）

关枫：凤琴啊，把老师所有的爱都化作动力，把咱们越调旦角艺术发扬光大，有信心吗？

魏凤琴：有信心，有信心！

关枫：为凤琴加油吧！（观众鼓掌）

【后台】

魏凤琴：（匆匆赶往化妆间）我得赶快看看俺老师咋样了。俺老师在哪儿呢？

画外音：在化妆间。

魏凤琴：（进入化妆间）陈老师，碍事不碍事啊？

陈静：没事了，乖，都放心吧！哎呀，它主要拿住我的头了，不拿住头我还不下来。

魏凤琴：主要俺陈老师刚动了手术。

陈静：这回丢人了，丢人了。

魏凤琴：不丢人，您在舞台上表现得好得很！

【片头转场】

【短片：介绍刘忠河和他的徒弟刘星河】

刘忠河：决赛需要我和徒弟配戏，这给我出了一个很大的难题。

刘星河：我和俺老师俺俩演的都是须生，可在舞台上两个须生的对手戏很少。

刘忠河：想来想去为了展示孩子最拿手的唱段，我来给他配个反串。

刘星河：老师提出给我配反串，可我想都没敢想过。从我认识老师到现在，我没见过他演过别的行当。

刘忠河：演反串说起来容易，可是做起来真是不容易啊！她的眼神、手势、唱腔，和须生是完全不一样的。

刘星河：俺老师都是 70 多岁的人了，还得重新学别的行当，我跟老师商量，换个别的段子，可是老师死活不同意。

刘忠河：这个戏是孩子最拿手的戏，只要他能演好，唱好，作为老师，我作点难，没问题。

刘星河：老师为了我做了这么大的牺牲，我作为徒弟的也没啥说的，我只有努力把戏演好。

【刘忠河和刘星河表演豫剧《穆桂英下山》选场】

（观众、评委鼓掌）

庞晓戈：我简直不敢相信自己的眼睛。这是刘忠河老师吗？谁见过这样的刘忠河老师？刘老师，您跟大家交个底，您以前真的没有这么扮过吗？

刘忠河：我是大姑娘上轿——头一回。（众笑）我从帝王演到元帅，现在一直把我贬到下边当老太君了。

庞晓戈：这辈分越来越高了呀！哈哈哈……

刘忠河：哎呀，这确实太难了！它这个难又难在哪儿呢？它就是那眼神、手势，从她的动作，一切都得把我原来帝王将相那些东西，都得统统去掉，不像演这个帝王将相它感到大气呀，感到非常挥洒自如。这个呢，它得拿住一点儿，她那个手就得这样（比划），像花旦这样子，一般青衣呢她都不能这样，这样指有点太小气了，得这样指，不抬手腕。像我这个老旦可以，这样指。

小香玉：您这个刘老师哈……（笑）

刘忠河：对，我是刘老师。

小香玉：（对周炜）不是，你看他的表情，你看刘老师的表情……（笑）

庞晓戈：还在戏里头呢！

周炜：我跟你说啊，刘老师扮成那样以后，还属于一个漂亮老太太。

小香玉：而且你知道吧，我也不好意思，因为他……

赵炎：就是这个扮相很好看，很慈祥，而且呢很端庄。

小香玉：赵老师，我跟你的看法不一样，你看因为我跟刘老师，我敢跟他说几句，因为他是长辈嘛，又是男的，我觉得他是那种"闷 N 型"的那种。

赵炎：什么叫"闷 N 型"的？我真听不懂河南话。

小香玉：（用河南话）就是那种"闷 N 型"的那种。然后呢就是说他一看是那样的，你知道吗？反正不知道怎么回事，就是特别特别可爱，但是也特别特别的……（回头望观众）是吧？哈……（众笑，鼓掌）不行，刘老师，我还是不能看你（笑趴下）。

周炜：但是我就是对刘老师今天这个扮相特别印象深刻，一会儿我能跟您照张照片带回去吗？（周炜学刘忠河的手势，众笑）你知道为什么吗？您特别像我姥姥。（众大笑）真的，就那个慈祥、可爱劲儿特别像我姥姥。

范军：我也要一张照片，我要一张照片贴到俺家，今年我都不买年画了。（众笑）人家刘老师啊，刘老师状态呀，值得我们"名师高徒"上的所有老师学习，我就觉得人家刘老师就是来玩儿的，人家来这儿就是说的，我把我徒弟搁这儿一展示，我觉得这种心态，就是这种对戏曲的，这种戏曲人生啊，这种潇洒自如啊，无所谓呀，爷们你真棒！爷们的徒弟也不赖！（众鼓掌）大家就多打打分！以后刘忠河的剧团到你们家门口演出的时候，咱们高接远送，请他们团多给咱唱大戏！大家说好不好？

观众：好！（鼓掌）

赵炎：我佩服刘老师啊，这种大反串、大跨界啊，这个很难得，就是充分体现了老师啊对徒弟的一种爱戴。他可以屈尊，学这种反串，那么这个呢就是甘当绿叶，然后衬托红花。所以我真的佩服刘老师。当然我也为咱们星河这个嗓子感到佩服，一张嘴啊，一腔清音半壁河山，给人以震撼，这个嗓子也难得。（观众鼓掌、喝彩）

庞晓戈：接下来我们要看现场所有的观众朋友们了，喜爱这一组"名师高徒"他们的表演的，各位请打分！

【得分柱显示：370 分】

庞晓戈：好！刘忠河老师的高徒刘星河，观众给出的分数是 370 分！（观众鼓掌）

【片头转场】

【短片：介绍王希玲和她的徒弟张海龙】

王希玲：海龙一直跟我说，老师，这一次我一定唱你的戏参加比赛，就算没有胜出我也绝不后悔。

张海龙：成败对于我来说已经不太重要了，我就是想演唱一段老师的戏，让大家知道张海龙的确是王希玲的徒弟。

王希玲：我就告诉海龙，你一定要根据自身的条件，拿你最拿手的唱段来唱。

张海龙：20年前，老师把演这出戏的机会让给了我，没想到20年之后，再演这出戏的时候，老师给我演配角，甘当绿叶，让我心里有说不出来的滋味。

王希玲：这出戏对海龙俺俩来说都不陌生，但是合作演出还是第一次。我给海龙说，不管是演谁的戏，都是演的咱河南的戏。

张海龙：我就听老师的，把自己的水平发挥到最好。

王希玲：别紧张，拿出来咱百分之百的力量，好好演！好，走！

【王希玲和张海龙表演豫剧《老子 儿子 弦子》选场】

（观众、评委鼓掌、喝彩）

关枫：这出戏啊，海龙太熟悉了吧？代表作，从1998年开始演，到现在快20年了。

张海龙：是。

关枫：早都已经倒背如流了。但是，和王希玲老师搭档演这个黄昏恋，第一回吧？

张海龙：是，第一次。

关枫：什么感觉呀？

张海龙：非常的高兴，以前都是我们给老师配戏演出，没想到将近20年了，老师又给我配戏，非常的高兴。唱一句吧，高兴的心情。（唱）我心里好似那个扇子扇。（众喝彩、鼓掌）

关枫：海龙啊，参加这个比赛一直在说，他和别的那个高徒来参加比赛，心情还不太一样，他就一直强调说，我就是希望通过这次比赛，告诉大家我是王希玲的弟子，而且在我们的晋级赛阶段呢，就是赵炎老师做的主礼司仪，就是在这样的舞台上，其他三位评委做的见证嘉宾，我们这个年近五旬的张海龙，给王老师行了一个叩拜大礼，哎呀当时那个海龙和老师都流下了热泪。那个情形啊，我们现在都记忆犹新，观众都特别地感动。为什么要那么强调，一定要让大家知道您是王老师的弟子？

张海龙：我是一个农村的孩子，11岁参加县剧团的一个基层剧团，20多岁的时候正是演好戏的时候，我们剧团解散了，没工作了，没有经济来源了，屋漏偏逢连夜雨，接踵而来的就是我的婚姻失败，在那种困顿的环境中，我自己感觉着就没脸见人。为了不给家里增加负担，自己是个大老爷们，得去争口气，我干了两年多的业余剧团，人生最低谷遇见了王希玲老师。我记忆犹新的是1991年4月7日，我来郑州的那一天，是在我们县文化局的一个会计那儿，借了100块钱坐车来到郑州，找王老师，从此改变了我的人生的命运和事业的道路。（众鼓掌）好戏有机会演上了，大奖有机会拿了，知名度提高了，钱包鼓了，我第一想到的就是一个人，我的恩师王希玲老师。（众鼓掌）

关枫：哎呀，王老师又眼睛湿润了。

王希玲：是，哎呀我非常感动，海龙这个孩子是个德艺双馨的好演员，他平常呢木讷寡言，他不爱说话，平常很少见他说话，他把心思都用到自己的学习上，练功上，练唱上，他就没有玩过，成天就是看书、学习、练功。这一次呢，我也给海龙说，咱们不一定非得要行拜师大礼，你就是我的学生，我从心眼里承认你就是我的学生，可是海龙呢他老

说，我永远忘不了老师的恩情，就是这个师恩我一定要报，我一定要给你叩头。（众鼓掌）

关枫：一个是知恩图报的好徒弟，一个是爱徒如子的好老师，其实真的在我们这一季"名师高徒"的舞台上，我们总是会被师徒之间这样的对话、师徒之间这样的情形，感动着，鼓舞着。

王希玲：对对对。

关枫：真的和平常的表演不一样，我们在这季节目中，看到了很多我们在以往看不到的演员和老师的另一面，我们不仅看到了他们精湛的艺术，我们更感受到了一种珍贵的品格，我们感受到了写在老师和弟子心中那个大写的"人"字，我们向"名师高徒"鼓掌，向你们学习！（众鼓掌）

王希玲：老师对徒弟啊，就像父母对孩子一样，根本不求他们回报，只要他们好，我比啥都高兴。（众鼓掌）

赵炎：还是感动。感动之余啊还有羡慕，羡慕你们啊，情感真切的师徒关系，羡慕你们啊，有这么好的一个艺术的传承。你的老师还在，我的老师不在了，马季老师不在了，但是我相信马季老师在的时候，我们师徒间也是这么情感真切。真正地祝愿你们艺术上更加迅达地成长，祝愿你们生活上、感情上更加温馨甜美！谢谢你们！

张海龙：谢谢老师，谢谢！（众鼓掌）

范军：海龙已经是功成名就了，但是我觉得他把老师昨天对他的恩赐，"难时一点好，到死都忘不了"。你说咱文艺界、梨园界传承的啥？传承的是德，所以说海龙哥，你给老师那三叩首，我对你高看十六分！（众鼓掌）

关枫：《老子 儿子 弦子》这出戏啊，王老师和海龙都特别有感情，因为当年就是王希玲老师把这个演出 机会让给了海龙，海龙凭着这个戏拿了无数个大奖，这出戏呢，也很有教育意义，它就教育我们年轻人如何感恩老人，怎么样才是孝敬老人，是吧？怎么样？我们是不是也掌声欢迎四位评审行动一下，来为我们这对"名师高徒"拉拉票，好不好？（众鼓掌）

赵炎：这个范军，这个胖子跟这个瘦子（指周炜），就是我的两个儿子。

周炜：咦咦咦，咋一上来你就抢个这角儿啊！

赵炎：你看你这不是，这俩儿好啊，现在生活富裕了，生活提高了，吃喝住行全改善了，你看新房子都弄了，前两天刚买了一个车……

范军：兄弟兄弟兄弟！

周炜：行了行了，赵老师，角色我们知道了知道了，你是爹，我们是儿子。

范军：一个北京的儿，一个河南的儿。

赵炎：我说你们得孝顺啊！

范军：俺俩可孝顺了。

周炜：您放心，肯定不会像他刚才那样。

赵炎：是不是啊？

周炜：绝对不气你。

赵炎：那个儿太不孝了。反正我也不好弹弦子，我也不会唱。

周炜：我明白明白明白。不就是孝顺吗？俩儿子那你就是哥，我就是弟。

范军：对对对。

周炜：兄弟啊，哥啊，你看咱爹岁数一天比一天大了，你看这家里呢是一天比一天更寂寞了。

范军：哎呀，寂寞得咱爹在屋里胡言乱语的。

周炜：是啊！

赵炎：啥叫胡言乱语的！

周炜：有点儿自闭症了。

范军：哎呀，他不会出啥事吧？听说自闭症他看见那楼高的，他往底下跳。

周炜：千万可别呀，咱俩得想点辙呀！咱得让咱爹开心呀！爹爹爹爹！

范军：（捂赵炎嘴巴）你先别吭。

周炜：这个俗话说得好，百孝顺为先。

赵炎：对对对，孝顺。

周炜：您看您老吃得好睡得好，但是我觉得您还是太寂寞呀。

赵炎：说到家了。

范军：爹，我觉得你生活不充实啊！这样，我给你找个女朋友吧！

赵炎：找个女朋友干啥？

范军：爹，要介绍女朋友，得我给你介绍。

周炜：不，哥，不中！

范军：我知道你的兴趣爱好！

周炜：你得让我先介绍！我介绍这个女朋友很漂亮，长得像小香玉一样。

范军：爹爹爹，俺哥是北京有名的大喷壶，你别听他给你瞎喷，我给你介绍个女朋友比他那强多了。

赵炎：谁啊谁啊？

范军：小香玉看着多老啊，是不是？（众笑）我给你介绍的这个长得可得劲儿。

赵炎：谁啊？

范军：长得可像庞晓戈。（众笑）

周炜：爹爹爹，你那个岁数太年轻了，不适合你！我给你说啊，我给你介绍这个女朋友啊，她不光是漂亮，而且她能伺候你呀，给你做吃的，给你做喝的。

范军：爹爹爹，这点事保姆都干了，我给你介绍的这个女朋友可是全方位的。

赵炎：咋啦？

范军：能给你带来很多娱乐。

赵炎：啥娱乐啊？

范军：比方说跟你打个麻将，推个牌九，玩个拖拉机什么的……

周炜：爹爹爹，我介绍这个不光能够干活，还能按摩，每天给你按摩呀，给你推背，放松放松。

范军：爹，我给你介绍的这个会推拿，您哪儿不对劲拾掇您哪儿……

（周炜、范军争执起来）

小香玉：哎哎哎，好了好了好了！

周炜：你来正好，你来正好！

范军：来来来，你给评评理。

周炜：你说我们哥俩要给俺爹介绍个老伴，你说中不中？

小香玉：不中。

周炜、范军：为啥不中啊？

小香玉：你娘我还没有死呢！

周炜、范军：你拉倒吧！（众笑）

关枫：王老师，海龙是个好徒弟啊，知恩图报，要打分了啊，今天怎么样，咱们也拉拉票表达一下。

王希玲：这个我心里非常激动啊，我以小生的姿态给大家行个礼。各位朋友，请支持支持咱的张海龙，小生这厢有礼了！（众鼓掌）

关枫：哎呀，王老师都给大家有礼了，那就看看大家到底喜欢不喜欢张海龙和他老师的这段表演。好，请大家做好准备，请打分！

【得分柱显示：421 分】

关枫：现场观众为王希玲、张海龙这对"名师高徒"打了 421 分！（众欢呼）

【后台】

张海龙：人家知道我是你的徒弟，我已经知足了。把最好的状态已经展示给大家了。

王希玲：今天表演我觉得不错，整体发挥，情绪非常饱满。（师徒拥抱）

张海龙：谢谢老师！

王希玲：祝贺海龙！

【片头转场】

【短片：介绍虎美玲和她的徒弟袁娜】

虎美玲：这次总决赛选唱段，真是给俺娘俩难为坏了。

袁娜：我老师把她所有的代表剧目全找了一遍，就是想找一段能够充分发挥我的特长的这么一个唱段。

虎美玲：终于定下来了，虽然不长，难度很大。

袁娜：这个戏我从来没有演过，而且需要扎大靠，这对我来说是一个不小的挑战。

虎美玲：这一次得让我给徒弟配戏，这回配这个戏呀，我一辈子都没演过这种角儿，对我来说也是一个挑战。

袁娜：真没有想到我老师为了我，能去演这个角色。

虎美玲：为了这次给俺徒弟配戏，我这次甘当绿叶，豁出去了。

袁娜：老师为我付出了这么多，我觉得我唯一能报答老师的就是把这段戏唱好。

虎美玲：祝你成功！（师徒击掌）

【虎美玲和袁娜表演豫剧《破洪州》选场】

（众鼓掌）

关枫：我和很多观众一样眼都看直了啊！这是我们豫剧第一闺门旦虎老师吗？说句实在话，今天就是演出前呢我和虎老师这演播厅面对面，我就是愣没认出虎老师来，哎呀您这扮上马童也是英姿飒爽啊!

虎美玲:我这是——(唱)大姑娘坐轿,我是头一回。(众笑)

关枫:哎呀,这老师为了弟子这种苦心哪!第一次演马童,我先问问虎老师什么感受啊?

虎美玲:这我得感谢我的徒弟呀,要不是她演我的穆桂英,我咋会给她牵马呢?这一辈子我演穆桂英都是别人给我牵马,我上马,这今天呢我这一辈子唱了50多年戏了,这70岁了来个突破,上个马童。(众笑,鼓掌)

关枫:哎呀,还得谢谢弟子,还实现了人生重大的突破!(众笑,鼓掌)

袁娜:最应该说感谢的是我,我没想到虎老师为了我能这样去做,然后平常真的是虎老师根本就没有这样过。

关枫:袁娜应该也是第一次演穆桂英这样的角色,今天这身行头我也似曾相识哦!

袁娜:这身行头从头到脚全都是虎老师的,压箱底的东西,特别宝贝。我穿上之后觉得特别有力量。

关枫:好像老师一直在给自己鼓劲一样。

袁娜:对对对。

关枫:其实袁娜参加这次比赛也很不容易,是吧,虎老师?

虎美玲:袁娜她妈是得了癌症,也可以说是已经化疗了十个疗程了。袁娜她哥哥在新疆,她一个人在这儿,从来没有影响过团里的工作和演出。她为了参加"穆桂英"这一折戏,她趁妈妈化疗,她妈睡着的时候,她就在走廊里练。我去医院看她妈妈,俺两个在那个连椅上,我给她哼了这段戏。(众鼓掌)

关枫:袁娜,现在妈妈的情况怎么样了?

袁娜:还好吧。

关枫:多么坚强的女儿啊!愿意笑着去面对这样的困难。这两天和妈妈有没有通过电话?

袁娜:我妈一直坚持的就是,在我有重大比赛,还有重大演出的时候,头两天她是不会给我打电话的,因为她怕我分心嘛。她给我打电话,她说"我给你打电话我肯定是要跟你说加油啊,然后心态放好啊怎么着,这些你都明白,所以我也没有必要去说,我要说的话肯定会给你增加压力,会让你分心"。所以我妈就说,"你比赛完了之后,你第一时间给我打电话报个信就行了"。所以她就比赛前两天不会给我打电话。(评委流泪,众鼓掌)

关枫:妈妈有没有看你这初赛阶段的表现?

袁娜:有啊!我妈在电视上看到之后给我打电话,第一句话就是,"我没有看够"。我妈说"我没有看够,我觉得唱得太快了,一转眼就没了"。其实挺遗憾的就是,我所有的比赛,历来的比赛,我妈根本就没有到现场去看过,第一是我妈怕我紧张,第二是身体不太允许,她熬不了那么长时间,所以就是在电视上看,还有等着我的电话,等着我报信。就这样。

关枫:你看,袁娜一直在笑,但是眼里一直在滚着泪珠,她忍着不想让它掉下来。真的,我就觉得,"名师高徒"的舞台让我们看到弟子不仅继承了老师的艺术,还继承了老师的品德。我们能够理解啊，小小的袁娜，妈妈的这种身体状况，还要不耽误工作，还要来兼顾我们的比赛，她承受的那种压力我们可想而知。我们说生活中都会遇到各种各样的困难，到底这个困难是拦路虎，还是纸老虎，全看自己的态度。我们看到了，袁娜20多岁，但她身上就有虎老师那种内心很大的一个精神的小宇宙，有了这样一个强大的精神的小宇宙，就让我们对袁娜未来的艺术道路充满了一种美好的憧憬与祝福。我们把掌声送给袁娜，祝福她，也祝福她的妈妈早日康复，能够好一些，再好一些！（众鼓掌）

赵炎：这么大的腕，这么大的角儿，这么大的台柱子给你跨刀，真是要体谅老师对你艺术上的一片真情，对于你艺术上的一种寄托，体谅好。希望你在艺术上尽快地成长！

小香玉：虎老师今天上马童，我是一种享受。我从小长这么大，我觉得你是最漂亮的马童，大家同意不同意？

观众：同意！（众鼓掌）

小香玉：你除了扮相漂亮，因为你的心里美，所以你这个马童是最伟大的一个马童！你今天演出成功，我祝贺你啊，虎老师！真的，真的特别难为你！因为你从来没有这样过，而且我看你直功直令的几下，漂亮啊，太漂亮了！真的是太爱你了虎老师！

周炜：所以我还是说那句话，我觉得今天啊，这五位高徒的比赛，我觉得不是一场比赛了，就是一个 Party。真的，不管谁是第一，谁是第二，不管谁赢，我觉得都赢了，五位都赢了！什么赢了？五位名师高徒对我们戏曲艺术这种执著的精神赢了，我们这种尊师重道的德行赢了，我们这种师徒情深的感情赢了！赢了什么了？赢得的是我们观众的一片人心！（众鼓掌）

关枫：接下来呢，我们要请我们现场的观众为袁娜打分了。怎么样？咱们请这英俊的马童再给穆桂英拉拉票？

虎美玲：我为弟子来牵马，请观众同志们打分吧！（虎美玲做身段，翻身；众欢呼、鼓掌）

关枫：好！老师为弟子牵马，请观众为弟子打分吧！

【得分柱显示：397 分】

关枫：现场观众为虎美玲的高徒袁娜打了397分！（众欢呼、鼓掌）

【后台】

虎美玲：（师徒拥抱）今天你唱得多好啊！今天唱得非常好！

袁娜：但是很紧张，我腿都是抖的。

【现场】

庞晓戈：我们还要感谢现场所有的热心观众，那么接下来有一份礼物，要送给大家了，抽取现场幸运观众，我们一起看大屏幕！三、二、一，停！

【大屏幕显示：11 排 27 号】

庞晓戈：11 排 27 号的朋友，祝贺您，您将获得由调出好味道大桥鸡精、味好美武汉食品有限公司提供的手机一部和河南省全顺铜业有限公司提供的精美礼品一份！

关枫：恭喜所有 11 排的观众都有一份奖品！

庞晓戈：大家都将获得由调出好味道大桥鸡精、味好美武汉食品有限公司提供的

《梨园春》精美纪念扑克一份！

关枫：所有的 27 号纵排我们也有一份小礼品送给大家。

庞晓戈：每位都将获得由河南省全顺铜业有限公司提供的《梨园春》精美纪念水杯一个和《梨园春》精美纪念画册一本！

关枫：再次感谢大家来到我们的现场，为"名师高徒"助阵加油！（众鼓掌）

【片头转场+观众鼓掌】

关枫：欢迎大家继续回到由福森药业冠名播出的《梨园春》20 年开年赛季，"名师高徒"决赛第一场的比赛现场，我们也要特别感谢金星新一代对我们节目的大力支持！

庞晓戈：五组名师高徒刚才已经在舞台上展示完毕，现在我们再一次欢迎五组名师高徒回到舞台上来！欢迎他们！

关枫：掌声欢迎他们！

【五组名师高徒上台，众鼓掌】

庞晓戈：再一次以热情的掌声送给五组名师高徒！

关枫：朋友们，接下来我们就要产生"名师高徒"第二赛季决赛第一场的一名金奖和四名最具人气奖了。我们首先来关注一下观众打分之后，这五组名师高徒的排名。

庞晓戈：目前排在第一位的是，张海龙，421 分。袁娜排在第二位，397 分。田冠军第三位，390 分。

关枫：接下来到我们四位评审的投票时间了。四位评审经过合议，根据名师高徒在这一场比赛中的表现，可以把三个分值，80 分、90 分和 100 分分配给三位名师的高徒，究竟评审团会怎样分配三个分值，我们拭目以待吧！

【紧张的音乐声中，四位评委商议，现场观众及选手静静等待】

赵炎：根据我们四位评委的热情讨论，80 分，田冠军！（众欢呼）90 分，袁娜！（众欢呼）100 分，张海龙！（众欢呼）

庞晓戈：张海龙，521 分，成为了本场的最高分！

关枫：恭喜张海龙获得名师高徒第二赛季决赛第一场的金奖！

【评委上台颁奖】

庞晓戈：祝贺张海龙！祝贺王希玲老师！当然我们也要祝贺其他四组名师高徒！

关枫：其他四位名师的高徒也获得了本赛季的最具人气奖！

【评委上台颁奖】

关枫：亲爱的朋友们，下周同一时间请大家继续关注"名师高徒"决赛的第二场！

【片花+预告】

虎美玲（68 岁）：今天这个角色啊，我这一辈子都没有演过，下一次那个角色呢，我还是没有演过，等着看好吧！

陈静（71 岁）：这一次啊说实话，我是豁出我的老命了，扎个大靠，我的天哪，20多年没扎，可是下一回呢，我保证我还会当好这个绿叶。

胡希华（69 岁）：这次演的是古装的当官的，我下一次还是演的当官的，不过是个现代的当官的，您看看咋样？

刘忠河（72 岁）：我这辈子也没有想到，我能够演个老太太，演反串，我下一期再给你们来个惊喜。

王希玲（70 岁）：我这一次给他配的是一个老太太，下一次我将有更大的突破！

【片尾字幕】

案例三：安徽卫视《非常静距离》

节目类型：文艺访谈类

开播日期：2009 年 6 月 25 日

首播时间：周一至周四 23：50

案例分析：2012 年 8 月 6 日　王珞丹专访

节目时长：38 分钟

《非常静距离》节目现场

一、节目概况

《非常静距离》是安徽卫视于 2009 年与知名节目主持人李静联袂打造的一档明星娱乐访谈类节目，该节目由 2005 年的《静距离》栏目改版而成。周一至周四每天 23：50 首播，每期 38 分钟，旨在抢占深夜高端收视时间档。该节目每期邀请各路社会名流、大牌明星和热点人物亲临现场，接受李静的近距离访问，是一档具有李静个人特色的深度访谈节目。节目名称中的"静"字取自主持人李静的名字，也借"静"与"近"之谐音，表达以最近距离接触被访人物的节目特色，《非常静距离》开播以后迅速成长为最具社会知名度的文艺类访谈节目之一。

（一）节目的内容定位

《非常静距离》，顾名思义是立足于与观众"拉近距离、静品生活、静享人生"。该节目努力成为一档真正意义上的轻松而温暖的谈话节目。节目内容定位于挖掘嘉宾人生经历中的各种故事，了解人物成功的喜悦以及背后所经历的挫折和痛苦，从他们的人生体验中，获得可资借鉴的人生感悟，展现激励人心的力量。

1. 积极乐观的人生观和价值观

该节目的谈话取材于明星的心路历程和成功故事，讲述明星成功背后鲜为人知的奋斗经历和独具魅力的本色性格，具有生动感人的励志意味。在访谈中，主持人李静常常从明星的热门话题、情感趣闻或者最有印象的事件切入，披露一些鲜为人知的感性材料，展示他们拼搏奋斗中的体验和思考，与观众分享他们的成长蜕变。节目现场主持人与嘉宾之间推心置腹的交谈，使观众得以分享明星们感人至深的真情流露。访谈内容既能满足观众的好奇心，也可以满足观众希望从他人的经历中获得启迪的心理期待，传播积极向上的时代主题和社会提倡的人生观、价值观。

　　例如，在 2013 年 9 月 15 日一期对演员李立群的专访中，节目谈到李立群与妻子 26 年相濡以沫、忠贞不渝的爱情和婚姻。当李立群说到自己将拍戏所赚的每一笔钱都交给夫人的时候，李静大加赞赏，让观众鼓掌表示赞同，主持人还开玩笑地告诉观众李立群对自己和老婆"很抠门"，一件衣服穿很多年，但是遇到穷人总是免不了伸手捐助，不经意中宣扬了一种低调节俭的生活态度和乐善好施的高尚品德。

　　2. 拼搏奋斗的励志基调

　　许多成功人士之所以能成功，往往不是因为其客观条件优于别人，而更多是因为他们富有理想，勤于奋斗，不怕挫折和勇于拼搏。他们中的很多人都具有积极乐观的人生态度、勤奋好学的优秀品行，善于学习和改变自己。他们常常在事业和生活上比别人付出更多的心力和智慧，他们的经历有一个总基调，就是立志和奋斗，这些经历对于怀揣理想、正在奋斗中的人们往往具有特殊的启迪作用，是很好的励志篇章。2014 年 1 月 4 日的钟汉良专访特别介绍了钟汉良在少年时代一边读书一边打工（送报纸、快餐店帮佣）的经历，介绍了钟妈妈历经贫困而不改乐观品性的逸闻趣事，赞赏钟汉良在艰难中学习成长、刻苦勤奋的生活态度，体现了节目对拼搏奋斗精神的倡导。

　　（二）节目的风格特点

　　1. 对内容的深度发掘

　　在节目中，李静能够与各路名家名流、演艺明星和社会热点人物分享成长经历，她不是一味听别人讲故事，而是融入了自己的情感体验和生活感悟。谈话中，李静常常以与嘉宾之间为好友的身份和独特的性格优势，始终用最轻松、最真实的心态，激发出嘉宾的真情流露，使访谈能够抵达参与者最本色的内心世界。节目中常常会使嘉宾触动久远的情感记忆，重温成长岁月中的点滴体会，使得节目避免浅薄而具有一定的深度。

　　2. 热辣话题的切入

　　作为一档能够充分体现李静个人风格的互动型明星脱口秀节目，李静率真、本色的风格特质在节目中得到了比较完美的呈现。她在访谈中常常能抓住嘉宾鲜为人知的生活细节，以猝不及防的即兴状态进入访问，这种方式常常使节目呈现出随机、真实的现场感，使主持人和嘉宾都还原到本色的状态。比如在 2012 年 8 月 6 日对演员王珞丹进行专访时，恰逢王珞丹拍摄的新电影《搜索》上映，社会上正在热议"人肉搜索"的话题，主持人一开始就问及王珞丹有没有遭遇影迷们网络骚扰的经历，紧接着又针对刚刚发生的《搜索》剧组在机场遭到围攻的事件发问。这种访问使节目一开始就悬疑重重、冲突强烈，能够紧紧抓住观众的兴趣。

　　再如 2014 年 1 月 4 日对钟汉良的专访，节目开头采用了劲歌热舞展示了钟汉良擅长劲舞表演。李静一开始发问就"指责"说："钟汉良，其实这两年你的作品也好，包括个人魅力也好，急剧上升。我看了一下，因为我每天都在做采访嘛，我觉得你的粉丝对你的热爱也是由衷的，而且力量很大。（对观众）他去天涯（论坛），天涯瘫痪了（观众哄笑）；他去新浪，新浪瘫痪了（哄笑）。听说你去做活动，那是在哪儿？世贸天街大屏幕，你把人家搞瘫了，有没有内疚啊？"这种貌似批评的口吻，反衬嘉宾高涨的人气，很好地满足了观众娱乐的心理，又使谈话的切入十分自然，使嘉宾很快进入轻松的状态。所以钟汉良的回答也不乏幽默，他说："我其实都担心的，都担心影响别人。因为我们（对粉丝）欢乐是我们自己的事啊，就是我喜欢看到大家，大家喜欢看到我，我们很欢乐。后来经过那几次呢，我觉得我们都还是有规矩。我们还算是懂事，把握那个度还不错（现场再次爆笑）。"

李静善于将热情、温暖的感性表达与冷静的理性思考相融合，加上对嘉宾的熟悉、亲近和"大姐大"式的权威感，也能迅速拉近与嘉宾的距离，激发话题的冲击力，调动人们的观赏兴趣。

3. 随机的流程设置

《非常静距离》力求多维度地呈现主持人、嘉宾与观众之间的交流与互动，比如在节目开场根据嘉宾特点设计不同的样式：有用来介绍来宾和主持人的劲爆的即兴音乐创作，有热辣的歌舞表演以及围绕热点话题展开的艺人短片介绍，等等。在谈话进展的过程中，还会不时用回放故事短片的形式来分段展现明星成长的细节，让观众对明星有更直观的认识，进而更好地推进谈话。节目现场还有让观众参与访问或表演的互动方式，以及不同形式的即兴表演段落等安排，为节目注入了很多动情点和兴奋点，使谈话过程能够悬念不断、高潮迭起、富于变化。观众从每期节目中能够看到形式的变化，形成新鲜感和不同的观赏期待。

例如在 2012 年 8 月 6 日的王珞丹专访当中，当谈到王珞丹逐步走向成熟，艺术上成绩斐然的情况时，主持人突然话锋一转，说出了王珞丹报考北京电影学院时险些与当演员的理想擦肩而过的一段往事。更出人意料的是，还把当时发现王珞丹这块璞玉的霍璇老师请到现场，由老师出题，王珞丹即兴表演小品，又引出了一段鲜为人知的精彩故事。

为了在谈话的环境上营造一种贴近、轻松、随意的气氛，节目的录制现场被设计成一个温馨的客厅，现场的布置体现出家庭的轻松氛围。录制现场的笑声、叹息声也不时传递出朋友间聚会的愉快情绪。这些设计不仅使访谈对象动心和动情，而且使节目从头至尾都洋溢着愉悦、真诚的轻松感和温馨感。

二、节目主持人李静的名人效应

李静自身的经历就是对奋斗、拼搏、不怕挫折的极好注解。她曾经进入中国最有影响的主流媒体工作，却能够为了理想放弃已有的优越条件去自主创业，将自己锻造成了中国新一代知识女性的典范。她又是为数不多的、敢在镜头前毫不掩饰个性的女主持人，并因此被《中国日报》评价为中国"最会问问题的主持人"。她的自信、率直以及创业的巨大成功，使她的主持具备了特殊的人格魅力。

由于李静在演艺娱乐圈内打拼多年，积累了好人缘，因而使得《非常静距离》节目一开播就极富明星号召力，很多最热门、最有故事的人气明星都首选该节目作为自己宣传的平台，他们往往愿意在该节目中以第一时间回应社会上的各种传闻。如此一来，大批热门明星的积极参与和观众对明星的热心期待自然形成了该节目特有的品牌号召力。

三、案例分析：《非常静距离》2012 年 8 月 6 日王珞丹专访实录

【《非常静距离》节目片头（5 秒）】

【介绍王珞丹和采访中精彩内容的提示短片（1 分 35 秒）】

主持人：欢迎收看由"乐蜂网"特约播映的《非常静距离》！

王珞丹：（在现场粉丝的热烈掌声中，王珞丹出场，对主持人）你好，你好！

主持人：我听说王珞丹的影迷当中有特别有才华的，不过在展示才华之前我先问你们《搜索》看了吗？

观众：（大喊）看了！

主持人：掌声恭喜一下，谢谢！谢谢！因为刚才导演告诉我，你的粉丝准备了一首自己创作的歌想要献给王珞丹。（对粉丝）是你写的吗？

粉丝：是。

主持人：这个名叫什么呀？

粉丝：珞丹的阳光。

主持人：哎呀，（问粉丝）你有女朋友吗？

粉丝：有。

王珞丹：他的女朋友是……（噎住，观众爆笑）

主持人：哎，（对王珞丹）我就说你，要不你看，你当不了主持人。（对观众）她太直接了，（模仿王珞丹）她的女朋友是……（转身对王珞丹）是谁？

王珞丹：是"丹磁"（王珞丹粉丝），也是，就是因为"丹磁"的聚会……认识的吧？

粉丝：对。

主持人：哈，这样的，哈哈。

主持人：没关系，今天唱成什么样我们都叫好，因为这是一种表达，对不对？来，我们先给他掌声，先鼓励一下，来！（观众鼓掌、叫好）

粉丝：（唱）珞丹你要勇敢地飞翔，我们是你最坚实的翅膀。珞丹你要幸福、快乐地成长，我们愿做你灿烂的阳光。（观众鼓掌）

主持人：我仿佛感觉陶喆来了。谢谢你呀，谢谢！好，今天我们非常高兴啊，不光请大家来支持《搜索》，也支持珞丹。然后呢，你也可以通过我们的微博，包括珞丹的微博来留言，同时也可以获得我们的 VIP 入场券。然后，如果是最热的时候，我们在现场的观众还可以得到我亲自给大家买的冰糕一根。（偷笑，现场笑声）谢谢，谢谢珞丹，谢谢。

【插入短片："由陈凯歌执导的电影《搜索》正在热映，作为剧中主创之一的王珞丹，近日也在忙着辗转各地为影片宣传。就在影迷们对故事情节涉及的人肉搜索和社会舆论压力这两大话题展开讨论之时，剧中情节却悄然发生在几位主创身上。王珞丹与姚晨竟然被化身成了主人公叶蓝秋，遭遇了离谱的舆论压力。近日导演陈凯歌携剧组主创奔赴成都进行电影宣传，原本的早班机被整整延误了近 6 个小时，航空公司也未及时作出解释，同机的部分乘客直接认为是几位大明星让飞机延误的。王珞丹、姚晨甚至被部分乘客恶语攻

击。据在场人员透露，当时甚至发生了肢体冲突。这场离谱的闹剧是事出有因，还是遭到无端指责？事情的全过程究竟如何？"】

主持人：好可怕呀！我怎么忽然觉得这片花儿特像一个法制节目呀。

王珞丹：（即兴插入）欢迎你收看《法制进行时》（观众爆笑）。

主持人：请问，你们明星有什么了不起？对呀，我最恨你们这样的人，然后害得我们飞机起飞不了，对吗？

王珞丹：因为我觉得这个跟我们戏里讲的是一样的，真相，只在你眼前看到的未必全是真相。

主持人：你是大部分是听到的吗？

王珞丹：对呀，然后我们是在休息室睡了好几觉，然后出来之后我们还没有先上飞机。我们在下面等了一下，然后我们让后面的乘客先上，然后我们再上。上完以后我们坐下来，你也知道，我属于那种摘了帽子蓬头垢面的那种，正跟大姚（姚晨）在那聊着天呢，然后就有人对我拍照片。对我跟大姚，我说，我还看了一眼。然后紧接着上来一个女的，又拍。就没有打招呼，对着就拍。

主持人：没有打招呼？

王珞丹：对，然后呢我问，"你什么情况？"然后她说，"你们好意思吗？"我说，"你拍我，我有什么不好意思的？"然后她说，"就因为你们，飞机才会晚点。"（现场观众惊呼"啊……"）我说，跟我们有什么关系？因为我觉得这个事情其实挺严重的（主持人：嗯），我们试图跟他们解释，但是他们不听。他们就觉得是我们。因为他们觉得一般飞机延误，或者飞机能早飞，一定是飞机上有重要的人，有领导或者像我们这样看上去重要的人。那没有领导就是我们。（观众：哈哈哈）然后他们自然而然地就觉得是我们的错。

主持人：有你，有姚晨？

王珞丹：姚晨，然后红姐、陈红，然后学圻老师，还有凯歌导演。

主持人：哦……

王珞丹：后来终于解释清楚了。终于就是他们（说）那你们因为是明星，你们就应该被冤枉，活该。

主持人：（不理解）就是当面这么说的？

王珞丹：没当我面儿，就跟工作人员在后面争执的时候说的。

主持人：因为你们是明星，所以你们被冤枉活该。

王珞丹：对。但这个也是只有少数的，大部分的人到后来解释也是听了。

主持人：肢体冲突有吗？

王珞丹：我没有看到其实，因为我在前边，后边的我们的工作人员，就宣传方的工作人员已经哭得不行了。航空公司企图来解释，但它没有说不是我们的错，它只是说是这个原因那个原因，但他们没有说不是谁的原因。

主持人：你其实一直就在那儿等着？你们连 check in 的时候，就是办登机牌的时候都没晚？对不对？

王珞丹：没有，我们提前了一个多小时到达的。

主持人：对，然后你们也等了 6 个多小时，所以当时我看到你也发微博，姚晨也发微博了，对不对？（大屏幕显示王珞丹和姚晨的微博）

王珞丹：对，那天其实飞机上有很多奇怪的事情发生，我们都不敢上飞机了，就想要下去了。后来分析了一下，如果我们下去，还要再拿行李，然后又耽误大家起飞的时间，那责任又是我们的。

主持人：你说什么奇怪的事情呢？

王珞丹：是有个人冲过来给了大姚（姚晨）一张纸条，说什么还我人权（哂笑），就是很奇怪。然后呢，我就直接跟那男的说，这跟她（指姚晨）有什么关系？

主持人：不是，你知道我推算一下，一定是这 6 个小时大家等急了。（王珞丹笑：大家都疯了）然后就是只要有人抛出了一个话题，大家就不断地论证他们的错。

王珞丹：那天确实有各种各样的问题，好像我们那班飞机是前天晚上被迫（降落）在另外一个城市。然后呢，等到飞到这个城市，然后呢，飞机上的人都不下飞机。

主持人：哦。

王珞丹：然后劝说了好半天，下了飞机。然后在我们上去的时候，就已经是那个时间段了。

主持人：我的天呐。也不经常遇到这种事情吧？

王珞丹：谁命那么不好呀？（观众哄笑）真是，真是第一次经历这样的事情。

【插入短片："全剧组在飞机上遭遇离谱的被搜索，让王珞丹至今心有余悸。然而这种被称为'冷暴力'的人肉搜索，却不止一次地发生在王珞丹身上。几年前，王珞丹在博客中发布了两张家庭室内照片，有网友通过分析这两张图片的蛛丝马迹，竟然搜索出她所在的小区、单元以及门牌号码等详细地址，网友人肉搜索的举动，曾让她一度惶恐不安。"】

王珞丹：嗯，很早以前有吧，当时还在玩博客的时候，就是拍了张照片，然后带到自己家的花园了，然后当时我还住在天通苑，因为是公司的宿舍。但是这个人其实还是挺善良的。他大概分析了一下，我不住在那儿的时候才曝光这样的一个事情。（大屏幕显示照片）

主持人：当时就这照片？

王珞丹：对。

主持人：哦，他就能知道是住哪儿？你当时有没有倒吸一口冷气呀？

王珞丹：没有。

主持人：哎，像你的这个微博呀什么的安全吗？平常？

王珞丹：（深吸一口气）不太安全，因为我有被盗号。

主持人：你被盗号？你怎么知道被盗号呢？

王珞丹：就是我前一秒还刷呢，下一秒就刷不了啦。然后呢，紧接着我的同一时间的邮箱，两个邮箱，在家两个邮箱全部都上不去了。然后紧接着我的手机过了一会儿就有人给我发了个短信，说，"你的微博上不去了？"我说我知道啊。然后他说，"你怎么知道的？"然后我就发了个笑脸给他。那个人就也知道。因为我绑定了手机号码，他也知道我的手机号。然后我赶紧打给新浪的人，就去调整那个密码。他还挺逗的，他还跟我说你的邮件里什么东西，有你的身份证、复印件啊。然后还有什么什么东西啊，有些东西不要留在那个邮箱里，他还提醒我。（观众哄笑）

主持人：他有没有最后盗完了，完了跟你说到此一游？他就是过来看看。

王珞丹：没有，我特别逗。我说没事儿，反正没有艳照（现场爆笑）。我还这样跟他短暂地交流过几回。

主持人：我觉得你是特别招黑客喜欢的那种人。（对观众）真的，你知道有些宅男，就喜欢你这样的女孩。（王珞丹笑）然后没事他也不出来，然后在那儿盗盗你的号逛一逛，但你一定要小心啊。

王珞丹：对，还好吧。因为我还算是一个比较正直的人，没有什么见不得人的东西在里边。（观众笑）

主持人：那你有没有去骂别人的一些话？万一在上边被别人看出来了（笑）？

王珞丹：（严肃的）我邮箱里不会骂人。就是微博里头留言，（有点犹疑）有的时候会，偶尔。

主持人：哎，你会对骂吗？比如说碰到一些神经病在你这儿说些特别难听的话？

王珞丹：我有可能碰到别人说你长得真丑，我说哎呀，你说的特别对。

主持人：（大笑）你好无聊啊。

王珞丹：然后喜欢我的影迷就说，以后我们不说她好听的，说好听的不给回。（主持人大笑）然后有一天，大家排成队来说我丑，给我气得。

主持人：哎，你说像那种说，哎，你长得好难看，然后你说，就是。你回完，他还会继续回吗？

王珞丹：他就说，哦。他回我了。天哪，太可怕了。（观众笑）然后或者他说，我特别不喜欢王珞丹，然后我就回他，我也不喜欢。（笑）他就疯了，他说也没有那么不喜欢啦，就是偶尔一下下啦。（哄笑）然后就……其实我觉得这种交流挺有意思的。

【插入短片："一向说话心直口快的王珞丹，似乎从不顾及自己的明星形象，也曾因为说错话而引发争议，时常遭遇被高调。如今已快步入而立之年的她，是否依然口无遮拦？在节目现场，她又会爆出怎样的火爆言论？"】

主持人：我觉得其实这几年对你来讲是一个改变。你还记得第一次来《非常静距离》吗？

王珞丹：记得，我刚才看留言，他们说猜测我今天会怎么梳头发，说我只要上静姐的节目基本都露额头。（观众大笑）

主持人：但我特别喜欢那期节目，因为就是那时候你的说话的状态，你跟一个人聊天，你跟他说完都说，"嗯，你说的挺对的"，或者是"对"。

王珞丹：我特别喜欢这样子的。试一下，我特别喜欢。就我，每次老憋不住，什么都往外说，后来看看大家都不说话那种，其实还挺有内涵的。

主持人：（哈哈哈）就是不说话有内涵。

王珞丹：对，这个看片子就知道了吗？（模仿）我也不知道。你觉得呢？（忍不住笑

倒）我觉得这其实是特别有文化底蕴的人干的事儿。（笑）

主持人：你不觉得特装吗？

王珞丹：也不是，就是我觉得言多必失（现场"哦……"），就是人家一定不会说错话。那我肯定就会，因为可能太直白，所以显得没有那么有文化。（哄笑）

主持人：我想问你，你面对你自己说话特直这件事的时候，是别人告诉你的，就是慢慢慢慢，是经纪公司告诉你的，还是来自于哪方面的声音告诉你，你才意识到，哦，我怎么说话跟别人不一样，我说话那么直接吗？

王珞丹：我妈一直跟我说，但是我一直不听。然后我公司的人就还挺保护我的。他说你想说什么就说什么吧。如果你要是变成了那种说话特别小心的（主持人插话：就打太极）那就不是你了，我们也就不喜欢你了。所以你就负责去闯祸，我们负责去擦屁股。（全场爆笑）

主持人：真好！

王珞丹：对，因为他们有看到过因为有段时间不是说错话了吗，然后在面对媒体的时候特别小心。别人在问到我同样的问题的时候，我可能要想好半天。然后他看到，我们公司的人看到，他会觉得挺心疼的、挺心酸的，他说那不是你，你还是做回你自己吧。那么谨慎又能怎样呢？

主持人：就是可能有些人不知道这个尺度是什么，这样的，我们把这个王珞丹的火爆言论我就找三条，我只找三条，她多了去了。然后你们觉得是有的人，听的人太矫情还是王珞丹这人太直率呀。

王珞丹：肯定是听的人……

主持人：哈哈哈，你又来了，又来了。（王珞丹笑倒）

主持人：又来了，我看一下。

【插入短片："一向口无遮拦的王珞丹，时常爆出惊人言论而引火烧身，不断引起外界争论。通过她一系列大胆言论，我们总结出三条最具争议的语录，看看王珞丹现场如何回应。"大屏幕显示王珞丹"语录"："我从来不跟长得美的人比长相，自取其辱；新人跟我没有太大的竞争，不是一个段位的；我是有名气的人里比较会演戏的。"】

主持人："我从来不跟长得美的人比长相，自取其辱"，这是什么时候说的呀？

王珞丹：（想赖账）不记得。（全场笑）

主持人：但你为什么不认为自己就是长得美的人啊？

王珞丹：我觉得是人比人气死人。

主持人：不是，你要跟谁比呀？

王珞丹：比如说林志玲呀，比如说高圆圆啊。

主持人：那你跟姚晨比谁好看？（哄笑）

王珞丹：（想了半天，还是憋不住）大姚对不起了，我好看。（爆笑）

主持人：你觉得长得什么样的女孩漂亮？

王珞丹：（想）干干净净的。

主持人：哦，干干净净的。

王珞丹：对，在外表上没有让我能看得出太多的欲望的。

主持人：哎，这挺有意思。有的人长得特漂亮，满脸都奔着，要直奔主题那种。对吧，哎，我看这样的人……

王珞丹：（打断）这可是你说的，我可没说啊。

主持人：你还会栽赃了现在？（两人憋不住都笑了）

【插入短片字幕："新人跟我没有太大的竞争，不是一个段位的。"】

主持人：这应该有来龙去脉吧？

王珞丹：我忘了，是不是他们可能是问我说……"现在新人层出不穷"……

主持人：（接话）"然后你担心吗？"

王珞丹：对，说"你有压力吗？"。我就说了一句，我说新人跟我没竞争，不是一个段位的。

主持人：其实你说说这些，有的时候老是用调侃的状态在跟人家说，有的时候是开玩笑。

王珞丹：对，我可能我觉得我的幽默不是所有人都懂。（全场哄笑）我可能是句玩笑话，但是，其实（再看大屏幕），其实我觉得这个我也没说错。

主持人：（也看大屏幕）我跟你讲，这个……没说错？本来我还给你机会呢（哈哈）。

王珞丹：真的没说错。我觉得什么样的年龄，什么样的位置，做什么样的事吧。

主持人：所以我觉得你这就是一种调侃的方式。今后，再重新问你一遍，你要改变，不要调侃，好好说。王珞丹，我们知道现在这个你也从新人啊，慢慢地有了一定的位置了，现在演艺圈经常会一部戏又会出一批新人，你看比如《甄嬛传》最近啊，这出了很多新人……

王珞丹：（坏笑）出了一个孙俪是吗？（笑倒）

主持人：孙俪？（撸袖子）你看，我又写标题了我跟你说，又出了很多新人，那你，那这些新人出现，你会不会很有压力呢？

王珞丹：（装）会呀，我觉得压力好大，（两人都憋着笑）我觉得压力就是动力，然后让我更认真地去拍好每一部戏。（观众鼓掌）

主持人：（满脸不适应的表情）哎，请问那个导演，我采访这人是王珞丹吗？（两人笑）对，一定是替身吧？（爆笑）

王珞丹：就我知道该怎么去说，但你得让给我一个时间，让我去想，我能说出来比较不会出错的状况。但是我基本上不会等你把问题说完我就会回答。

主持人：（点头）好，谢谢，你还是像这个回答，千万不要说后面那个"化这个压力为动力"。你的第三句是"我是有名气的人里比较会演戏的"。

王珞丹：这个是有来龙去脉的，是那个《山楂树》的导演见我，他说，"你觉得你有什么优势？"然后贴了一墙的照片嘛，各种人的照片。我说，"那你为什么找我呀？"他说我身边的"80后"小孩儿都说你有名，特有名。我说那我可能就是他们所谓的有名的里头会演戏的吧，然后就成这样了。

主持人：这些会影响到你的心情吗？比如说像你妈妈会跟你说，那个珞丹，你怎么能这么说呀，谦虚一点。你又觉得很委屈对吧？然后就是……

王珞丹：其实我已经比之前谦虚好多了，但是可能一口吃不成个大胖子吧。而且我妈她不担心这些，她担心别的事情。

主持人：什么？

王珞丹：就一些"乱码七遭"的。（笑）

主持人：绯闻啊什么的？

王珞丹：对，因为有些事情吧，就比如说以前什么三年？五年？五年三次结婚，还是几次离婚？

主持人：说你吗？

王珞丹：对，就有这个报道。

主持人：我都还没看到过。五年结三次？

王珞丹：我也忘了。

主持人：那你得收多少红包哇？

王珞丹：反正就是结婚离婚，离婚结婚。然后看了这个之后，我妈就还挺难受的，大家都想让我出来解释解释，或者是澄清，我就一直都没。

主持人：（念大屏幕上的文字）"王珞丹曾闪婚且离婚"，这是道歉那个吗？

王珞丹：他们有发道歉的那个东西，在他们的杂志上。但是真是豆腐渣那么大的块。

主持人：你说对了，新闻永远是大标题，道歉永远是一小块。

王珞丹：我妈昨天问了我一事，她说那如果要再问到什么什么状况，"我该怎么回答呢？"然后我爸说，"媒体会采访你？"我妈说不是，是家里的亲戚朋友，我说实话实说。我妈说，"哦，好，我知道了。"

【插入短片："闪婚，闪离。这些离谱的词语，自王珞丹出道以来就不绝于耳。除此之外，她更是经常遭遇被比较，徐静蕾、杨幂、黄圣依，都是外界拿来与王珞丹比较的对象。近日，随着电视剧版《山楂树之恋》的热播，王珞丹更是被人与电影版静秋的扮演者周冬雨比较。面对层出不穷的被比较，王珞丹招架得住吗？"】

主持人：就是我看你演《山楂树之恋》的时候，媒体也经常拿你跟这个就是电影版的静秋去比较，说你是什么史上最黑的（王珞丹：对，说我是史上最黑）静秋。这会影响到你的心情吗，说这些的时候？

王珞丹：这个新闻出来的原因是，好像我开机的第一天，然后他们请了当地的媒体，去拍一些照片。静秋，她就不是一个白人，她天天干活，她就是要黑。然后导演就建议化妆师把我化黑一点。那拍出来的东西，我们呈现出来的东西大家也看到了，不是那么黑的。但是别的记者拍出来就是黑的。然后我那段时间，反正有人举起相机来，我就特别大的反感。我知道你们又要曝我很难看的照片，你们又说我长得丑，你们又说这又说那，我的戏还没演出来呢，你们就否定我，凭什么呀？所以我那段时间有很强的逆反心理，可是那段时间也曝出来好多别的事情。我觉得生活跟戏差不多吧，我在生活中首先得学会隐忍，我才能把静秋的隐忍诠释好，所以我就忍着不说。

主持人：正好用在戏里了。

王珞丹：对，我就忍，就不说。但是我还是会很排斥。有人拿手机、拿相机，我会特别排斥这个事。所以后来有段时间，排斥成习惯了，有人一拿手机，（就问）你干吗？（观众大笑）对，然后后来过了这段时间，又好了，我觉得就是起起伏伏的。

主持人：就是这四年当中，哪一段时间，其实你的情绪，你觉得自己不太稳定，或者不太开心，是哪段？

王珞丹：嗯，去年一年吧。我都不是特别开心。我一直不知道，可能好多人都觉得我不应该去接静秋这个角色。好多人都觉得你干吗？你现代戏演得好好的，为什么要去演那样的角色？可是其实我挺自私的，那个角色就演给我自己的。我可能让自己爽了，可能你们都不爽而已。但从中我得到的东西是别人所不能、别的角色所不能给予的。但那段时间的压力，还有很多东西，确实让我有段时间很不开心。然后紧接着就拍了《男人帮》，然后因为我拍《山楂树之恋》增肥，然后晒得特别黑，然后最后一个剧组，整个造型做得也不是特别好，然后《男人帮》播出之后，反应也没有那么好。所以我也一度怀疑自己是不是太执著，太坚持自己的想法了。

【插入短片："王珞丹总是冠上幸运的标签，自出道开始就与大导演合作，迅速跻身内地四小花旦的行列，星途坦荡。走红后的她经历了被结婚、被离婚、被搜索、被高调、被比较种种传闻。似乎一举一动都是媒体追逐的焦点。然而早在步入演艺圈之前，王珞丹却得不到幸运之神的眷顾，经历了一段坎坷的大学时光。这也使她一度自卑到想退学。但是一位关键人物的出现，却改变了王珞丹的人生轨迹。"】

主持人：其实在你成长的道路上，我觉得要感谢很多人，包括赵宝刚导演，包括后来的很多导演。但是当你入这一行的时候，真正对你影响特别大的人有没有？

王珞丹：我能入这行应该最该感谢的是我的恩师吧，电影学院的老师，可能大家都知道。我当时考学的时候，当时是 10 个老师吧，7 个投了反对票，说这个孩子，我老师曾经招过一个这样类型的，后来分到什么煤矿文工团，戏都没演。因为电影学院就 30 个名额，浪费了一个，他就觉得浪费了，招了我就浪费了，出不来这孩子。后来我老师还挺执意的，就坚持把我给招上来了。

主持人：老师姓什么？

王珞丹：霍璇。

主持人：霍老师。

王珞丹：因为当时他说我招你上来，是因为我觉得你是一张白纸，干干净净的，我想怎么去描绘，就会出现一个什么样的图案。然后，慢慢地我才发现这一张白纸其实不单纯讲的是你的演技，我更希望自己的内心也是一张白纸，干干净净，纯粹一点。所以一直都会，当出现一些负面情绪的时候，负能量的时候，然后我用这样的话来警示自己，不能去做一些有损自己名字和这张白纸的事情。

主持人：如果老师在看这期节目，你会对老师说什么呢？你最感谢他的是什么？

王珞丹：老师你太有眼光了。（全场笑）

主持人：你看又来了。老师你太有眼光了，你应该谢谢老师吧？

王珞丹：比较感谢老师大学这四年，在我这张白纸上画了一个很美丽的图案。我其实有的时候吧，我每做一件事的时候，我都想到的是老师，想到的是家人，别做让他们觉得丢脸的事情。未来我也会一直是这样，想成为你的骄傲。（此时霍老师正在幕后倾听）

主持人：我相信霍老师听了这段话以后会非常骄傲，因为我们知道，一个老师教会学生的绝对不是技艺，是做人。而且我认为很多人一生，除了父母之外，最影响他们如何做人，如何去选择跟别人共事的就是老师。所以，让掌声来有请霍老师。

（霍老师从幕后走上前台，王珞丹发出惊叫，上前与老师拥抱）

主持人：我们给王珞丹一个惊喜，霍老师你好！谢谢您啊，因为我知道霍老师也特别早来。

王珞丹：（惊喜）他们说只有 VCR，没有真人。

主持人：对呀对呀，霍老师在旁边，你休息室那个旁边，等了半天了。对，霍老师你好！

王珞丹：霍老师坐。

主持人：一见老师就老实了。欢迎霍老师。（鼓掌）刚才那个珞丹在后面，我觉得要当您面儿她肯定说不出来。她说您把她比喻成一张白纸，所以我特别想问一下，当时您是如何拥有慧眼，就看上这个史上最黑的（哈哈哈），就是看上王珞丹了呢？

霍老师：就说这个事也比较巧，说我们有缘呢，主要是当时他们考这个电影学院之前，我记得北京电影学院有一个考前班，我正好去辅导，其实去让电影学院的一些老师去上课。我记得是第一节课是崔老师上，崔老师晚上回来就跟我说，这个班有十几个孩子，他说其中有一个孩子，你可以注意一下，就是黑黑的，她又挺活泼的，就是老师一休息的时候，她就主动来给老师倒水。

主持人：好学生。

霍老师：就没有什么负担，特别爽快。后来我就去上课，上课我就注意到了。当时她就是一个应届高中毕业生吧，很小，又瘦，又瘦又黑。

主持人：来自赤峰的一个小女孩啊，内蒙古。

霍老师：对对对，也不出众。但是我特别注意到她的性格很活泼，另外我觉得个儿高高的，脸型也不错，但是不出众。我回来跟崔老师说，我说我觉得也还可以，挺好的。就这样，但后来考试的时候，全国考生特别多，优秀的考生也很多，而且我们那一年的名额也比较少。像有很多考生，都受过很好的训练，她仅仅靠十几天……

主持人：你之前都不会？

王珞丹：不会。

霍老师：什么舞蹈啊也一般，也没受过训练，唱歌也不怎么会，表演也不会，语言也没学过。怎么说呢，因为我给她上过课，对她做了一些了解。有的老师不认识她，要是我没给她上过课，如果说我在考场也许就把她漏掉了。赤峰来的一个小女孩，十七八岁，穿着各方面都非常朴实，所以像这样的考生，特别容易漏掉。所以这个不是我怎么发现了她，是因为我对她有了一些了解了，所以后来我就坚持我自己的意见。我觉得她还是有潜质的，这样就给了她一个名额。

主持人：哇，就这样进来了。（鼓掌）你知道这出吧？

霍老师：所以是巧合。

王珞丹：我一开始不知道。

霍老师：是巧合，不是慧眼。

主持人：你当时穿什么？

王珞丹：哎哟，你都不知道我妈那品位。

主持人：又怪别人。

王珞丹：白上衣，黄裤子；白上衣，粉裤子。特土，觉得。

主持人：哎——王珞丹，你在电影学院这几年，你是自信呢，还是自卑呢，还是自卑和自信混在一起呢。

王珞丹：一开始挺自信的，

主持人：盲目自信，啥都不会。

王珞丹：后来就不自信了，觉得大家都那么优秀，那么好看，觉得自己肯定注定出不来。大二的时候，我反正想过退学，我说我可能不是干这个的料。

主持人：对，就是因为上课要演小品吗？你的小品，你又没有经过训练，人生阅历也不丰富，你怎么编呢？

王珞丹：瞎编。所以老是得不到老师夸奖。所以就有的时候自信，就慢慢一点点的，然后后来我是属于，我们老师说我是不稳定型的，偶尔一个作业特别好，大家觉得，哟，这孩子太会演戏了；偶尔一个作业就觉得这孩子是哪儿来的。

主持人：那王珞丹，你在大四的时候有没有着急自己呢？

王珞丹：当时有戏找的时候，我还挺尊重老师的建议的，我就把剧本给老师看。老师说这剧本就算了吧，因为他觉得大学的时光挺重要的，未来你天天拍戏，马上你要拍毕业大戏了，这毕业大戏对你来说很重要，而且我也是通过毕业大戏才找到自信的。

霍老师：她这一点说得很对。因为在片段啊，我们小品啊，一开始训练这个阶段，确实她心有余而力不从心，就是有劲感觉使不出来，就使劲演，演得特别有兴趣，但是缺少那种沉稳、感受，具体这过程不够。因为毕业大戏还是很重要的一个作业吧，当时呢说老实话，我们选择就哥尔多尼的那个《老顽固》，意大利的这个戏，其中有一个女主角，就是这个贵族老爷的一个女儿，那么说班里有一个郭珍，我觉得比她合适，因为她个太高，那个也瘦，也矮，也活泼，所以那个就是第一组，想来想去，她没有特别合适的角色，说大的够不着，小的也够不着，但是她的生活性格特点呢又符合这个女儿的特点，后来就说那你干脆就演这个女儿吧，就把她放在第二组。但是后来发现，她一开始没有进入感觉，没找到感觉，后来拍着拍着就疯起来了，后来越演老师同学们就觉得她演得很好，就是完全放开了，就是那个女儿的活泼、天真，角色（主持人插话"就像她"）就跟她似乎是吻合起来了。所以后来在演出的时候效果是非常好的。所以，从这个毕业大戏的这个阶段，我后来感觉她有点开窍。

【插入短片：王珞丹演毕业大戏片段。解说词："如今的王珞丹早已是演艺经验丰富的当红演员，可霍璇老师的出现却瞬间将节目现场变成了当年电影学院的考场。学生王珞丹如何应对恩师的即兴命题小品，她能否顺利通过呢？"】

主持人：我觉得今天有一个小的请求，我不知道合不合适，这个也这么长时间了，您能不能现场命题，命题一个小品，王珞丹，你现场给我们来一下？（王珞丹不好意思地笑）

霍老师：这样这样，你就面对观众吧，咱们出一个特别简单的题，就是等车。因为没别的什么道具嘛，咱们就作为一个车站，面对观众等车，等两次车。分别扮演两个不同的人物，一个是农村的女孩在等车，等了半天，结果车没来，怎么办？一个是公司的白领的一个女孩，她也在等车，等了半天，车也没来，怎么办？如果有可能的话，最好你拿一个包和一个手机，这两个道具就可以了。来，预备，开始。

【王珞丹现场即兴演出命题小品，结束】

霍老师：好！

主持人：哎哟，好棒啊！让老师评价一下吧，太即兴了，这是临时的，我觉得你刚才演那个白领嚼口香糖太典型了。

霍老师：那个比较好。

主持人：那太典型了。

霍老师：这种即兴的表演对于任何一个演员来说，它还都是有难度的。

主持人：评价一下，老师。

霍老师：因为没有更多的附加条件，我觉得状态还可以。

主持人：（鼓掌）特别好！

霍老师：但是特别你比如说像农村那个女孩，也没有服装，更多的她的气质上，那个土味还是不够，这种临时的还是很难很难。

王珞丹：（摇头）已经很不容易了。（调侃）我的气质越来越洋气了。（观众哄笑）

主持人：哇，真好。今天非常感谢老师来，然后是给王珞丹一个惊喜。今天老师带来一份礼物，对不对？来，导演帮忙拿上来。

霍老师：这个是"记忆2001—2005"，珞丹电影大学时期的表演作业，这是我昨天特意在学校里把你上学各个阶段考试的作业汇集到一块来剪接的。这是一个……

主持人：昨天晚上啊。

霍老师：还有一个是去年零一班的同学搞了一个十年相聚，这一版是我进行了比较细致的修改之后——嗯——我顺便也说一下，因为去年我们的这个班搞了一次活动的时候，（大屏幕播放班级活动照片）大家，许多同学在一块儿玩了一天，但是王珞丹呢她那个拍摄任务特别紧，就是大家一直等到晚上八九点钟的时候她赶车来了，来就是给大家见了个面，吃了一口饭就走。所以从这一点上讲我觉得珞丹真是人很直，那个很真挚，很讲友情，同学之间团结得也挺好，所以这个（录像带）作为礼物送给你。（全场鼓掌）

王珞丹：谢谢霍老师。

霍老师：还有一个就是你的毕业大戏，哥尔多尼的《老顽固》，一个完整的片子。

主持人：太棒了！

王珞丹：谢谢老师！

主持人：多好的礼物呀！（王珞丹跟老师深鞠一躬）说话呀！

霍老师：就是说，当年的这个图像可能很粗糙，因为机器设备的原因，但是我认为它是真实的，记录了当时真实的学习的一些瞬间，我想呢，永远地作为一个起点，激励着你，更好地进步，能够为观众塑造出更多的（掌声响起）那个鲜活的人物形象，献给观众。

主持人：谢谢老师，谢谢各位观众继续支持《搜索》，支持珞丹。（鞠躬）感谢"乐蜂网"之特约播映《非常静距离》，再见！

案例四：湖南卫视《天天向上》

节目类型：综艺脱口秀

开播日期：2008 年 8 月 7 日

首播时间：每周五 20∶30

案例分析：《天天向上》2013 年 7 月 13 日　2014 年 1 月 10 日

节目时长：120 分钟

一、节目概况

（一）《天天向上》的发展历程

《天天向上》于 2008 年 8 月开播，是湖南卫视顺应奥运会在北京召开的契机创办的一档大型综艺娱乐脱口秀节目。该节目以传承中华礼仪文化和倡导社会公德为主旨，每期邀请演艺明星和社会特色群体以及企业界的知名人士作为嘉宾参与访谈和表演，主持人由汪涵、欧弟（欧汉声）、田源、钱枫、矢野浩二、小五（金恩圣）组成，节目以

《天天向上》主持人

歌舞、访谈、情景小品等不同形式展开，内容丰富多彩，形式轻松幽默，氛围欢快热烈。

《天天向上》于 2008 年 8 月 4 日首播《天天向上前传》，8 月 7 日正式播出，开播时每周一至周四播出 60 分钟，后改为 120 分钟。之后播出时间经过多次调整变化，到 2014 年 1 月 1 日（第一季度）起改为 22∶00 至 24∶00 首播，第二季度又改回 20∶30 播出。

经过六年多的探索发展，《天天向上》的内容形式更加丰富多彩，主持人团队成员也偶有变化，但是依然保持其固有的结构形态和风格特色。该节目开播以后，很快在观众中引起广泛关注，收视率一路攀升，成为当代中国最有影响的综艺娱乐类节目之一。

（二）《天天向上》的内容形式特点

《天天向上》的内容主要确定为宣传社会公德和传统礼仪知识，节目创意的背景是 2008 年即将在北京举办的第 28 届奥运会。当世界把关注的目光投向中国时，国人也产生了自省的意识。针对社会上存在的公德意识薄弱、礼仪风范缺失的现象，湖南卫视《越策越开心》栏目组决定开办一档以传播中华传统礼仪为主旨的娱乐节目，期望通过这个

节目使人们在娱乐之余，学习体会中华传统的礼仪知识，感受中华传统文化的精髓，提高大众的社会公德意识和礼仪素养。

随着节目的阅历增长，《天天向上》的节目主题不断地向深度开掘，题材进一步向广度拓展，逐渐融入了具有时代特色的关爱、励志、互助等具有人文精神和积极人生观的主题和题材，节目的气质由早期的青春、活泼、新鲜、靓丽逐渐向成熟、幽默、丰富、深厚的方面转化。目前的《天天向上》节目正在打破年龄和职业的界限，成为一档具有雅俗共赏审美气质的优秀节目。该节目分为三段：第一、二段的访谈对象和内容基本独立，主要为嘉宾访谈、其中不时穿插歌舞、情境表演以及现场观众互动等内容，其特色是突出即兴表演的现场感和随意性；第三段是情景表演式的礼仪知识讲授。三段之间用短片和广告隔开，节目在主题和风格上一气呵成，形成和谐的整体，将明星参与、奇观展现、特色人物和技艺展示等多种娱乐元素融合起来，贯穿始终，形成知识性、娱乐性、欣赏性、文化性融为一体的综合性审美价值。

1. 《天天向上》前传介绍

在《天天向上》开播之前，为了让观众更好地了解节目内容和形式的特点，湖南卫视制作了三期《天天向上前传》，于2008年8月4日开始连续三天播出，为节目提前宣传造势。《天天向上前传》首先介绍了《天天向上》的产生背景：1500多年前，有一家古老的书院，因为坐落在半山的位置，人们叫它半山学园。名门望族或黎民百姓家的少年，都以来这里求学为荣。半山学园里有一个"天天向上一班"，班里有一群学生，男生才高八斗、英俊潇洒，女生貌美多姿、知书达礼。他们的老师博学多才，带着他们一起在半山学园里学习中华礼仪、诗歌成语，寓教于乐。

在《天天向上前传》中，栏目组特邀了湖南卫视的当红主持人何炅和著名演员郭冬临等扮演老师，即将登场的《天天向上》主持团队"天天兄弟"扮演学生，师生之间表演了一出出幽默喜剧，新颖别致，妙趣横生，成功地吸引了观众的注意，激发起观众对未来节目的收视期待。

2. 另辟蹊径选嘉宾

《天天向上》之所以能够在众多的综艺娱乐类节目中脱颖而出，与栏目选择嘉宾的定向特色是分不开的。该节目对嘉宾的选择与诸多的同类栏目不同：它没有把当红明星作为自己的首选，而是另辟蹊径地选择一些颇具特色、但尚未被人们广泛关注的群体作为节目主体，比如台湾少数民族、昆曲京剧名角、高铁乘务员、高校大学生（尤其是理工科学生）、青年创业者、校园文明督导队、国家佩剑队、体坛运动员、美女作家群等。这些与众不同的嘉宾队伍，决定了该节目独具特色的谈话内容和谈话风格，使节目表现内容具有丰富性、多样性、传奇性和文化性。随着节目的积累，其内容可以说是取之不尽、用之不竭，其深度和广度自然而然地得以拓展。

3. 不经意的动情点

作为一档大型的综艺娱乐类脱口秀节目，《天天向上》没有为娱乐而娱乐，在每期节目中，编导总是能够挖掘出一些富有特点的、真实感人的故事来调动观众的情感，激发现场的呼应。在2014年1月10日"安以轩携众西施驾到"的一期节目中，介绍了美丽的、被称为"冰粉西施"的重庆女孩杨阳为了妹妹能够上大学,自己辍学卖冰粉养家的感人故事。在节目中,杨阳讲述了自己的创业经过,杨阳的妹妹也被请到现场,妹妹当面表达对姐姐的感激之情,姐妹俩相拥而泣,现场的观众都不禁感动落泪,从小为弟妹留学而辛勤打工的安以轩也止不住热泪盈眶。

4. 独具特色的团队主持人阵容

2009 年 3 月第 295 期《新周刊》在其发布的 2008 年中国电视榜中,将"最佳娱乐秀主持人"奖项颁发给了湖南卫视《天天向上》栏目的主持人群,他们是:汪涵、欧弟(欧汉声)、俞灏明、钱枫、田源、矢野浩二。他们的获奖词是:"这是中国迄今为止规模最大、娱乐煽动力最强、学习劲头最足、特长最多、雄性激素最澎湃的电视主持人群体。他们来自不同的方言区,娱乐是他们的共同语言;他们拥有不同的主持特质,多元是他们的合成魅力。这群快乐男生在极短时间内,就开辟了电视娱乐的新沙场。"而"主持人群"作为一个新的概念也进入了人们的视野。

相对于先前单一的男性或女性主持人及男女搭配的主持组合模式,"主持人群"是一个全新的概念。清一色男性组成的主持人阵容是《天天向上》节目的突出特色和亮点,其中的当家人汪涵是湖南卫视著名主持人,他主持过《超级女声》《快乐男声》《2009 快乐女声》《魔幻达人》《越策越开心》《以一敌百》《名声大震》《音乐不断》《金牌魔术团》等众多娱乐节目,经验丰富,尤其具有聪明睿智、反应敏捷、幽默风趣的特点。他还富有语言天赋,擅长模仿长沙话、常德话、衡阳话、邵阳话、四川话、上海话等多种方言。

除汪涵之外,《天天向上》还设计了六位年轻主持人,每个人都独具特色,他们与汪涵搭配在一起,各种色彩产生了混合效应:欧弟能说会唱,舞蹈功底好,模仿能力强,且主持经验丰富,反应敏捷,在节目中起到了逗笑和调节气氛的作用;钱枫长相乖巧,时不时爆出的"冷"言"冷"语,凸显了大男孩的可爱和单纯;田源属于北方人,性格方面更加粗放一点,能够获得许多北方人的认同和接受;"快男"出身的俞灏明虽然在主持上尚是新人,但其具有不可忽视的人气,能吸引少男少女们的观赏兴趣;来自日本的矢野浩二和来自韩国的金恩圣,两人的异国身份则使得这档节目更加国际化,同时也提供了不同的文化视角和娱乐看点。

二、《天天向上》成功因素分析

《天天向上》在运作一年之后,迅速上位,成为湖南卫视黄金时段的一档主打节目,其收视率直逼已有十几年积蓄之功的《快乐大本营》,形成了社会高度关注的影响力和口碑,同时受到业内专业人士和普通观众的一致肯定和好评。而这个电视奇迹的产生,主要源于三个方面:一是节目的定位;二是节目的策划;三是节目主持人的团队魅力。

1. 生逢其时,将文化融入娱乐

《天天向上》开播于 2008 年北京奥运会开幕之际,恰逢一个中国被举世关注的好时机,中国人的言行举止和文化礼仪也同样成为举世关注的焦点。此时开办一档传承中华传统礼仪,使国人更熟悉中华传统文化的节目,对国民整体素质的提升大有裨益,也有利于让世界了解中国文化，节目的定位恰逢其时；将传播礼仪文化寓于轻松愉快的游戏之中，又迎合了观众的观赏需求，为节目的良性发展奠定了基础。

2. 精心策划，屡出奇招

《天天向上》从节目主题内容的开掘到表现形式的设计，都把创新放在首位。嘉宾选择、主持团队的设计、开场音乐舞蹈、场景安排、服装和道具的运用、现场互动方式等，无一不渗透着主创者的精心设计。

（1）常变常新的主题设计。

主题内容的常变常新是《天天向上》成功的一个秘诀。很多优秀栏目在主题选择和表现形式上会遵循一个不变的模式，比如访谈节目通常是请一位明星作为嘉宾，每期不变，变化的只是具体对象的谈话内容。而《天天向上》的策划与众不同，它每期节目的参与嘉宾和表现形式都有意想不到的变化，如企业家与员工、昔日童星再聚首、校园走红网络少年、创意离婚事务所、多国外交官展示外交魅力、南北包子铺大比拼……

《天天向上》从开播起就追求"人无我有"的特色，节目构思往往剑走偏锋，独树一帜。正当人们把眼光投注到明星、名人等娱乐对象的时候，《天天向上》则关注起一些极具特色却很少曝光的群体——中国杂技团、中国棒球队、火车乘务人员、医务人员、微软员工等，在参与者的选择上就与众不同，另辟蹊径。

2011年5月6日的一期节目中，节目请来了北大等著名高校的理科女生，这个在很多人看来没什么娱乐色彩的群体，在节目中展现出别具一格的风采。

在《天天向上——少儿体操》一期节目中，他们又让少儿体操学校的老师和学生做嘉宾，现场采访学体操的小朋友，呈现其不一般的学习生活，内容十分新鲜。

在《天天向上——微软公司专辑》中，则通过采访微软公司的员工，让这个"熟悉的陌生群体"直接而真实地呈现于公众眼前，让观众近距离了解了IT精英们的生活面貌。

在《天天向上——神奇瑜伽》一期节目中，栏目组请到泰国的瑜伽老师向观众展示神奇的"泰式瑜伽"，传达了畅游瑜伽世界的乐趣。这些看似寻常却极具特色的采访和展示，都增添了节目的新鲜感和独特性，与同类的娱乐节目形成了鲜明的对照。

（2）活力四射的现场互动。

在节目现场，主持人与参与者的互动常常是综艺娱乐节目的成功要素，同时也是娱乐节目最难把握分寸的一个环节。通常而言，节目中如果互动的内容、时间或节奏把握不好，就会显得轻浮、拖沓和混乱，甚至会使节目的主题产生偏离，影响节目的品质和效果。而《天天向上》则在互动环节大放异彩：开放的创意、随性的风格、轻松而真实的即兴发挥，使观众不断地看到了现场随机互动的魅力和火花四射的精彩。

在2011年4月29日播出的《天天向上——小荷才露尖尖角，我家有女初长成》节目中，主持人就让现场的观众即兴上台与嘉宾、主持人对唱，使现场气氛空前活跃。他们还常常让嘉宾们带来一些独具特色的小礼物送给现场观众，不经意中就激发了现场观众的参与热情。

（3）高品质的包装制作。

《天天向上》由《越策越开心》制作团队原班人马打造，承袭了《越策越开心》的王牌节目注重品质的制作特色。比如，他们完全采用原声音乐资料配乐，对主持人的服装造型也是精心设计，还有场景的丰富变化以及嘉宾团队的多样选择等，都体现出该节目的高品质追求。这种设计制作上的刻意创新和精心打造，是节目成功的重要一环。

三、案例分析

(一)《天天向上》2013 年 7 月 13 日节目流程（片段）实录

【30 秒"天天兄弟"先导片】

【内容提要、栏目片头后切入现场】

【开场劲爆歌舞《巧克力棒》】

画外音：有请嘴巴甜得像巧克力的天天向上、天天有喜的天天兄弟。（在观众的欢叫声中，在古装美女的衬托下，天天兄弟上场）

汪涵：首先，我们要恭喜一下小五啊，出新专辑了！

众主持人：（欢呼）耶！（欧弟模仿小五"谢谢大家"，拥抱小五，一起说谢谢）

汪涵：哎，跟你有什么关系？

欧弟：没什么，就是看起来有点像。

汪涵：各位观众，还有电视机前亲爱的观众朋友，您现在收看的是我们的——（全体主持人）"特步《天天向上》"，欢迎。（众鼓掌）

小五（金恩圣）：《天天向上》的各位朋友，（"至上励合"众人）我们是"至上励合"（前面表演的组合团队）！（观众欢呼）然后"至上励合"也即将发行我们全新的专辑《巧克力棒》（众和）。然后这次呢，就是我们其他人都参与了原创，就是除了小五——

众主持人：怎么就除了小五？

小五（金恩圣）：我是知道我在这个专辑里面是管盒饭的。

众主持人：你的任务最大，剧组不吃饭不行的。

欧弟：对呀，不吃饭不能录啊，（哄笑）这张专辑一共花了多少时间？

某嘉宾：一年半的时间。（众：喔——）

汪涵：最近啊，我们天天兄弟有挺多喜事的，我们说到喜事——

钱枫：我实现了一个人生当中最大的梦想。

欧弟：恭喜！结婚了。

钱枫：结婚了。（有人问：你怀孕了？）

汪涵：哪，怀孕了？他怀着梦想，孕育希望。

欧弟：说得太好了。

田源：（略显激动）涵哥说得太好了。嗨嗨，跟你圆回来了。

钱枫：（神情严肃的）我演了我人生当中第一部男一号。（众：哦——）而且是 Movie，电影！（众再次：哦——）

小五：枫哥可以走了。

钱枫：为什么呀？

汪涵：圆梦了嘛！对呀，人生的梦想实现了。

欧弟：我想这个时候，你除了自我了断之外，没什么事好做了。

众主持人：说说说说，这个戏叫什么名字？

钱枫：《小神来了》。

【插播电影《小神来了》片段。】

汪涵：小神来了吗？（有人答：来了）在哪儿呢？（现场突然出现三位儿童，拥抱钱枫）

汪涵：哦，一下有仨孩子。

田源：介绍一下小神吧？

男童甲：大家好，我叫王鑫。（插播短片）在电影里面叫嘟嘟。

女童：大家好，我叫项玥雯，在戏里扮演果儿。

男童乙：大家好，我叫柳天歌，在戏里叫乖木。（现场小观众鼓掌）

汪涵：（现场）欧弟最近也有喜事……

欧弟：（作打断状）嘘——

汪涵：怎么？不能讲啊？

欧弟：不要讲。

汪涵：你不是演了一部（欧弟阻拦：嘘——）而且你还跟那个影帝任达华（欧弟再次大声阻拦：嘘——。众笑）、颖儿——

欧弟：嘘——（大声），不要告诉大家我演了一部电影，嘘——

汪涵：那电影的名字叫——

欧弟：嘘——（众主持人：不能讲？）我们现在去看一下（手指大屏幕）。

【插播电影《制服》片段】

汪涵：今天呀不但叫"天天向上"，而且叫"天天有喜"。（众主持人：哦）恭喜我们的"至上励合"小五，恭喜我们的欧弟，还有钱枫！

小五、欧弟、钱枫：谢谢你们，谢谢！

汪涵：我们今天啊，请来了给湖南卫视带来高收视率的福、禄、寿三位神。

欧弟：哎哟，太好了。

汪涵：接下来我们要有请的是——

钱枫：《天天有喜》剧组陈浩民、谭耀文、穆婷婷、陈紫函、徐申东！

【音乐中，美女引导《天天有喜》剧组成员出场】

众：欢迎欢迎！

汪涵：几位仙女先下去吧，欧弟已经魂不守舍了。

欧弟：师傅，让我来收了她们吧。

钱枫：别收别收。

田源：我去收我去收。

汪涵：首先呢跟我们的这个好朋友、老朋友，也是我们湖南人的女婿，陈浩民先生先聊一聊好不好？（陈浩民微笑点头）

汪涵：浩民的作品特别多，《十二生肖传奇》《天地姻缘七仙女》《活佛济公》《聊斋志异》《封神榜》《天天有喜》。你大概演了多少这种神话剧？

　　陈浩民：20 部左右吧。

　　汪涵：读书的时候，陈浩民被称为是"岭南最帅的男生"。（对陈浩民）你认为男孩子什么时候最帅？

　　陈浩民：在工地的时候，有点像周星驰在《长江 7 号》里面那种。（众主持人：哦——）埋头苦干，（欧弟插进来配音效）身上流汗，胡子拉碴。

　　田源：还不吃饭。

　　钱枫：一定要有肌肉。

　　欧弟：很多女孩子觉得男生最帅的时候是倒车的时候。（配音，手扶小五模仿倒车）

　　汪涵：哦，因为看不到正脸。

　　欧弟：她们说男生这样手扶着很专心看路面的角度很帅。

　　汪涵：我觉得男人最帅的时候，应该是很认真地做某一件事的时候。（众主持人插话：没错）心无旁骛，当一个男人要刻意去耍帅的时候，大家不会觉得他帅。比如说像刘德华——

　　欧弟：哎哟，他整个人生都在耍帅呀。

　　汪涵：但是，他是唯一一个耍帅也很帅的人。

　　欧弟：是吗？

　　钱枫：你圆得好唐突啊。

　　汪涵：对对对，必须得圆过来。我们接下来看看浩民塑造的一些个经典的神仙——哪吒。（大屏幕出现哪吒的剧照）

　　欧弟：哎，这好像我以前那个四九的造型啊。

　　钱枫：你是猴子请来的救兵吗？

　　汪涵：小五，你们韩国有没有知道哪吒的？

　　小五：哪吒？

　　欧弟：就是他妈妈怀孕三年，生出一个肉丸，后来那个爸爸来再加一点甜辣酱。（众笑，小五一头雾水）

　　汪涵：那还是炸了呀。

　　钱枫：那是甜不辣。

　　汪涵：后来爸爸觉得这是什么妖怪呀，拔出一把宝剑，哐啷劈开一看，一只猴子蹦出来了，（模仿猴子）爸爸，爸爸。

　　钱枫：等一下等一下。

　　陈浩民：不，那是《西游记》。

　　欧弟：不是这样，他要砍的时候，然后奶奶说，哎呀，刀下留人啦，后来那个桃子一出来以后，就出现了桃太郎。

　　田源：不是。

　　汪涵：妈妈不是生出一个肉瘤（众主持人：那是什么？），生出七个葫芦。（众主持人：那是葫芦娃）

汪涵：别聊了，别搞混了。我们再看看第二个。（大屏幕上出现陈浩民扮演的孙悟空剧照）

众：啊！孙悟空！

钱枫：啊，你演过我？这个造型好萌呐。

汪涵：这是什么时候演的？

陈浩民：1998 年哪。

汪涵：你自己满意这个造型吗？

陈浩民：我觉得蛮可爱的。

田源：那个化妆是不是需要很长时间？

陈浩民：还好，只是在脸上带个头套，多贴了两片毛在脸上面。

汪涵：你发现没有，我演孙悟空不用贴毛，（自摸脸）都是毛，让它自然生长。金箍棒你还能使吗？

欧弟：（接过幕后抛过来的金箍棒递给陈浩民）金箍棒！

【陈浩民接过金箍棒，利索地耍起来。众人喝彩："大绝招，大绝招！"陈浩民对欧弟说"徒儿，接棍！"，欧弟也接过金箍棒很酷地耍起来】

汪涵：（对欧弟）本来就是猴子。请把它放回耳朵里。（欧弟真的拿起金箍棒往耳朵里插）其实孙悟空有很多人演过（大屏幕出现各种剧照），楼下这张，这是最经典的六小龄童。张卫健，这是浩民演的。

陈浩民：是我吧？

汪涵：你看现在，浩民也是为人父（大屏幕出现陈浩民孩子的照片。众：太美了，眼睛太美了）。她的英文名字叫——

陈浩民：伊丽莎白，可是老人家呢，口太快了，"阿力吐比"。（众哄笑）

汪涵：叫着叫着会变成"一条白沙"。

欧弟：什么"一条白沙"？

汪涵：因为他太太是长沙人（众主持人：哦——）。（大屏幕出现照片）这个是之前（他太太）上我们节目（照的）。

欧弟：我那个时候好小哦。

小五：那是你吗？

钱枫：他（指欧弟）怎么看上去有点像他的侄儿呢？

田源：我那个时候好胖哦。

汪涵：我那个时候因为年纪太大了，不能加入你们团体。（众哄笑）

钱枫：涵哥，其实你有——

欧弟：你有在后面。

田源：其实你只是没刮胡子而已。

汪涵：我们接下来看这个（指大屏幕）济公活佛，这个应该是最帅的活佛了。

陈浩民：不敢当，不敢当！

汪涵：其实济公啊，他本身是有这一个真实的。

钱枫：有这个人，他有一个称号叫做"济颠和尚"，本名就叫李修贤。

陈浩民：啊？

钱枫：李修——（众主持人：缘）。李修贤是个演员。

陈浩民：李修贤是我们香港拍警匪片那个大哥，很有名气的那个演员。

钱枫：有点像啊，那个名字。

汪涵：你演这个疯癫的这种济公和尚，要怎么演呢？我们来点道具好不好？（女助手递过来一把破扇子和一个葫芦做的酒壶）

汪涵：送道具的姑娘——（欧弟也端着道具上来，将酒洒在汪涵身上）欧弟，你再这样——

欧弟：师父，不可以。

汪涵：（拿起道具壶）这个太小了（众主持人怂恿：收了你），我们要枫哥来试试。

欧弟：这里还有一个招牌的帽子。

（二）《天天向上》动情点叙述模式实录（2014 年 1 月 10 日节目片段）

【"天天兄弟"宣传短片，切入现场】

【画外音：让我们有请颜如宋玉、貌比潘安、傅粉何郎、风流倜傥、玉树临风的天天兄弟！（主持人登场）】

汪涵：现场的还有电视机前的观众朋友大家好，您现在收看的是我们的"特步"——

众主持人合：《天天向上》（鼓掌）

汪涵：我们天天兄弟有一个共同的爱好，喜欢有漂亮的女嘉宾来到节目当中。

欧弟：喜欢美女，不能追，看也好，看着心里舒服。

汪涵：古代其实就有很多形容词说这个女孩特别漂亮，"沉鱼落雁之美，闭月羞花之容"，中国古代就有四大美女。

汪涵：接下来给大家再介绍"冰粉西施"杨阳，有请。

杨阳：大家好，我叫杨阳，今年 22 岁，来自重庆。

田源：好激动啊，我们的嫂子也是重庆的。

汪涵：可以可以，要得要得，重庆的就重庆的。（对田源）你也是半个重庆人。

汪涵：她前段时间突然爆红，因为她的一张照片在网络上，网友就给她拍了一个"舌尖上的重庆"。（大屏幕展示杨阳的照片）

众：好清纯哦，你看那种光线……

汪涵：成名之后会不会大家（变成重庆话）经常到你那里去？

欧弟：（插话）买鱿鱼。（注：前一个嘉宾是"鱿鱼西施"）

杨阳：（害羞的）我不卖鱿鱼。之前的月收入，我们一家人最多四五千，现在可以达到一万。

众主持人：哇——翻倍了。

汪涵：那有没有很多男孩子因为看到照片以后，就特别熟悉之后，要过来找你，还要要求跟你合影？

杨阳：啊，有的有的。但是他们都不敢跟我说话。

众主持人：为什么？

杨阳：因为我爸妈都在呀。

众主持人：哦——

欧弟：没错，父母在的时候改天再来。

汪涵：那你自己喜欢什么样的男孩子？

杨阳：喜欢正直的，工作积极向上，然后对我和对我的家人都要好。

汪涵：找到了吗，现在？

杨阳：还没有。

欧弟：不要急，慢慢来。

汪涵：我们刚好吃完了这个（指前一个"鱿鱼西施"的）有一点点辣的鱿鱼，你给我们来一点点冰粉。

杨阳：好哇好哇。（做冰粉）

安以轩：我从来没吃过冰粉。

欧弟：哦，就像果冻一样。

汪涵：它其实都挺解暑的。

安以轩：你现在加的是什么？

汪涵：红糖。（问安以轩）你也喜欢吃甜的吗？

安以轩：喜欢。

欧弟：你问她有什么不喜欢吗？

安以轩：而且我吃再饱，也一定要吃甜品。

汪涵：你今天要做哪几个代言哪？刚刚那个鱿鱼你就已经想代言了，这个冰粉你尝尝看？

钱枫：感觉怎么样？

安以轩：这个红糖的味道好浓，就是入口就咕噜咕噜进去了。女生吃这个红糖非常好，所以这个甜品很适合……男孩子也可以买给女孩子吃啊。

汪涵：适合男孩子买给女生吃，那还不是女生吃吗？

欧弟：对呀。

汪涵：现在多少钱一碗？

杨阳：3元。

汪涵：每天就是这样，特别的辛苦。我们做几碗给观众朋友品尝一下好不好？（观众欢呼，安以轩把冰粉递给现场观众）

汪涵：来姑娘，我们聊聊。在她身上也有一个——

众主持人：特别感人的故事。

汪涵：（对导播间）音乐，灯光稍微暗一点。（调整情绪，压低嗓音）她也有一个特别喜欢吃冰粉的男朋友。（哄堂大笑）

钱枫：怎么故事这么千篇一律的啊？

安以轩：不会是（与上一个嘉宾）同一个男朋友吧？

汪涵：那个男朋友也喜欢吃鱿鱼（众鼓掌）。她呢，其实是为了整个家庭，辍学摆地摊。

众主持人：（惊讶）啊！

汪涵：她本来是个大学生，2011年的时候因为家庭原因退学了。晚上两三点钟睡觉，然后就开始准备食材，然后就开始摆摊做生意。

杨阳：因为我爸爸妈妈都是下岗职工，还有一个妹妹，要上大学，我怕家里负担不起，所以，为了妹妹我就退学了。

汪涵：妹妹现在学习成绩好吗？

杨阳：妹妹成绩好，在重庆邮电大学，当时她考编导的时候考了全重庆第一名。

汪涵：于是姐姐就说，"你既然成绩那么好，家里又有可能负担不起，你去读，姐姐去帮你摆摊做生意"，供这个妹妹读书。（众鼓掌）做出这个退学的决定，你犹豫吗？

杨阳：没有，没有犹豫。

田源：她一心只想帮家里去分担。

汪涵：家里人是什么反应，爸爸妈妈？

杨阳：肯定很反对呀，特别是妹妹，她大哭大闹的。

汪涵：你现在怎么看自己当时的这个决定？

杨阳：嗯，正确的。

汪涵：你和妹妹感情好不好？

杨阳：感情好哇。我经常和妹妹一起嘻嘻哈哈，聊天啊聊不完。

汪涵：她（妹妹）是一个特别有艺术天分的女孩子，特别喜欢画画。（欧弟拿上妹妹的画）

众主持人：她们（指画中人）泡在冰粉里面。

杨阳：（指画）这是妹妹，这是我。

汪涵：对，大家都知道《天天向上》有一个真情环节（众主持人：人间有真情，人间有真爱），今天这个幸福的妹妹能不能够来到我们这个节目现场，接受我们现场所有朋友的深深祝福呢？你觉得妹妹会来吗？

杨阳：她应该在读书吧？

汪涵：五秒钟倒计时，五——

众主持人：四、三、二、一！（杨阳妹妹上场，姐妹俩拥抱）

汪涵：这就是她自己辍学，就是为了这个妹妹能够在重庆邮电大学好好地读书。（姐妹俩相视流泪）

众主持人：好感动啊，不哭了。（安以轩擦泪）

汪涵：当时姐姐决定要退学，来资助你读书的时候，你怎么想啊？

妹妹：也不愿意，因为我觉得现在这个社会，大学文凭也是非常重要的（安以轩在一旁止不住流泪）。所以我就觉得特别对不起姐姐，因为这个事情，然后我今天也是（观众擦泪）写了一封信给姐姐，然后想借这个平台，把一些平时没有对姐姐说的话告诉姐姐。

汪涵：好，你念给姐姐听。

妹妹：亲爱的姐姐，我爱你（姐姐拭泪）。感谢你长久以来对我的包容和陪伴，我们互相分享小秘密，去哪里玩你都会想到我（安以轩泪流不停），让我感觉有一个姐姐是这个世界上最幸福的事情，虽然你只比我大两岁（姐姐流泪），但是你总是处处让着我，当我要上大学，但是家里条件没办法支持两个孩子都上大学的时候，你把这个能进大学的机会给了我。我不知道用怎样的方式来感激你（观众擦泪），我能对你说的只有谢谢（妹妹哭泣）。以后，我会用我力所能及的一切方式来感激你，爱你。谢谢你，姐姐！（安以轩再次拭泪）

杨阳：我也爱你。（两人再次拥抱，观众报以热烈的掌声）

汪涵：你晚上会去帮姐姐吗？

妹妹：晚上没有课的话，我都会回家，然后跟姐姐在一起。

汪涵：去摆地摊？

妹妹：嗯，对！

汪涵：在自己同学面前觉得啊，一个大学生还去摆地摊，如果同学路过，或者老师路过，你会不会觉得有点不好意思？

妹妹：没有啊，我会很骄傲，我有一个这么漂亮的姐姐。

欧弟：以轩，你怎么哭这么惨啊？

安以轩：没有，因为我们家也有弟弟妹妹，所以我觉得我能够理解。

汪涵：你在家里也是姐姐？

安以轩：对，最大的姐姐。我觉得这样很不容易，真的很感动。所以我也希望，可能透过节目，你家里环境更好了。我也希望你有一天能够再回到学校，完成你学生的那个梦。

杨阳：谢谢！

汪涵：（对安以轩）我特别想问一下，如果这样的情况在你身上，你会不会也会一样？

安以轩：会呀会呀，像我们家小朋友高中左右全部都出去留学，只有我没有去。我弟弟去了，当时我爸爸觉得说（欧弟帮杨阳擦眼泪）那姐姐没有去你就不要去，我为这件事还跟我爸爸吵架。我就说省下来我的钱给弟弟去。

欧弟：（对安以轩）姐姐，谢谢！（全场哄笑）

案例五：湖南卫视《我是歌手》

节目类型：音乐综艺类

开播日期：2013 年 1 月 18 日

首播时间：每周五 22：00

案例分析：2013 年 1 月 18 日第一季第一期

《我是歌手》节目 LOGO

节目时长：93～96 分钟

一、节目概况

《我是歌手》是湖南卫视的一档以歌手竞赛为主要形式的综艺娱乐节目，该节目是从韩国 MBC 电视台购买了同名综艺节目（"나는가수다"）版权，并在此基础上进行本土化改造而成的。该节目以专业的知名歌手为表演主体，以观众耳熟能详的经典歌曲作品为演唱内容，并以歌手对决的真人秀形式为节目模式，每年播出一季，每季三个月，共 13 期节目。从 2013 年 1 月 18 日开播以来，至今已经播出两季。

（一）新颖的节目主体

《我是歌手》每一期邀请七位中国最具实力的歌手打擂台，是一场歌者为证明自己实力而全力比拼的超级明星秀节目。该节目的参与主体由歌手、专家顾问团和观众听审团共同组成，大牌歌手的创新式倾情演唱和人们熟悉的流行歌曲构成节目的主要卖点。还有 500 名不同年龄段的观众凭借听感进行现场打分，为歌手评出名次。变化多样的赛制赛程使节目悬念迭出、冲突不断。而专家们的即兴点评则是对歌唱艺术的欣赏引导和收视鼓动，同时也提升了该节目的专业高度和权威感。

比如，在第一季的第二期开始，当新晋歌手杨宗纬出场时，插入了一段专家对他的介绍。音乐制作人袁惟仁说："在当下杨宗纬的声音，是非常具有吸引力的，是吸引大部分的年轻朋友们。"电台 DJ 伍洲彤说："他的声音可塑性和变化，可以用诡异莫测来形容他的神奇。"音乐教授山河说："所有的歌加上他的诠释和演唱以后，就写上了他的符号，这是我们的舞台上应该要的。"

《我是歌手》对经纪人这个元素进行了改造，将韩国原版中的中老年化的经纪人改成由湖南卫视青年主持人组成的"名嘴经纪人"团队。这些在观众中享有较高知名度的节目主持人，变身为歌手们的"经纪人"，增添了节目的娱乐成分。他们活跃在歌手周围，随时随地、即兴随意地插科打诨，给节目制造出意想不到的戏剧效果。

第一季的第一期节目，出场歌手让观众眼前一亮。七位歌手全是华语歌坛的顶级歌手，如唱功非凡的"唱将"级歌手黄绮珊，出道 30 多年并在歌坛拥有至尊地位的齐秦，身兼演员、作曲、歌手三职的中国香港殿堂级摇滚乐队 Beyond 的主音吉他手黄贯中，曾获第八届 CCTV—MTV 音乐盛典内地年度最佳女歌手奖的实力派歌手陈明，杂技演员出身、"顶坛子"技巧得过国际大奖的著名创作型歌手沙宝亮，中国内地人气不断攀升的男子音乐组合羽泉，精通多国语言的 2006 年《超级女声》冠军尚雯婕。随着比赛的进展，后几期节目中又加入了著名的台湾歌手林志炫、彭佳慧、深受青年观众喜爱的杨宗纬以及 20 世纪 80 年代就活跃在内地舞台的摇滚歌手周晓鸥等等。

（二） 对歌者形象的全新诠释

《我是歌手》不仅是一个顶级歌手参与演出的音乐盛宴，还通过节目传达出一种为歌手正名、为艺术拼搏的精神。从节目的呈现中，我们看到了这样一群歌手：他们多年在歌坛打拼，大多历经沧海，功成名就，他们把生命的历程融入演唱之中，使得一首首被很多人唱过的经典老歌因此获得了全新的注释。《我是歌手》凸显出歌手们视歌唱如生命的人文特质。在娱乐至上的时代，他们真诚地表达出了追求艺术、不怕失败、勇攀高峰的执著精神，表达了对艺术的礼赞和崇敬之情。正如歌手杨宗纬说："我觉得这个节目还蛮冲击的，提供我这样一个机会：唱我自己想唱的歌，甚至于我自己想要演绎的方式……我其实不仅是一个歌手，还是一个歌者。"

在《我是歌手》第一季第一期节目中，歌手陈明在观众听审团现场打分中排在了最后一名，她表现出了虽败犹荣的气度和风范。到第二次比赛时，陈明一到现场就表示自己这次一定要努力唱好，在哪里跌倒，要在哪里爬起来，因为自己的女儿在看着自己，不能让孩子看到自己不努力。这种渗透进演出的人文情怀，形成了该节目非同一般的视听感受和情感冲击。

（三） 充满变化的赛制设计

作为一档引进模式的节目，《我是歌手》的赛制是沿袭韩国原版而定的，但是随着节目的进展，原有的赛制出现了不少的调整和变化。令人应接不暇的赛制变化使每一期节目都充满悬念和不确定性。以第一季为例，其第一期节目基本上是一种亮相式演出：由栏目组特邀的七位歌手演唱自己的成名作品，观众听审团给他们打分，评出名次。赛制规定，歌手们在正式登台之前，并不知道对手是谁。歌手们在猜测中纷纷表示"尽全力演出，不留遗憾"，"对手很强大，做好了被淘汰的准备"。

从第二期开始，比赛进入第二阶段——淘汰赛阶段。这一阶段将淘汰末位歌手，赛制也与前一期不同：比赛第一轮，歌手要在指定的歌曲库中随机抽取曲目进行演唱，歌手的出场顺序也要抽签决定。从第三期到第十期，新歌手的加入和老歌手的退出成为常态，每两期就会有一个歌手被淘汰，有一位新的歌手补位进入。比赛充满变数，为了争取观众，经纪人开始为歌手制定表演策略，歌手们或尽全力表演，或暂时隐藏实力。还有的歌手为了迷惑对手，在正式演出时拿出与排演时不同的歌曲版本。随着比赛的进行，歌手们的心态也发生变化，演唱也愈加精心，每轮名次的变化都让歌手们彻夜难眠。

根据比赛规则，经过两轮比分的综合计算，得分最低的一位歌手将被淘汰出局，这是赛程中最具挑战性和最具戏剧性的一幕。大牌歌手被淘汰，引起的震撼是其他节目难以匹敌的。正如第一轮遭淘汰的歌手黄贯中所说："你够胆踏进来，你就要有心理准备，有淘汰的可能。为什么不可以淘汰你呢？我觉得要赢，你必须要先接受可以面对这个输。"第八期开始，赛制中增加了一个环节——"轮盘选歌"，这表明比赛越来越严苛，歌手们不能提前确定曲目，这无疑更加考验歌手的实力。

常规的淘汰赛也并不平淡，经常有意外状况发生。比如第三期中黄贯中的返场演出和第四期中齐秦为看望老母亲而请求退赛，这些变化都使节目跌宕起伏，激起一阵阵情感的波澜。第九期是齐秦的专场，即所有歌手都只能选唱齐秦的作品。第十一期是复活赛，再次给了被淘汰歌手返回赛场的机会。第十二期是半决赛，在留下来的十一位歌手中选出前七名进入总决赛。第十三期是总决赛之"歌王之战"，也是整季比赛的高潮。

值得一提的是，总决赛增加了一个"帮帮唱"环节，由歌手自主选择"帮唱嘉宾"，为自己的演唱助阵和帮腔。这一环节设计可谓别出心裁，不仅进一步丰富了现场的演唱形式，更由于许多帮唱嘉宾都是著名的大牌明星，也因此提升了总决赛的观赏期待，有效地制造了万众瞩目的观赏热潮。如第一季羽泉组合演唱时，特邀了知名影星邓超加盟帮唱，独特的三人组合引起了轰动，为总决赛增色不少。第二季邓紫棋邀方大同帮唱，形成强强联手；黄绮珊、恨天高帮唱茜拉，两位实力唱将大飙高音震撼全场；常石磊、茜拉助阵张杰，为其编曲，让人大开眼界；韩磊特邀了胡彦斌、张嘉译帮唱《掀起你的盖头来》，在这首经典老歌进行全新的诠释，使演出别开生面。与常规的淘汰赛有所不同，总决赛更注重娱乐性和观赏性，在歌曲演唱的专业性方面则趋于淡化。

第二季于 2014 年 1 月 3 日开启，赛制根据第一季的情况作了如下调整：

（1）参赛歌手增加到 11 人，每期淘汰 1 名，比赛激烈程度骤增，节目更加刺激。

（2）经纪人制度被撤销。经纪人原本用来渲染气氛，但结果发现歌手们很多就善于言辞，经纪人成了蛇足之笔，另一个原因是歌手的人数增加，减掉经纪人也可以节省一部分交流的时间。

（3）保留专家组，以帮助观众加强对歌曲的辨识和欣赏。

（4）增加一个讨论组，由各界明星组成，人数为 6～10 人。

二、案例分析：《我是歌手》2013 年 1 月 18 日第一季第一集现场实录

【20 秒，演播室准备画面，灯光、音响准备完毕】

【第一位歌手齐秦到达电视台，播放齐秦的介绍短片】

【齐秦的个人采访】

齐秦：能够正正常常地好好发挥，让他们（观众）感觉到我唱了 30 几年还是没有白唱。

【齐秦面带紧张地走进休息室】

【第二位歌手沙宝亮到达电视台，播放沙宝亮的介绍短片】

【沙宝亮的个人采访】

沙宝亮：这个节目不是靠熟悉度，脸熟、歌熟来玩，作为一个歌手，我希望参与到其中。

【第三位歌手陈明到达电视台，播放陈明的介绍短片】

【陈明的个人采访】

工作人员：想知道对手是谁吗？

陈明：（想了一下）很好奇啊，因为心里没底，其实我也想知道都有谁来，（笑）你们都不告诉我？

【陈明、沙宝亮分别走进休息室】

【乐队调试、现场准备画面】

【第四位歌手尚雯婕到达电视台，播放尚雯婕的介绍短片】

【尚雯婕的个人采访】

尚雯婕：回到湖南卫视这个"母校"的舞台，我要有脸回去，我得有点进步，我要交出什么样子的答卷。

【第五位歌手黄贯中到达电视台】

黄贯中：假装没事，（拍着心口）里面是噗通噗通。

【播放黄贯中的介绍短片】

【黄贯中的个人采访】

黄贯中：其实每一次演出我都会有点小紧张，其实这是不能装的，哪怕是你弹过多少次，面对过多少人。

【黄贯中在电视台举起手指：黄贯中加油！】

【第六位歌手黄绮珊到达电视台，播放黄绮珊的介绍短片】

【黄绮珊的个人采访】

黄绮珊：我可能更喜欢舞台吧，有点紧张，站在这里。（大笑）就是在我们圈子里的那些顶级人物，都给洪涛（总导演）介绍我，说你去找绮珊，就是歌坛始终没有忘记我。

【第七位歌手羽泉组合到达电视台】

工作人员：知道还有哪位歌手来吗？

陈羽凡：（举手）我知道。

胡海泉：（指着陈羽凡）他。（两人笑）

【羽泉组合的采访】

陈羽凡：我觉得无论谁来，大家都是来唱歌的。

胡海泉：好奇还是很正常的。

陈羽凡：有你在我就谁都不好奇了！（两人笑）

【歌手分别进入自己的休息室】

【第4分2秒，湖南卫视名嘴汇聚观战间】

李锐：我们在湖南卫视录了这么多年节目，（拍着维嘉）起码我和维嘉在一起，在湖南电视台谁可以不让我们自由出入？（屏幕上出现字幕：抱怨为歌手保密限制自由）

李维嘉：我给你说，今天还真没让我们出入。

李锐：很奇怪的是，今天送盒饭的都是挂着工作证进来的。（屏幕上出现字幕：稍后名嘴将竞选担任歌手经纪人）

杜海涛：你说谁呢，锐哥。（大家大笑）你说谁呢，（拿起胸前的工作证）谁是送盒饭的！

【黄贯中在休息室】

黄贯中：我们有一个保密条约，我不能问，但我很想问，但是我不会在这里问。（问工作人员）除了摇滚还有什么（音乐）？摇滚只有一个（乐队）？

工作人员：不一定。

黄贯中：（吃惊）不一定啊，哦。（字幕：歌手彼此不知道对方）

【陈明在休息室】

陈明：但是这不是挨着嘛，我们也不能不出去吧。

工作人员：你要上厕所你得跟她（导演）说，然后她会跟其他所有的导演说，其他人都不许上厕所。

陈明：（失望地低头）这样啊。

【沙宝亮在休息室】

沙宝亮：（用手模拟对讲机）小颜（编剧）的要去卫生间，其他歌手全要回避一下。

【黄贯中从洗手间回来在走廊里面好奇地看来看去】

黄贯中：我还是蛮好奇的。

【羽泉在休息室】

陈羽凡：手心都出汗了，刚刚一进来，这么进来，我没想到，挺好玩的。（发现监控设置）那有摄像头呢！

【演播室现场，7位歌手开始分开彩排】

现场导演：（拿着话筒）S先生，《飘》。

【沙宝亮在休息室】

工作人员：沙宝哥。

沙宝亮：（抬起头）啊？

工作人员：我们可以去彩排了。

沙宝亮：我突然听到这个的时候，我心里很紧张。（笑）还没唱呢就觉得挺紧张。我觉得这种感觉挺好玩的，很久没有紧张过了。

【沙宝亮在去往现场的电梯里】

工作人员：颜莉（编剧）的歌手马上要下电梯了。

现场导演：艺人已经进电梯了现在

【沙宝亮进入彩排现场】

沙宝亮：（边走边说）到处受限。（和音乐总监梁翘柏握手）厉害厉害，我看还有弦乐队。

梁翘柏：对啊。

沙宝亮：那能玩的东西就多了。（沙宝亮彩排中断）

沙宝亮：（对乐队）副歌一起来，我的声音基本上就听不见了。

【沙宝亮的个人采访】

沙宝亮：乐队的那个声音部分太大，把人的声音压住了，所以你得特别使劲，但一使劲就容易失真。

【尚雯婕进入彩排现场】

【尚雯婕第一遍彩排完】

尚雯婕：（对梁翘柏）最后一遍的主歌一开始，因为我不知道在哪里进，您得给我一个清晰的点。

【尚雯婕的个人采访】

尚雯婕：现在是模拟考试，然后晚上是正式考，刚才做了一些微调。

【尚雯婕在彩排现场】

尚雯婕：（对乐队）伴奏的比例可能还得再调一下。（对合声的人）你们尽管大声唱。（对音频工作人员）声音再往上推一下，谢谢。

【陈明在休息室。字幕：生病的陈明利用彩排间隙打点滴】

陈明：（对扎针的人员）不痛，因为我这个手要拿麦克风，所以我想用这个手打吊针。

工作人员：怎么样？

医务人员：拍都拍不出来（血管）。（陈明紧张的表情）

医务人员：啊，回血了。

陈明：别紧张，没事。

工作人员：（举着吊瓶）我不能白在旁边蹭，我一定要做一个在镜头前有作用的人。

【黄绮珊在彩排现场】

黄绮珊：（拿着话筒试了一下音）好像有一点点闷。

【黄绮珊的个人采访】

黄绮珊：因为我离开好多年了嘛，但是那个舞台依然是自己灵魂当中很熟悉的，所以这种感觉交织在一起了，很感动。

【黄绮珊在彩排现场】

黄绮珊：（唱了几句）可以排一下中间，可能有个地方我刚才没准备好。

【羽泉在彩排现场】（唱了一遍）

陈羽凡：台口再大两个 DB。

【羽泉的个人采访】

胡海泉：到目前来讲，还是比较忐忑的。

陈羽凡：还好，我刚刚在想，晚上老婆来坐哪儿。

【黄贯中的个人采访】

黄贯中：我昨天没睡，看得出来吗？（把脸靠近摄像头）

工作人员：真的吗？

黄贯中：对啊。

【黄贯中在彩排现场】

【黄贯中的个人采访】

黄贯中：我会觉得有点担心，担心大家会觉得摇滚音乐，这种很吵的就是摇滚音乐。

【陈明在彩排现场】

陈明：（节奏响起了一小段，打断）等一下，我听一下前面那个音。

【陈明的个人采访】

陈明：排练的时候还有点紧张的，因为心里面还没有底，第一次跟乐队合作，虽然我很期待跟乐队合作，因为跟乐队合作的那种感觉特别过瘾。再加上前一段时间有点咳嗽，声音一直不好，因为这首歌还是需要有爆发力的。

【陈明在休息室】

陈明：觉得声音好像使不上力气。

【第 9 分 24 秒，播放场外观众评审团等待入场画面】

【沙宝亮的个人采访】

沙宝亮：面对和这个行业毫无关系的人，去给他们唱歌，他们的感受是最直接的，（插入观众评审团检票画面。字幕：由 "10 代""20 代""30 代""40 代""50 代" 年龄段组成，严格审核身份信息）而且是最真诚的。没有，没有后门可走。（笑）

【羽泉的个人采访】

陈羽凡：我愿意将我的未来放在一个愿意闭着眼睛去听我唱歌的人的手心里，我愿意。因为这些人才是成就（我的）歌手这个身份的，最重要的上帝。（穿插观众入场的画面）

【齐秦在彩排现场】

【齐秦的个人采访】

齐秦：就是说原来你是评别人的嘛，现在别人来评你。你当时评别人，你怎么去说别人，怎么去说别人对不对，但你自己能不能做得到呢？

【陈明的个人访谈】

陈明：（笑）投我票，投我票。

【场外】

赵子靓（外景主持人）：湖南卫视 "领 show" 2013 年开年巨作，洗衣新标准、立白洗衣液，《我是歌手》，今天晚上就会拉开战幕了。感谢非一般的液体面包——娃哈哈格瓦斯对本次节目的大力支持。在今天晚上将会有 7 位华语乐坛的实力唱将来参赛，我们邀请了 500 位观众来作为我们庞大的听审团，为我们的 7 名歌手来排名投票。（插入场外观众对镜头打招呼的画面）这是有史以来最挑剔的 1000 只耳朵，他们来了。（场外观众欢呼声）

赵子靓：今天晚上到底哪首歌曲的演绎最能够打动你的心弦呢？编辑歌曲名到 106×××205 来评选出今天晚上最令你感动的歌曲。

【播放短信互动方式短片】

【名嘴观战室】

工作人员：今天在看比赛的过程当中会有一个天翼 "飞 young" 巨星排行，给你们的，给每一个歌手排上合适的位置。

Yoyo：就是给他们唱歌排名吗？

工作人员：对对对。（上前将排行板发给他们）

名嘴经纪人们：可以改吗？

工作人员：可以。

李锐：你喜欢，你最想签谁，你就可以把他（她）……

工作人员：也有可能会影响到你们的签约。

名嘴经纪人们（一起）：啊?!

李锐：不是吧？

Yoyo：但是我们的排名歌手是不是也可以看得到？

李锐：他们看得到吗？

工作人员：看不到看不到。

Yoyo：（拍拍胸口）吓死我了。（笑）

王乔：你这人是有多表里不一。

【出现《我是歌手》节目名称，观众进入演播间】

【各位歌手在各自的休息室做最后准备】

【现场倒计时1分钟准备】

【各位歌手、名嘴经纪人、观众期待的表情】

【第12分48秒，第一位歌手出现在舞台的最后面，看不到面貌，观众欢呼】

【各位歌手、名嘴经纪人、观众俯身想看到第一位歌手】

【羽泉露面，名嘴经纪人们欢呼，观众尖叫，各位歌手看到后的表情】

【第13分50秒，音乐响起，羽泉演唱《心似狂潮》】

【穿插观众、休息室的歌手和名嘴经纪人们的反应】

【第18分18秒，羽泉演唱结束】

陈羽凡：我必须承认，我是第一次上台前，你看手心出汗了。

胡海泉：大家好，我是歌手海泉。

陈羽凡：我是歌手羽凡。我们是歌手……

观众（齐声欢呼）：羽泉！

陈羽凡：非常开心可以站上《我是歌手》这个舞台，那站在我身边这位又有才气，又有帅气，又看上去很喜庆的男生，他是我生命中非常重要的朋友之一。那接下来他也将担当我们今天的主持人。（尚雯婕在休息室：胡老师主持啊？胡老师主持啊！）希望大家给他最热烈的掌声，谢谢。

胡海泉：谢谢。（观众鼓掌欢呼，陈羽凡与胡海泉击掌后走下舞台，陈羽凡与自己的妻子白百合一同走出演播间）我们刚唱完这首歌，谢谢导演组。很高兴能够站在立白洗衣液《我是歌手》这个舞台，《我是歌手》邀请了7组最具实力的歌手来参加。很荣幸，刚才羽泉作为第一个出场的嘉宾。那么接下来这6位呢，（看下自己的手卡）要知道他们也来了，（笑）我觉得我们一定会三思的。七组歌手演唱完之后，由在座500位我们最懂音乐、最爱音乐的听审团，由你们给所有歌手的表现来投票，但是歌手的得票多少，决定着他们下周的去留。我们累计两轮的比赛的票后呢，得票最少的歌手将会被替换掉。说得好听是替换，直接点就是淘汰。（尚雯婕在休息室学胡海泉的语气：淘汰！）淘汰后由另外一位歌手来填补，那些感觉越来越紧张。所以我在第二位歌手即将登台之前，我再恳请各位，不要遗忘了刚才第一组出场的嘉宾羽泉。（陈羽凡和妻子坐在歌手交流室，陈羽凡活泼地跳了一下）好，接下来即将出场的这位歌手，她被誉为是"三好"歌手：歌好、人好、专辑也好。

【齐秦在休息室。工作人员：她是谁呢？她是谁呢？齐秦：我不知道】

【黄绮珊休息室。黄绮珊：女生吧，应该是】

胡海泉：她是谁呢？掌声有请。

【各位歌手呈现出好奇的表情】

【陈明站在舞台上，观众鼓掌欢呼】

【名嘴经纪人观战室内，名嘴经纪人大叫：陈明，有没有！】

【沙宝亮：陈明！齐秦：没认出来】

【陈明紧张地在舞台上呼气，尚雯婕：她不会紧张吧？】

【音乐起，陈明演唱《等你爱我》】

【陈明演唱结束，观众鼓掌】

【沙宝亮：（陈明）紧张了】

【名嘴经纪人观战室发出尖叫】

　　胡海泉：刚才这首歌一瞬间把我带回到羽泉刚刚出道的那一年，那一年中国的荧屏上最红的电视剧就是《将爱情进行到底》，然后风靡大街小巷的流行歌曲有一首歌叫《最美》（观众笑）。（陈明来到歌手后台休息室和陈羽凡相见拥抱。陈明：我一张嘴好紧张。陈羽凡：看你第一下没起，我知道你可能会，呼吸被他调乱了。陈明：一张嘴的时候有点紧张。陈羽凡向陈明介绍白百合：我老婆，百合。两人互相打招呼：你好）接下来我要隆重推出的第三位歌手，她曾经是羽泉的小师妹。当然如果算她参加电视歌唱比赛的经历来讲（陈羽凡：那不是小张就是小尚），我呢，应该管她叫句师姐了。立白洗衣液《我是歌手》，让我们掌声有请第三位歌手登台。

【尚雯婕慢慢走到舞台中间，观众欢呼】

【陈羽凡：果然是。沙宝亮：尚雯婕呀！】

【名嘴观战室：尚雯婕！】

　　吴昕：她现在走这个路线了？

　　杜海涛：她不是一直都走这个路线吗？

　　李维嘉：她对这个舞台不陌生，她在这个舞台夺得（超级女声）冠军。

【尚雯婕走到舞台前】

　　尚雯婕：六年了，湖南卫视，我回来了。（观众尖叫欢呼）我是歌手，我是原创电子唱作人，尚雯婕。

【插入广告，并预告下节精彩内容：比赛结果，到底谁排名垫底】

　　尚雯婕：这是我自己的歌曲《最终信仰》。

　　（黄绮珊：她我完全不熟啦）

【尚雯婕开始演唱《最终信仰》】

【尚雯婕演唱结束，观众鼓掌】

　　尚雯婕：谢谢！

　　（陈羽凡：这首歌是她自己写的。陈明：她的音乐我挺喜欢的）

【尚雯婕走向后台】

　　胡海泉：估计2006年选秀的朋友都知道，尚雯婕的外号叫PK王。（尚雯婕在外场笑）她不会把我也PK下去吧。（齐秦：她的造型比较收敛了，她之前很那个啊，很艳）

这个这么隆重的样子，想必下一位歌手也是非常重量级的歌手。我想给大家做个普及知识，真正要有好的 live 表演，是要有很精致的器材的配制的，所以大家看到台上即将出现一整套完整的鼓，然后这么多的吉他音箱，这么多的线，还有无线发射器，这才叫真弹。下次在台上看到不连线的，没有音箱的乐队表演，那叫假弹。我们既要杜绝假唱，也不需要假弹。（观众鼓掌）接下来，让我郑重地介绍下一位歌手。这位歌手和其他人不太一样，我们好像印象中他并不是一定是个歌手，但是他却是华语音乐史上最棒的、殿堂级的、大师级的摇滚乐队的吉他手。（陈羽凡一脸吃惊的表情）最了不起的摇滚乐队哦，是哪一支？他不仅仅是我心目中的吉他英雄，他的歌声也非常棒。（齐秦：吉他英雄？）那也许从今天开始，我们所有人都要在他的名字前面，再加两个字（zhi，把"字"念成了翘舌音），再加两个字。（尚雯婕笑：两个"zhi"。陈明大笑）两个字，（观众大笑）我重来一遍啊。（观众笑）我们所有人将在他的名字前面再加两个字（沙宝亮开心地笑：再加两个"zhi"），歌手。让我们掌声有请我们的第四位竞演歌手登台。

【第四位歌手登台，所有人都好奇地等着看其真实面貌】

【名嘴观战室】

李锐：男的！

张大大：不是杨坤，不是杨坤！

李维嘉：谁呀。

王乔：李泉吗？

李维嘉：不是，谁呀？

【黄贯中站在舞台上】

（名嘴观战室发出尖叫）

杜涛：Beyond！这也太狠了。

王乔：我的粤语老师。

（李维嘉呆住的表情）

齐秦：啊，Beyond。

【黄贯中走到舞台前，观众尖叫欢呼，胡海泉尖叫欢呼，观众席大喊"Beyond"】

【黄贯中的个人采访】

黄贯中：这是一首 Beyond 的歌，Beyond 的歌是你们接触属于比较多了。我觉得作为一个见面礼，第一次见面可能很多人不认识我，但是我觉得只要这个音乐响起，他们不认识我也没关系，他们马上会想起那个时代。有这个音乐在中间，身为一个媒体，引导我们可以更接近，我觉得这样很好。

【黄贯中开始演唱《海阔天空》】

【在黄贯中演唱过程中，几位歌手都在高潮跟着唱，全场观众起立挥手】

【黄贯中演唱结束，观众掌声如潮】

（沙宝亮：不错，他表现得不错）

胡海泉：我的嗓子有点哑，我跟大家一样刚才一直在跟着唱这首歌。这首歌的前奏钢琴一响起的时候，我感觉我们的舞台突然变成了一个殿堂，一股很神奇的力量把我们拉回到那个最棒的光辉岁月里。感谢黄贯中先生，感谢永远不朽的 Beyond 精神，感谢。

【黄贯中在后台走向歌手休息室】

工作人员：黄贯中今天对自己的演出，感觉怎么样？

黄贯中：很好玩。相信会更好，很享受。

工作人员：咱们这边的观众怎么样？

黄贯中：完全是，哇太好了，他们给我很多力量。他们给我的反应很好，就好像演唱会一样，很棒，你们很棒，真的很棒。

【胡海泉在舞台上介绍第五位歌手】

胡海泉：《我是歌手》第五位竞演歌手，我想特别介绍一下（沙宝亮：我是第六位是吧？）她也许未必算是全中国家喻户晓的歌手，但是提到她在我们歌手圈、音乐圈，她那个嗓子呀，是所有人有口皆碑，信服的好嗓子、金嗓子。（穿插黄贯中到歌手后台休息室和竞演完的歌手打招呼的画面）今天她要演唱的作品，是十年前由汪峰为她创作的一首令人心动悱恻的作品。我想这首歌的名字，也正是她即将登上我们《我是歌手》舞台的心声，这首歌的名字叫做《等待》。

（李维嘉：《等待》？）

（沙宝亮：《等待》？谁啊？）

胡海泉：掌声有请。

【黄绮珊站上舞台，没有露出面貌】

沙宝亮：女歌手。

【歌手观战室的歌手大吃一惊】

陈羽凡：哇哦！（捂住嘴）

陈明：黄晓霞（黄绮珊）。

黄贯中：厉害。

齐秦：黄绮珊。

名嘴观战室：黄绮珊。

李维嘉：是黄绮珊吗？（大叫）哇！她唱得特别好！

沙宝亮：这个是个唱将，绝对的。

【黄绮珊的个人采访】

黄绮珊：我这么多年来，我学习到如何面对和接纳，这种很安静地接受一些事情，真的很重要的。因为这个世界都很浮躁，每个人都失去那种耐性、耐心。所以我也是透过这个歌的歌名来告诉大家，安安静静地接受、等候，一定会有的。

【黄绮珊走到舞台前，开始演唱《等待》】

【黄绮珊演唱结束，观众鼓掌】

胡海泉：让我们记住她的名字，黄绮珊。

【音乐人对于黄绮珊的评价】

音乐制作人洪敬尧：她唱完第一遍歌，我就全身起鸡皮疙瘩。媲美海豚音，她绝对是一只"非常危险的海豚"。

电台 DJ 伍洲彤：她用一首歌来倾诉，做得非常完美。

唱片公司总裁宋柯：整个连成一片，情绪蔓延，扑面而来。黄绮珊就是一个被埋没的好声音，一个好歌手，包括这首歌是个好作品。

【黄绮珊走下舞台，胡海泉继续主持】

胡海泉：《我是歌手》这个舞台太强了，太厉害了，所以，不免我要再多唠叨一句，大家还记得今天晚上第一组唱歌的是谁吗？（观众笑着大声回答：羽泉！）对，我们唱了一首歌叫做《心似狂潮》。让我们掌声请出今晚的第六位竞演歌手。他也是我们全部人公认的特别特别会唱歌的人。（名嘴观战室里经纪人们露出好奇的表情）他是谁呢？掌声有请。

【插入广告，并预告下节精彩内容：比赛结果谁排名垫底】

【沙宝亮走上舞台，观众鼓掌，歌手观战室内鼓掌】

（名嘴观战室内发出惊呼：暗香！）

李维嘉：暗香，暗香！

王乔：他有一首歌叫《飘》，三宝老师写的，超厉害。但他一定不会唱的，那是艺术大作。

【沙宝亮走到舞台前】

沙宝亮：（拿起话筒）我觉得我不会紧张，但是（笑）我还是非常紧张。

（歌手观战室内。黄绮珊：沙宝耶！陈明：对，沙宝）

【沙宝亮开始演唱《飘》】

（王乔在名嘴观战室里：《飘》！）

【演唱间奏穿插沙宝亮在《我是歌手》的个人采访】

沙宝亮：大家在什么地方都能听到我唱《暗香》，这个节目就不应该是这样的，应该是听到一些很少能够在其他媒介上听到的东西。《飘》是我和三宝的第一次合作，有了《飘》才有了《暗香》。三宝听到我唱《飘》以后，才敢把《暗香》给我唱。

【沙宝亮演唱结束，观众鼓掌，歌手观战室内鼓掌。名嘴观战室内赞赏：好听，好听】

胡海泉：再介绍一下今天晚上的乐队，他们就是由我们的音乐总监梁翘柏先生领衔的，再次邀请现场的朋友，用最热烈的掌声送给今天晚上这么棒的乐团。（观众鼓掌）接下来的这位，绝对是不折不扣的大哥，当然江湖上我们亲切地叫他小哥。（歌手观战室内的歌手们一副恍然大悟的表情：哦——。陈羽凡唱：轻轻地我将离开你）（名嘴观战室内的经纪人们也集中精力）掌声有请《我是歌手》第七位隆重登场。

【秦齐站在舞台上，观众鼓掌欢呼】

（名嘴观战室内发出惊呼：齐秦！）

杜海涛：他跟我挥手了！

吴昕：他是跟我挥手，他在说吴昕我看见你了！

【齐秦走到舞台前，观众再次欢呼，齐秦开始演唱《夜夜夜夜》】

【齐秦演唱结束】

【名嘴观战室的人站起来鼓掌】

李维嘉：7 个人全部出来了，对，7 个人。

张大大：今天阵容太豪华了。

【胡海泉主持】

胡海泉：我想我们今天 7 个人的表演应该有感动到你们，哪怕只有那一霎那，我们都没有虚度我们的时光。每个人可以选择 3 个你最喜欢的表演，有 3 位哦。请把你宝贵的一票投给他们，辛苦了，谢谢你们！

【观众鼓掌，胡海泉回到歌手观战室】

【胡海泉和每位歌手挨个握手，大家调侃他的两个"字"】

齐秦：哇，你主持的很稳耶，你改行了你。

胡海泉：（大笑）谢谢。

黄贯中：辛苦了。

胡海泉：（坐下）你们每个人太棒了。我说实话，我真的上台要串下一个的时候，之前我都要想想，我怎么我才能表述我心里的感受。

齐秦：但是你太稳了。太稳了，太稳了。

胡海泉：（调侃自己）两个"字"。（大家笑）

【名嘴观战室的各位经纪人给各位歌手排名】

李维嘉：心目当中的 No.1。你是（看着杜海涛的排名板）黄贯中。

张大大：我给的第一位是，还是黄贯中。

李维嘉：（锐哥）把齐秦排在第一。我就这样出场的（拿出自己的排名板，按照出场顺序排的名次），而且我并且宣布我退出经纪人的行列（笑），因为对所有的人我没有气场去签他们。（大家附和：我也是啊）

【现场观众投票】

【歌手待机室，歌手交流】

胡海泉：我们这七组人，从来没有真正的同台过，或多或少都见过吧。

齐秦：没有一起。

胡海泉：没有一起过吧？珊姐，我们是以前一起，经常在一起演出嘛。（黄绮珊点头）

齐秦：（指着沙宝亮）我们同台过，（拍着胡海泉）我们也同台过，（指着黄贯中）我们也同台过。

黄贯中：我们有。

齐秦：（指着尚雯婕）我只有没有跟你同台过。

尚雯婕：我们一起坐过飞机。（大家笑）

陈羽凡：但是她是唱您的《夜夜夜夜》好起来的。

尚雯婕：我是唱您的《夜夜夜夜》才出来的。

齐秦：我没有看到那一集《超级女声》。

尚雯婕：那是我的成名曲。（笑）

齐秦：真的假的？（胡海泉大笑）那不好意思，我把你给唱了。早知道我选别的歌嘛。不是，因为今天你只能唱你自己的歌。

【音乐人、专家评价时间】

专家：这个节目的创意听说了，但是确实没有想象到，它是这样一种感觉。

宋柯：非常震撼。

洪敬尧：真的是大开眼界。

张漫：我很尊重这样一个节目。然后来参加节目的艺人胆子更大。

洪敬尧：其实我听完以后，我都很想帮他们做唱片啦。（笑）怎么办呐。

伍洲彤：我整个人，所有的毛孔都张开了。

山河：我其实希望很多年轻的后辈，包括现在正在学习音乐的年轻的学生，都应该看看这个表演。这个节目其实不但光单纯音乐的，它是展示了不同年代的歌手的一种情怀，一种人生。

【观众场外投票画面】

观众1：今天选的是"我是歌手"，所以我就把我的票投给了最会唱歌的黄绮珊。

观众2：（喜欢）黄绮珊的《等待》。

观众3：真的是全身的毛孔都打开了。

观众4：尚雯婕的那个造型太性感了。

观众5：第一个羽泉的，还有那个黄贯中的。

观众6：沙宝亮。

观众7：陈明。

观众8：黄贯中。

观众9：应该齐秦吧。

观众10：（三人）尚雯婕。

【歌手们回到休息室，等待名嘴签约】

【歌手之间互相拜访】

【名嘴观战室】

（名嘴通过抽签决定签约顺序，工作人员把抽签的球放上去）

名嘴们：怎么这么多球？

李维嘉：所以是用幸运来说话对不对？抢啊！

【大家一哄而上，每人抢了一个。字幕出现：名嘴签约成为歌手经纪人后，为歌手表现出谋划策分担压力，与歌手同进退、共命运，歌手淘汰，经纪人也随之淘汰】

吴昕：怎么打啊？

杜海涛：好紧张啊。（打开球）我是9，我是9。

李维嘉：我是4，我不换。

Yoyo：千万别让我抽到1号。

张大大：没有，我比1好，我是2。

【大家都为1号锐哥加油】

【李锐走到齐秦的门口】

李锐：这是我在电视节目当中非常重要的一刻。（发现自己没带笔）没带笔?!

工作人员：用我的。给，锐哥。

【李锐敲开齐秦的房门】

齐秦：请进。

李锐：你好齐秦老师，我是湖南卫视主持人李锐。（两人握手）

齐秦：你好，你好。

李锐：你肯冲我笑，我心里面就放心多了。

齐秦：为什么呢?

李锐：因为您是我上学的时候最崇拜的人，当您在舞台上唱歌的时候，我觉得您是不仅激励了我，您应该激励了整整一代的年轻人。所以我特别希望您能跟我签这个经纪合同。

齐秦：马上签，马上签。

李锐：真的可以吗?!

齐秦：当然了。

李锐：（站起来拍手）哇，秦哥！我成功了，太幸运了！

【李锐展示两人的合同】

齐秦：对，肯定要能够帮助我出彩。

李锐：是，秦哥，我还有点小事忘了告诉您了，就是我是在台里面跟领导关系最好的。（两人笑，握手）就是我现在做到您现在经纪人做不到的事。如果这个节目做完之后，您要需要换经纪人。

齐秦：（对自己经纪人）抢你活儿了。

李锐：您是他经纪人? 不好意思，我不知道您在。那个以后我就是你们俩经纪人。（大家笑）

【张大大敲开黄贯中的门】

黄贯中：你好，你好。

张大大：你好。（坐下）我先自我介绍一下（视频快进，字幕：长达3分钟的自己介绍）然后我就是（冲着工作人员）……你们别笑，真的，这是一个这么严肃的场合（黄贯中笑），嘘。（又对着黄贯中说了3分钟，视频快进效果）对，他们会觉得你有点，可能就是有点摇滚嘛，我说怎么可能，那么和善的人，所以请您给我这次机会，特别特别认真。

黄贯中经纪人：真的很好。

张大大：OK 吗? 可以签吗?

黄贯中：（和张大大拥抱）合作愉快。

张大大：合作愉快。

【工作人员正在统计票数】

赵子靓：大家看到现在我们的工作人员呢，正在进行紧张的统票；而我们的专家顾问呢，也在进行紧张的监督统票当中。洗衣新标准——立白洗衣液《我是歌手》第一场比赛，到底谁能拔得头筹，谁能够首轮涉险呢。感谢非一般的液体面包——娃哈哈格瓦斯对本次活动的大力支持，结果稍后继续。

【芒果名嘴竞选经纪人】

【Yoyo打开羽泉的房门】

胡海泉：你好。（羽泉和白百合三人坐在一起）

Yoyo：你好。我知道前面两个都没有被拒绝，如果我被拒绝的话我在这个主持圈，我不要混了！

胡海泉：（手足无措）那怎么办？（转向白百合）太后您说呢？

白百合：真的没办法看她的眼睛，我觉得我可以弃权了。（躲向房间里的衣帘里）

胡海泉：经纪人这个身份对于歌手，对于这次……（陈羽凡一边喊"哎，老婆你干吗去了？"，一边也躲向衣帘里）（冲着陈羽凡）这叫逃避责任你知道吗？（对Yoyo）让我们再接触一下，我不知道还有其他谁，你不要走太远啊。（Yoyo假装哭着走出房间）

【Yoyo走进陈明老师的房间】

Yoyo：陈明老师，我真的希望能跟您签约！

陈明：（笑着深鞠一躬）对不起！

【Yoyo走出房间。字幕：又一次被拒绝】

【羽泉房间】

白百合：（偷看之后回到房间）又被拒绝了。

陈羽凡：Yoyo又被拒绝了吗？

白百合：反正我看她垂头丧气地走出了另外一个门。

胡海泉：我真的好不愿意改变一个少女的人生观。（大家大笑）

【走廊里，李维嘉走过来】

李维嘉：Yoyo。

Yoyo：我被拒绝了两次了。

李维嘉：你又被拒了？

Yoyo：嗯。

李维嘉：你要尽可能地百分之两百运用自己的资源，你要想好，你怎么去说服他。

【Yoyo面貌焕然一新，打开沙宝亮的门】

Yoyo：亮哥你好！

沙宝亮：你好，你好！（两人握手）哎呀，这么漂亮的美女啊。

Yoyo：我喜欢帅哥。

沙宝亮：我喜欢美女。那就签约了啊。

Yoyo：签签签。

沙宝亮：不会把我卖了吧。（两人签约成功，互相拥抱）

Yoyo：谢谢！

【李维嘉敲开羽泉的门，陈羽凡躲在门后】

李维嘉：耶！

胡海泉：你怎么来了？（笑）

李维嘉：你都已经很惊喜，看到我了好不好。（两人拥抱）

胡海泉：（指着门口的陈羽凡）那个人已经吓跑了。

陈羽凡：怎么会是他？真的会是他？

李维嘉：真的不愿意是我的话，我就走了？

陈羽凡：主要是我们刚才拒绝了一个美女，然后我们发现拒绝是种快感。

李维嘉：是，所以这种时候——（拿起合约作势往外走）

【胡海泉拉住维嘉，大家哄笑】

胡海泉：不要走啊，维嘉！我们需要你！

李维嘉：这个戏份太棒了！我给你说，所有的人都设计的是经纪人进去就跪在地上说（维嘉跪在地上）"哎呀，求你们呀"。

【羽泉组合、白百合、李维嘉四人手叠手一起大呼】

四人：我是歌手，我们加油！

陈羽凡：白纸黑字啊。

李维嘉：加油！

【歌手休息室内，胡海泉走进去，Yoyo 不理】

胡海泉：Hello。

【Yoyo 扭过头去】

沙宝亮：我们是好朋友，老朋友了，老朋友。

【胡海泉笑着坐下】

王乔（走到陈明门口）：坚定了，如果她不签我的话我就直接回家了。

【王乔敲开陈明的门】

王乔：陈明老师你好。

陈明：你好。（上去握手）

王乔：很高兴认识你。希望能够跟您多学习，为您服务好。

陈明：（上前握住手）签约！

王乔：耶！

【吴昕和杜海涛走过来】

吴昕：你丢不丢脸，你自己没抽到前面的号，就剩咱俩了。（走到羽泉房间门口）

【羽泉房间】

李维嘉：也可以唱自己的吗？

【房间门打开，杜海涛和吴昕站在门口：羽泉老师我们永远支持你！】

杜海涛：维嘉你太幸福了！

李维嘉：不知道为什么，他们俩就跪在地上求我了。（大家笑）

【两人走到黄绮珊的门口】

杜海涛：我进去喊妈是不是太直接了？

【杜海涛进去】

杜海涛：妈，我回来了！（两人相拥）妈妈想死我了。（声音传到隔壁房间。胡海泉：哎呀呀，海涛怎么了？）

杜海涛：刚才那个钢琴声音，你只要那个两个手一动的时候我就已经——（黄绮珊笑）啊，这就是我的女神！（两人签约）你不用看了，你就交给我吧。

【吴昕打开尚雯婕的门】

吴昕：嗨！

尚雯婕：好久不见（两人拥抱：好久不见）。（用法语）你好。

吴昕：（用法语）你好。我都跟他们说了，我说以后我要跟尚雯婕用法语交流，然后我们俩用什么战略的话，他们都听不懂。就是你看你也挺高端，我也挺高端的，我们俩加起来——（冲工作人员）笑什么？

【两人在签约，尚雯婕还在用法语说话】

吴昕：我有点忘了，你慢点说。（两人笑）

【所有歌手都到了歌手休息室里和自己的经纪人一起】

李维嘉：（看着尚雯婕走进来）美的美的美的。每个人都签到了自己想签的那个歌手是吧，哪有这么巧的事啊。（大家笑）

杜海涛：（问羽泉和李维嘉）有个新组合，现在感觉怎么样？

陈羽凡：大家好，我们是羽泉嘉。

杜海涛：有点冷。

Yoyo：好不押韵啊。

李维嘉：为什么不叫一个"羽泉之家"嘛，一年只能去两次。（大家笑）

杜海涛：黄姐姐一直说你们三个的气场好合。

黄绮珊：就是你们三个在一起那个"style"是完全一样的。

李维嘉：我觉得是海涛跟黄老师，你怎么跟他说的？

黄绮珊：他吓着我了，他进来，然后我就坐在这里嘛。（重现现场）

杜海涛：我说昕姐我可能之后会过一点，但是昕姐说你别别，我一进去（冲过去），"妈！（大家爆笑）妈，我找你找得好辛苦啊！"

黄绮珊：我说你不如直接叫姥姥得了，叫妈。因为我的性格，说实话啊，好像看着很严肃，其实不是，我绝对"二百五"的，但是之前那个，所以我觉得他很搭我。（大家大笑鼓掌）

吴昕：尚雯婕是新生代实力派的代表，她是属于巴黎铁塔塔尖上的人！（大家大笑鼓掌）

张大大：那是避雷针呐！（大家爆笑）

李维嘉：说那些有用没用的，是在国外对吗？我们是马栏坡的！（大家笑）

【专家顾问监督下，工作人员统计票数】

【播放各位歌手演唱片段】

【宣布结果的现场】

【每位歌手依次排开坐在现场，后面坐着自己的名嘴经纪人】

洪涛导演：现在我手机里呢，就马上会传来一条微信，今天大家在第一场比赛中的最终排名成绩，我们现在屏息等待。（穿插每位歌手的紧张的表情）

沙宝亮：我好紧张啊。

洪涛导演：我们这个结果呢，是由专家顾问团全程监票来进行统计的，现在结果已经在我的手中。可以用四个字来形容：出乎意料。

【插入广告，预告下节内容：排名成绩】

洪涛导演：我想呢，看了这个排名，从第五位开始公布。（每位歌手紧张的表情）立白洗衣液《我是歌手》第一轮第一次竞演得票成绩现在公布，排在第五位的，（大家紧张等待）第五位是，（停顿，歌手表情）沙宝亮。

【大家鼓掌，沙宝亮站起来鞠躬：我想四名、五名】

沙宝亮：采访的时候他们说你估计你在第几位，我说第四或第五，所以跟我的预期差不多。

洪涛导演：好，第四位，第四位好像是在座的大家对自己的预测最多的，为什么会都会预测第四？

胡海泉：不会特别失望。

吴昕：第四位就上下不得罪。

王乔：礼貌的同时还有一个原因，是因为这个阵容高手如云嘛，所以其实……

黄贯中：快点吧。（大家笑）

洪涛导演：对不起，对不起。

黄贯中：很紧张。

李锐：轻松不起来。

洪涛导演：《我是歌手》第一轮第一次竞演排在第四位的是，（停顿，歌手等待的表情）尚雯婕。

吴昕：耶！塔尖塔尖，谢谢大家。

【大家鼓掌，尚雯婕站起来鞠躬】

尚雯婕：挺满意，谢谢大家！

吴昕：不客气。

洪涛导演：接下来排在第三名的是，（停顿，歌手紧张的表情）黄贯中。

【大家鼓掌，黄贯中站起来大叫】

张大大：我跟你说的是前三对不对？我估计的也是第三，我们估计的也是第三。发表感想，快快快，感想。

黄贯中：感想？就是这样，耶！（做了一个摇滚的手势，大家笑）

洪涛导演：接下来我要公布第二名，第二名的得主是，（停顿，歌手紧张的表情）羽泉。

【李维嘉站起来大叫：耶！羽泉两人拥抱，大家鼓掌】

李维嘉：第一个唱能拿到第二，挺难得的。

陈羽凡：我们预测自己是第四或者第五。

胡海泉：好紧张。

洪涛导演：现在呢还有三位没有公布，分别是陈明、黄绮珊、齐秦，可以站起来跟大家示意一下吗？（三人站起来，每个人都很紧张）好，我先宣布第一名，（停顿，播放三人演唱片段）《我是歌手》第一次第一轮竞演获得第一名的是，（停顿）齐秦！

【大家鼓掌】

齐秦：（站起来）我要有感言吗？（大家笑。洪涛：当然）我觉得到了第一名，未必是好事，因为呢就没有再往上升长的空间了啊。但是还是非常感谢各位评审，还要感谢我们的这个《我是歌手》。（大家：恭喜小哥）谢谢各位。

洪涛导演：现在我要公布第六名和第七名，这两个呢他们的票数非常非常接近，只有两票之差，我先公布第六名的话，那自然另外一位就成为第七名。不管什么样的名次，非常感谢各位全情投入，非常认真地在舞台上精彩地表演。排在第六位的是，（停顿）黄绮珊。

【大家鼓掌，黄绮珊站起来】

黄绮珊：要讲吗？其实我很喜欢 seven（七），喜欢七的数字，就这样吧。谢谢，谢谢。

洪涛导演：好，那陈明姐就是在第七的位置。（陈明站起来，大家鼓掌）今天生病，基本在打针，非常不容易。（大家站起来鼓掌，互相和经纪人击掌）

【陈明在《我是歌手》的个人采访】

陈明：可能，压力会真的来了，还好不是淘汰赛嘛，所以希望下一场的时候可以加油，不要再第七。我女儿肯定会很诧异地看着我吧，因为我女儿是很好强的，她永远都希望得第一名的，所以妈妈得第七名，那个时候不要让她看到吧（笑）。

【播放下集提要：谁将第一个淘汰？播放下期节目歌手将要演唱的歌曲片段】

【播放各位歌手在《我是歌手》的个人采访，播放结尾字幕】

陈羽凡：使用自己的声音来传递爱。

齐秦：歌手是一个我喜欢做的工作，因为它能够赚钱，它是一个职业。

沙宝亮：我是一个玩音乐的歌手，不是一个单纯会唱歌的歌手。

陈明：我一直觉得自己就是个歌手，因为歌手比较纯粹一些。

黄绮珊：它是一个既平凡、平常，又是一个高贵的。

黄贯中：黄贯中是一个歌手，不错的歌手。

尚雯婕：他不是一个体力劳动者，他必须是一个脑力劳动者。

齐秦：就说你敢这么说别人，"你那个歌音准不太好"，"这个地方你唱的有点太

over"。你能这么说别人，自己能不能做得到呢?

　　陈明：作为一个好歌手，一定要有唱 live 的能力。

　　沙宝亮：如果你们都能唱的话，那要我们职业歌手干吗?

　　羽泉：那些看到这个节目的我们的同行们，敢不敢来，看你自己。

参 考 文 献

［1］钟艺兵、黄望南：《中国电视艺术发展史》，浙江人民出版社 1994 年版。

［2］游洁：《电视文艺编导基础》，中国国际广播出版社 2009 年版。

［3］［英］大卫·麦克奎恩：《理解电视》，苗棣、赵长军、李黎丹译，华夏出版社 2005 年版。

［4］丰子恺：《音乐知识十八讲》，湖南文艺出版社 2000 年版。

［5］孙隽：《超级女声 VS 超级策划》，安徽人民出版社 2005 年版。

［6］王云缦、张掮中、果青：《电视艺术词典》，学苑出版社 1994 年版。

［7］尹鸿、冉儒学、吴菁：《真人秀（Reality）节目课题研究报告》，2002 年 1 月。

后　记

　　《电视文艺编导教程》是针对广播电视编导专业的本科学生和从事电视文艺创作的专业人员编写的，教材的特点是基础性、系统性和实用性。对于准备从事电视文艺创作的人员而言，该教材可以使其在较短的时间内，系统而全面地了解中国电视文艺发展的基本脉络，熟悉电视文艺的基本定义及其创作规律，为从事电视文艺创作打下一定的专业基础。

　　本教材分为三大部分：第一部分是概述中国电视文艺的发展历史；第二部分是系统讲述电视文艺创作的专门知识和基本方法；第三部分是列举了一些成功节目的创作实例。本书希望通过这些内容为初学者提供一条学习的路径，成为他们学习电视文艺创作时的启发和参考。

　　本书在编撰过程中得到了郑婷月、刘亚惠等同行的帮助，他们为本书撰写了经典节目的案例分析和节目实录文本部分，为初学者提供了具体而翔实的参考依据。在此，编者对他们的辛勤劳动表示衷心的感谢。

编　者

2014 年 7 月 20 日